Einführung in die Methoden der sozialwissenschaftlichen Religionsforschung

Gert Pickel · Kornelia Sammet

Einführung in die Methoden der sozialwissenschaftlichen Religionsforschung

Gert Pickel
Universität Leipzig
Leipzig, Deutschland

Kornelia Sammet
Universität Bielefeld
Bielefeld, Deutschland

ISBN 978-3-531-18008-3 ISBN 978-3-531-94125-7 (eBook)
DOI 10.1007/978-3-531-94125-7

Die Deutsche Nationalbibliothek verzeichnet diese Publikation in der Deutschen Nationalbibliografie; detaillierte bibliografische Daten sind im Internet über http://dnb.d-nb.de abrufbar.

Springer VS
© Springer Fachmedien Wiesbaden 2014
Das Werk einschließlich aller seiner Teile ist urheberrechtlich geschützt. Jede Verwertung, die nicht ausdrücklich vom Urheberrechtsgesetz zugelassen ist, bedarf der vorherigen Zustimmung des Verlags. Das gilt insbesondere für Vervielfältigungen, Bearbeitungen, Übersetzungen, Mikroverfilmungen und die Einspeicherung und Verarbeitung in elektronischen Systemen.

Die Wiedergabe von Gebrauchsnamen, Handelsnamen, Warenbezeichnungen usw. in diesem Werk berechtigt auch ohne besondere Kennzeichnung nicht zu der Annahme, dass solche Namen im Sinne der Warenzeichen- und Markenschutz-Gesetzgebung als frei zu betrachten wären und daher von jedermann benutzt werden dürften.

Gedruckt auf säurefreiem und chlorfrei gebleichtem Papier

Springer VS ist eine Marke von Springer DE. Springer DE ist Teil der Fachverlagsgruppe Springer Science+Business Media.
www.springer-vs.de

Inhalt

Vorwort 9

1 Methoden der Religionsforschung und der Religionssoziologie 11

1.1 Einleitende Worte:
Warum ein Buch zur Religionsforschung 11
1.2 Womit haben wir es zu tun, wenn wir Religion
erforschen? 14
    1.2.1 Religion als Forschungsgegenstand 14
    1.2.2 Religionssoziologische Theorien 16
          Kosmisierung und Individualisierung 17
          Bearbeitung von Kontingenz und Säkularisierung 18
          Klassische Säkularisierungstheorie 20
          Religion und Lebensführung 21
          Religiöse Vitalität als Marktfolge 22
    1.2.3 Sozialgestalten von Religion 23
    1.2.4 Dimensionen von Religion 25
    1.2.5 Methoden und ihr Nutzen für die Religionsforschung 28

2 Qualitative Methoden der Religionsforschung 31

2.1 Das qualitative Paradigma: Methodologische Hintergründe und
Forschungsprinzipien 31
2.2 Auswertung: Hermeneutisch-rekonstruktive Verfahren 41
2.3 Durchführung eines Forschungsprojektes 49
    2.3.1 Entwicklung einer Fragestellung 49

		2.3.2 Zugang zum „Feld" und Rekrutierung von Fällen	51
		2.3.3 Forschungsethik	53
		2.3.4 Transkription	57
	2.4	Erhebungsverfahren in der qualitativen Religionsforschung	60
		2.4.1 Strukturierung eines qualitativen Interviews	60
		2.4.2 Das narrative Interview	61
		2.4.3 Das offene Leitfadeninterview und das Experteninterview	70
		2.4.4 Gruppendiskussionen	79
		2.4.5 Beobachtungsverfahren	88
		2.4.6 Videoanalyse	94
	2.5	Durchführung eines Forschungsprojekts: ein Beispiel	97
3	**Quantitative Methoden der Religionsforschung**		111
	3.1	Das quantitative Paradigma: Methodologische Hintergründe und Forschungsprinzipien	111
		3.1.1 Aggregatdatenanalyse	118
		3.1.2 Umfragedatenanalyse	121
		3.1.3 Umfrageforschung: Repräsentativität und Stichprobenauswahl	122
	3.2	Konzeptualisierung quantitativer Religionsforschung	125
		3.2.1 Anfänge der quantitativen Forschung zu Religion und die Frage nach der Messbarkeit von Religiosität	125
		3.2.2 Formen der quantitativen Religionsforschung – Umfragedaten und was man damit machen kann	130
		3.2.3 Das Messinstrumentarium von Glock als Ausgangspunkt der Analyse von Religiosität	136
	3.3	Quantitative Religionsforschung zwischen Datenerhebung und Auswertung – Anlage und Durchführung eines quantitativen Forschungsprojektes	139
		3.3.1 Fragestellung	140
		3.3.2 Hypothesenformulierung, Konzeptspezifikation, Literaturanalyse	140
		3.3.3 Forschungsdesign: Auswahl der Untersuchungsform und Operationalisierung	140

    3.3.4 Forschungsdesign: Zugang, Datenmaterial und Stichprobe 148
    3.3.5 Feldphase 149
    3.3.6 Der Kern der Untersuchung: Datenanalyse und Interpretation 155
    3.3.7 Präsentation 160
3.4 Ausgewählte Studien und Datenbestände der quantitativen Religionsforschung 160

4 Methodenpluralismus, Triangulation und Mixed Methods 165

5 Kernliteratur zur Religionsforschung und ihren Methoden 173
5.1 Ausgangsliteratur zur Religionssoziologie 173
5.2 Konnotierte Literatur zu Methoden 174

6 Verwendete Literatur 177

Vorwort

In den letzten Jahrzehnten hat die empirische Auseinandersetzung mit Religion in den Sozial- und Kulturwissenschaften deutlich zugenommen. Ein Grund dafür sind sicherlich die verschiedenen öffentlichen Debatten um eine „Rückkehr des Religiösen", eine Erosion des christlichen Glaubens oder aber die religiösen Aufladungen in der Integrationsdebatte. Allen diesen „heiß" diskutierten Themen ist zu eigen, dass eine Positionierung zu ihnen allein durch die empirische Überprüfung der jeweiligen Thesen in der Realität von Gesellschaften erfolgen kann, sollen die Diskussionen nicht auf einem sehr allgemeinen und anspruchslosen Niveau verbleiben oder gar in normative Bekundungen übergehen.

Belastbare und überzeugende empirische Befunde sind also von Nöten. Voraussetzungen dafür, valide und reliable Ergebnisse auf die in den Debatten gestellten Fragen zu erreichen und profunde, nachprüf- und -vollziehbare Antworten anbieten zu können, sind methodisch kontrollierte Vorgehensweisen in der Forschungsarbeit. Dabei ist es sinnvoll, auf etablierte sozialwissenschaftliche Methoden zurückzugreifen. Nur durch ihren Einsatz und dadurch wissenschaftlich gesicherte empirische Ergebnisse kann die Diskussion über die Entwicklungen im Sektor Religion jenseits von polemischen und ideologischen Positionen geführt werden.

Nun kann man sich fragen, wenn man die verfügbaren Publikationen zu Methoden der sozialwissenschaftlichen Forschung vor Augen hat, wozu eine spezifische Einführung in die Methoden der sozialwissenschaftlichen Religionsforschung notwendig ist. Liegen mittlerweile nicht genügend Lehr- und Handbücher zu sozialwissenschaftlichen Methoden vor? Aus unserer Sicht ist es die Spezifik des Gegenstands Religion, die dazu herausfordert, sich gezielt mit den für ihn tauglichen Methoden und ihren Anwendungsbereichen auseinanderzusetzen. Nicht jede Fragestellung kann mit den gleichen Methoden bearbeitet werden. Zudem kann eine Methode in verschiedenen Feldern in unterschiedlicher Weise verwendet werden.

Außerdem erscheint es uns aufgrund unserer langjährigen Lehr- und Forschungserfahrung in diesem Bereich und bei der Vermittlung von Grundlagen zur

Bearbeitung religionssoziologischer Fragestellungen angebracht, ein auf die Praxis von Abschluss- und Qualifikationsarbeiten ausgerichtetes anwendungsorientiertes Lehrbuch zur Verfügung zu stellen. Religionsforschung ist ein Fächer übergreifendes Projekt. Nicht nur Soziologinnen und Religionswissenschaftlerinnen, sondern verstärkt auch Theologinnen, Politikwissenschaftlerinnen, Psychologinnen und Lehramtsstudierende mit Schwerpunkt Religionsunterricht suchen empirische Zugänge zu religionsbezogenen Themen und Fragestellungen, auf die sie in ihrem disziplinären Umfeld stoßen. Da nicht allen eine tiefer gehende oder einheitliche Ausbildung in sozialwissenschaftlichen Methoden zu Teil wurde, die Forschungsarbeiten aber vor methodischen Fehlern geschützt werden sollten, erscheint uns ein spezifisches Angebot mit Anwendungsbeispielen angebracht. Gerade Studierende und auch Doktoranden nicht-sozialwissenschaftlicher Fachbereiche tun sich oft schwer, den Weg durch den manchmal unübersichtlich erscheinenden Dschungel sozialwissenschaftlicher Methodenliteratur zu finden. Dem wollen wir etwas entgegenkommen.

Das vorliegende Buch wendet sich an Studierende und Promovierende der Gesellschafts- und Geisteswissenschaften, aber auch anderer Fachbereiche, die sich empirisch mit Fragen der Religion auseinandersetzen wollen. Es soll eine möglichst praxisorientierte Hilfe bei der Umsetzung eigener Fragestellungen geben. Zudem war es unser Ziel – und dies stellt eine weitere Begründung für dieses Buch dar – nicht methodenkonfrontativ vorzugehen, sondern „quantitative" und „qualitative" Forschungsansätze zusammenzuführen.

Dieses Buch beruht auf langjähriger Erfahrung in der Lehre sozialwissenschaftlicher Forschungsmethoden. Daher danken wir allen Studierenden an verschiedenen Universitäten (in Leipzig, Berlin, Erfurt und Bielefeld), die mit ihren Fragen und Rückmeldungen unser Nachdenken über die Vermittlung von Methoden bereichert haben. Ganz besonderer Dank gilt Franz Erhard, Alexander Yendell und Yvonne Jaeckel für ihre hilfreichen Kommentare sowie Larissa Zücker für die Durchsicht des Textes.

Leipzig/Bielefeld, Juni 2014

Methoden der Religionsforschung und der Religionssoziologie

1.1 Einleitende Worte: Warum ein Buch zur Religionsforschung

Im letzten Jahrzehnt sind vermehrt Abschlussarbeiten und Dissertationen zu religionsbezogenen Themen entstanden. Auch die Zahl der Forschungsprojekte nimmt zu, was nicht zuletzt am auflebenden *Interesse an der Rolle von Religion in der Gegenwartsgesellschaft* liegt.[1] Eine Auseinandersetzung mit der „Wiederkehr der Religionen" in der Politikwissenschaft und der Religionswissenschaft (Riesebrodt 2001) oder der „Wiederkehr des Religiösen" (Knoblauch 2009) bzw. der Säkularisierung in der Religionssoziologie (Pollack 2003) wird für junge Forscherinnen und Forscher offensichtlich immer interessanter.

Gelegentlich vermittelt sich allerdings der Eindruck, dass den Forschenden das für die Bearbeitung ihrer Fragestellung notwendige *methodische Rüstzeug* fehlt, denn es erfordert oft einen hohen Aufwand, sich eine für viele spezifische Fragen ausreichende Methodenkompetenz anzueignen. Genau hier will dieses Lehrbuch Abhilfe schaffen. Es führt in methodologische Prämissen und das praktische Vorgehen der etablierten sozialwissenschaftlichen Methoden ein und bezieht sie gleichzeitig auf die speziellen Merkmale von Religion als Forschungsgegenstand. Der Forschungsprozess und ein breites Spektrum von Methoden der qualitativen wie der quantitativen Sozialforschung werden knapp vorgestellt sowie anhand beispielhafter Studien mit Bezug zu Religion illustriert und erklärt. Alle dargestellten

---

1 Dies äußert sich auch in der Ausbreitung von Exzellenzclustern (Religion und Politik an der Universität Münster) oder verschiedenen thematisch einschlägigen Forschungsgruppen (z. B. „Transformation der Religion in der Moderne. Religion und Gesellschaft in der zweiten Hälfte des 20. Jahrhunderts" in Bochum oder die Kolleg-Forschergruppe „Religiöse Individualisierung in historischer Perspektive" am Max-Weber-Kolleg in Erfurt).

Verfahren werden in Hinblick auf Anwendungsmöglichkeiten erläutert und ihre Vor- und Nachteile, ihre Potentiale und Grenzen diskutiert.

Eine schon lang anhaltende Diskussion in der gegenwärtigen Religionssoziologie betrifft die Methoden, die zur Überprüfung, Ausdifferenzierung und Kontextualisierung der verschiedenen theoretischen Ansätze eingesetzt werden. Sie resultieren aus der in der Soziologie grundsätzlich auffindbaren *Methodenvielfalt*, aber auch aus deren Kontrastierung in den letzten Jahrzehnten.[2] Gelegentlich lässt sich in diesen Diskussionen eine ausschließlich das eigene Paradigma als gültig ansehende Gegenüberstellung von qualitativen und quantitativen Methoden beobachten. Auch wenn wir hier dagegen für die Überwindung dieser unfruchtbaren „Zweiteilung" plädieren, erscheint es uns als sinnvoll, ihr jeweils unterschiedliches wissenschaftstheoretisches Verständnis und ihren Zugang zu sozialen Phänomenen zu verdeutlichen – und sie als Ankerpunkte einer gewissen Verortung des Präsentierten zu verwenden. So erscheint es uns dann auch für den Leser einfacher, die hier präsentierten Anleitungen mit übergreifenden Lehrbüchern und Artikeln systematisch verbinden zu können. Rücken qualitative Methoden eher die Webersche Komponente des „Verstehens" von sozialen Tatbeständen in ihr Zentrum, so folgen quantitative Ansätze in der Mehrheit dem Modell des „Erklärens". Nun ist auch diese Aufteilung sehr grob.[3] Allerdings besitzt sie den unschätzbaren Vorteil, eben eine gewisse Ordnung in die Differenzierung beider Methodenzweige einzubringen.

Diese *Unterscheidung zwischen qualitativen und quantitativen* Zugängen erhält in der Religionssoziologie eine besondere Bedeutung, verschränkt sich doch oft der vertretene theoretische Ansatz mit der zu seiner Stützung verwendeten Methode. Findet man beispielsweise bei der Bestätigung der Säkularisierungsthese überwiegend quantitative Studien mit oft hohen Fallzahlen, verweisen Anhänger der Individualisierungsthese verstärkt auf Befunde aus der qualitativen Forschung – sieht man einmal von der objektiven Hermeneutik nach Ulrich Oevermann ab. Diese Verschränkung erweist sich in der Diskussion zwischen den Anhängerschaften der Säkularisierungsthese auf der einen und der Individualisierungstheorie auf der anderen Seite als ein zusätzliches Problem des wechselseitigen Verstehens. Wir gehen jedoch davon aus, dass bei hinreichender methodischer und inhaltlicher Offenheit

---

2 Dabei sind die Debatten über methodische Zugänge nicht auf die Religionssoziologie beschränkt, wie unlängst Diskussionen über nomothetisch-deduktive Forschungsprozesse (Schröder 2014) oder auch die Diskussion über kulturwissenschaftliche Zugänge in der Religionswissenschaft (Kurth/Lehmann 2011) zeigten.

3 So erheben einige qualitative Verfahren, wie beispielsweise die Objektive Hermeneutik, durchaus den Anspruch, soziale Phänomene auch erklären zu können im Sinne eines „verstehenden Erklärens" in Abgrenzung zum „deduktiven Erklären" (vgl. Przyborski/Wohlrab-Sahr 2008: 316ff.).

sich der Einbezug von Ergebnissen der jeweils anderen Forschungsrichtung als hilfreich erweisen kann, auch zur Vertretung und kritischen Prüfung der jeweils eigenen Thesen. Zudem verweigert sich eine methodische Abschottungsstrategie dem zentralen Ziel der Wissenschaft, dem des Erkenntnisgewinns, und ignoriert sowohl die in der Realität bestehenden Gegensätze innerhalb des Fachs als auch Widersprüchlichkeiten des Lebens.

Festzuhalten ist, dass, wenn man von *„der* qualitativen Methode" oder *„der* quantitativen Methode" spricht, man eigentlich unpräzise argumentiert. Unter beiden Paradigmen versammelt sich eine Vielfalt ganz unterschiedlicher methodischer Zugänge. Diese Differenzierung beginnt bereits bei den verfügbaren *Erhebungsverfahren*. Sie reichen in der qualitativen Sozialforschung von narrativen Interviews, kollektiven Interviews über Beobachtungsverfahren bis hin zur Diskursanalyse; Textinterpretation lässt sich ebenso dazu rechnen wie auch ethnographische Forschung. Bei den quantitativen Zugängen sind Analysen von Daten der Umfrageforschung von Untersuchungen mit Aggregatdaten zu unterscheiden.

Dieser Pluralismus gilt nicht weniger für die Bandbreite an verwendbaren *Auswertungsverfahren*. Sind für die qualitative Forschung unterschiedlich methodologisch begründete Vorgehensweisen – mit rekonstruktiven Verfahren (wie der objektiven und der sozialwissenschaftlichen Hermeneutik sowie der Konversationsanalyse) auf der einen und kodierenden Verfahren (insbesondere der Grounded Theory) auf der anderen Seite – zu nennen, reichen differenzierte statistische Analysen – wie die Clusteranalyse, logistische Regressionsmodelle oder Faktorenanalysen sowie Mehrebenenanalysen – weit über die oft von außen zu stark in den Vordergrund gerückten Häufigkeitsauszählungen in Anspruch und Erkenntnisgewinn hinaus.

Der Begriff *Daten* umfasst dabei im Übrigen mehr als nur Zahlen, er beschreibt jegliche Form von mit wissenschaftlichen Verfahren produzierten Analysegrundlagen. Auch die transkribierten Interviews der qualitativen Forschung stellen in diesem Sinne „Daten" dar. Daten sind folglich das Produkt jedes Erhebungsprozesses und können in unterschiedlichen Formaten vorliegen. Sie stellen die Grundlage der Auswertung und Interpretation dar.

Im Prinzip können zwei Vorgehensweisen der empirischen Sozialforschung und damit der sozialwissenschaftlichen Religionsforschung unterschieden werden: auf der einen Seite eine Forschung, die mit dem Ziel des Lernens aus statistischen Vergleichen auf Standardisierung und Zahlenwerten basiert und daher als „quantitativ" bezeichnet wird, auf der anderen Seite die „qualitative" Forschung, die Standardisierung vermeidet und dagegen Offenheit und Rekonstruktion zu den Prinzipien ihres Vorgehens macht. In der Religionssoziologie bislang noch relativ wenig verbreitet sind die in anderen sozialwissenschaftlichen Bereichen vermehrt diskutierten systematischen Verbindungen von verschiedenen Ansätzen, wie sie zum Beispiel bei der *Triangulation* (Flick 1992; 2004) oder in *Mixed-Method-Designs* (Creswell/Piano Clark 2007; Tashakkori/Teddlie 1998) vorgenommen werden. Erste Triangulationsversuche finden sich zum Beispiel in den Kirchenmitgliedschaftsuntersuchungen der EKD von 1992 und 2002 (siehe Hermelink/Lukatis/Wohlrab-Sahr 2006) oder in der Leipziger Studie zur Revision der Perikopenordnung (Pickel/ Ratzmann 2010; Pickel 2012; Jukschat 2012; Sammet 2012). Darauf werden wir in Kapitel 4 näher eingehen.

In zwei größeren Abschnitten soll zuerst an Beispielen das Vorgehen zunächst der qualitativen und danach der quantitativen Religionsforschung dargestellt werden. Daran anschließend werden wir Möglichkeiten der Verbindung der verschiedenen Zugänge kurz skizzieren. Doch bevor wir uns der methodischen Erfassung von Religion widmen, ist es unserer Ansicht nach notwendig, den Forschungsbereich Religion etwas abzustecken. Denn ist es ja ein besonderer Gegenstandsbereich, den wir in den Blick nehmen.

1.2 Womit haben wir es zu tun, wenn wir Religion erforschen?

1.2.1 Religion als Forschungsgegenstand

Am Anfang muss die eigentlich banal erscheinende Frage geklärt werden: Womit haben wir es eigentlich zu tun, wenn wir Religion erforschen? In unserem Alltagsverständnis haben wir eine relativ klare Vorstellung davon, was Religion ist, nämlich das, was in Kirchen, Moscheen, Synagogen, Tempeln usw. stattfindet. Darüber hinaus wird in den letzten Jahren Religion in der öffentlichen Debatte zunehmend kritisch gesehen: als etwas, das Traditionsgebundenheit und irrationale Motivierungen befördert, was bisweilen die gesellschaftliche Integration behindern und Gewaltbereitschaft fördern kann. Demgegenüber sind Stimmen, die die Integrationskraft, Friedfertigkeit und Rationalisierungskraft von Religionen hervorheben, eher seltener zu vernehmen. Diese Bilder reflektieren natürlich höchst subjektive Wahrnehmungen, die von Mitgliedern wissenschaftlicher Fachdisziplinen nicht immer geteilt werden oder zumindest unterschiedlichen Perspektiven unterliegen.

Theologen lenken ihren Blick auf den Wahrheitsgehalt der jeweiligen Religionen und arbeiten deren normative Prämissen genauso heraus wie sie deren historische Entwicklung in den Fokus nehmen. Dabei ist es weniger die Religion als vielmehr die jeweilige Theologie, die sie wissenschaftlich behandeln. Wie offen oder abgrenzend ihre Haltung anderen Religionen und Theologien gegenüber ist, gestaltet sich ganz unterschiedlich – und ist nicht immer nur durch die theologische Positionierung, sondern oft auch durch persönliche Überzeugungen geprägt. Dies drückt sich zum Beispiel in der Präferenz für unterschiedliche Formen der Ökumene und des interreligiösen Dialogs aus. Doch auch in der Theologie richtet sich der Blick auf das Religiöse im Diesseits. Selbst wenn man von einer gewissen anthropologischen Determination des Menschen ausgeht (der Mensch könne demnach gar nicht anders als religiös sein), so fragt man doch auch in der Theologie nach deren Ausgestaltung in der Gegenwart und der Zukunft der Kirche. Kirche wird dabei einerseits als Gemeinschaft von Gläubigen, andererseits als Organisation in der Gesellschaft verstanden. Die Frage nach der Zukunft der institutionalisierten Form treibt gerade die europäischen Kirchen vor dem Hintergrund ihrer Mitgliederverluste verstärkt zu einer Erforschung der eigenen Religion, des Verhaltens und der Einstellungen ihrer Mitglieder. Idealtypisch hierfür sind die Kirchenmitgliedschaftsuntersuchungen der Evangelischen Kirche in Deutschland (EKD).

In der *Religionssoziologie* ist das Bild nicht so eindeutig.[4] Klar ist, dass wer sich soziologisch mit Religion beschäftigt, sich mit wissenschaftlicher Distanz und einem „kalten Blick" dem Gegenstand nähern muss. Das heißt: Die eigene Haltung gegenüber der Religion, sei es eine persönliche religiöse Bindung und Glaubensüberzeugung, sei es eine dezidiert religionskritische Position, muss in der Forschungsarbeit zurückgestellt werden zugunsten einer wertneutralen analytischen Haltung. Denn für eine empirische Untersuchung ist Religion soziologisch, also als sozialer Tatbestand, zu bestimmen. Natürlich gibt man seine Religiosität oder seinen Glauben nicht an der Tür zum Büro ab. Jedoch ist Distanz notwendig, um einen nüchternen Blick auf die Entwicklungen bewahren zu können. Werturteilsfreiheit nannte Max Weber diese Einstellung – im Gegensatz zu Wertgebundenheit. Dies sollte auch die Interpretationen der erzielten empirischen Ergebnisse betreffen. Gleichzeitig ist diese „Nüchternheit" auch hilfreich, verhindert sie doch ein zu schnelles Zurückweisen missliebiger Resultate oder die Freude über „passende" Befunde. Dass man jedes Forschungsergebnis aus seiner persönlichen Position heraus so oder so bewerten kann, bleibt einem für einen späteren Zeitpunkt anheimgestellt. Entscheidend ist die Bereitstellung belastbarer und aufschlussreicher – qualitativer wie quantitativer – „Daten", auf deren Basis Annahmen über die Wirklichkeit getroffen werden und wissenswchaftliche Theorien bestätigt oder zurückgewiesen werden können.

---

4 Zur Einführung in das Forschungsgebiet der Religionssoziologie gut geeignet sind Knoblauch (1999), Krech (1999), Pickel (2011) und aktuell der Aufsatz von Stolz/Buchard (2014).

Sozialwissenschaftliches Vorgehen ist von einem Dual geprägt – dem von *Theorie und Empirie*. So stellt man zum einen Theorien auf, die Überlegungen und Hypothesen zusammenfassen und als konzentrierte, übergreifende Denksysteme dienen, die das Durcheinander der sozialen Wirklichkeit ordnen. Sie werden anhand der Empirie, die man methodisch so sauber wie möglich durchführt, überprüft. Auch der umgekehrte Weg ist möglich. Gerade in Bereichen, in denen man sich hinsichtlich der zugrunde liegenden Prämissen noch unsicher ist und Theorien eher fehlen, bietet es sich an, Theorien erst in der Forschung zu generieren. Dabei gilt es, das empirische Material im Prozess der Interpretation zu bearbeiten und zu verdichten, um es in den Status einer Theorie zu überführen. Dies ist die Vorgehensweise, dem qualitative Forschung folgt. Was aber sind nun Theorien, die für die Forschung zur Religion weiterführend sind?

1.2.2 Religionssoziologische Theorien

In der religionssoziologischen Diskussion darüber, wie eigentlich ihr Gegenstand zu bestimmen sei, wurde lange Zeit versucht, Religion durch bestimmte Inhalte, durch ihr „Wesen" und ihre Eigenheiten, also *substantialistisch* (bzw. substantiell) zu definieren. Beispiele dafür sind der Bezug auf das „Heilige" (Otto 1920) oder auf Transzendentes. Diese Definitionen erwiesen sich jedoch oft als zu eng für breiter angelegte Analysen von Religiosität, da sie aufgrund ihrer Entstehung vorwiegend auf das Christentum bzw. westliche Gesellschaften ausgerichtet waren. So war und ist das, was substantiell für das Heilige oder das Religiöse steht, immer von der jeweiligen Religion abhängig. Gleichzeitig lässt die Bestimmung einer transzendenten Bezugsinstanz eine relativ klare Differenz zwischen dem „Heiligen" und dem „Sakralen" bzw. „Religiösen" zu, die forschungstechnisch oft hilfreich ist, aber eben aus Sicht anderer Theorien den Blick gerade auf Religiosität, als subjektiver Ausdrucksform, unangemessen verengt (siehe auch ausführlich dazu Pickel 2011).

Diesen substantiellen Fassungen von Religion gegenüber wurde ein *funktionaler Religionsbegriff* profiliert, der Religion über ihre Funktion und ihre Leistungen für die Gesellschaft bzw. für Individuen bestimmt (z. B. Luhmann 2000). Ein solcher Begriff ist nun zwar universell anwendbar, allerdings ist er sehr weit gefasst und kann nicht spezifisch religiöse von anderen Funktionserfüllungen unterscheiden. Die oben als günstig bewertete Bestimmtheit in der Abgrenzung geht verloren, dafür wird ein offener Blick auf neue Formen der Religiosität gewonnen. Aufgrund dieser Nachteile werden in verschiedenen neueren Religionsdefinitionen mittlerweile funktionale und substantielle Dimensionen miteinander kombiniert. Im Folgenden wollen wir einige unterschiedliche Zugänge zumindest kurz skizzieren.

Kosmisierung und Individualisierung

In der aktuellen Debatte lassen sich grundsätzlich zwei Perspektiven unterscheiden. Die erste knüpft an Durkheims Theorie an, nach der nicht nur das Religiöse sozial sei, sondern umgekehrt auch das Soziale als das Religiöse verstanden wird. Die Leistung der Religion ist demnach die (moralische) Integration einer Gemeinschaft bzw. Gesellschaft. Diese Bestimmung hat Durkheim in seinen „elementaren Formen des religiösen Lebens" (1994) ausgehend von seiner Untersuchung des Totemismus der australischen Ureinwohner gewonnen, also anhand einer einfachen, nicht funktional differenzierten sozialen Gruppe.

In dieser theoretischen Tradition stehend entwickelt Thomas Luckmann einen funktionalen Ansatz, der die „elementare Religiosität" (Luckmann 1996: 18) im Prozess der Menschwerdung fundiert und als universell begreift: „Die fundamentale Bedeutung der Religion in allen Gesellschaften besteht im Verhältnis einer gesellschaftlichen Ordnung zu den Einzelorganismen der Gattung, die erst zu Personen werden, indem sie in der jeweiligen, historisch einzigartigen gesellschaftlichen Ordnung aufwachsen" (Luckmann 1985: 475). Die Grundfunktion der Religion sieht Luckmann in der Transzendierung der biologischen Natur des Menschen, die in verschiedenen Gesellschaften jeweils unterschiedliche Formen annehmen kann. Moderne Gesellschaften charakterisiert er durch funktionale Differenzierung, durch eine „Ausgliederung der Sozialstruktur in spezialisierte Institutionsbereiche" (Luckmann 1996: 25), die ihren Bezug auf ein übergeordnetes symbolisches Universum verlieren, mit der Folge einer Zunahme von Rollenhandeln und der Ausdifferenzierung eines privaten Bereichs.

In diesen *privaten, persönlichen Bereich* sieht Luckmann die Religion verwiesen, er spricht von der „Privatisierung der Religion". Das bedeutet, „dass kein einigermaßen allgemeines, selbstverständlich verbindliches, gesellschaftlich konstruiertes Modell einer ‚anderen' Wirklichkeit wirksam wird, ja, werden kann" (1996: 26). Es bilde sich ein Warenmarkt der Transzendenzen mit unterschiedlichen Anbietern von „Sinn" und einer Konkurrenz von Lebensorientierungsmodellen, die sich aus sozialen Konstruktionen diesseitiger Transzendenzen oder aus der sakralisierenden Beschäftigung mit „kleinen" Transzendenzen („Selbstverwirklichung") ableiten (vgl. Knoblauch 1991). Konsequenterweise wird in Anschluss an Luckmann von einer *Individualisierung* von Religion ausgegangen, jedoch nicht von Säkularisierung, da Religion aufgrund einer universellen, anthropologisch fundierten Bedeutung nicht verschwinden könne, sondern nur ihre soziale Gestalt verändern würde. In den Debatten über religionssoziologische Theorien wird Luckmann daher häufig als der zentrale Vertreter für die sogenannten *Individualisierungstheorien* positioniert.

Religion trägt nach Luckmann also zur gesellschaftlichen Integration der Individuen und zur Stiftung von Ordnung bei, indem sie die Einzelnen in einen sie transzendierenden Sinnkosmos sozialisiert. Dadurch gerät, wie zu Recht kritisiert wird, das Konfliktpotential von Religion, d. h. ihre desintegrativen Momente, aus dem Blick (vgl. z. B. Krech 1999: 27; Schütze 2006). Zudem verliert ein so allgemeiner funktionaler Religionsbegriff seine Trennschärfe, und es wird auch quasi unmöglich, dass nicht-religiöse Menschen existieren. Konsequenterweise verabschiedet Luckmann die Religionssoziologie zugunsten einer Wissenssoziologie (vgl. dazu Wohlrab-Sahr 2003a).

Bearbeitung von Kontingenz und Säkularisierung

In einer differenzierungstheoretischen Perspektive wird dagegen davon ausgegangen, dass Religion eine soziale bzw. gesellschaftliche Funktion hat, was aber noch nichts über die Religiosität der Gesellschaftsmitglieder aussage. Diese Perspektive, die in der Tradition Max Webers steht und von Niklas Luhmann in der Systemtheorie ausgearbeitet wurde, geht davon aus, dass zwar die Gesellschaft ohne Religion nicht auskommen könne, die Individuen jedoch durchaus. Daher ist diese theoretische Perspektive gut für die Analyse von Säkularisierungsprozessen, aber auch zur Betrachtung religiöser Organisationen geeignet, lässt sie doch im Gegensatz zu dem oben skizzierten Ansatz der Individualisierungsthese nicht-religiöse Menschen zu.

Differenzierungstheorien gehen davon aus, dass es im Zuge der Entstehung moderner Gesellschaften zu einer funktionalen Ausdifferenzierung von Teilsystemen kam (Max Weber sprach von miteinander in Spannung stehenden „Wertsphären" oder Lebensordnungen), die jeweils eigenen Logiken folgen, spezifische Bezugsprobleme bearbeiten und dazu Semantiken entwickeln sowie Professions- und Publikumsrollen (z. B. in der Kirche: Pfarrer und Laien) ausprägen. In dieser Perspektive entsteht Religion zugespitzt erst durch funktionale Differenzierung; sie gewinnt dadurch – wie auch jedes andere System – erst ihre Eigenlogik und Autonomie.

Anschließend an Luhmann hat Detlef Pollack das Bezugsproblem von Religion näher bestimmt als die Bearbeitung von Kontingenz (Luhmann 1977; Pollack 1995). Mit „*Kontingenz*" wird die Eröffnung eines Möglichkeitsraums bezeichnet, d. h. die Erkenntnis, dass etwas nicht notwendig so sein muss, wie es ist, sondern auch anders sein könnte. Das bedeutet zum einen, dass Religion „die prinzipiell unaufhebbare Ungesichertheit des Daseins thematisiert" (Pollack 1995: 184), und zwar mit Rückgriff auf eine spezifische Form der Codierung: mit der Unterscheidung von Immanenz und Transzendenz (vgl. Luhmann 1987: 238; 2000: 77ff.; Pollack 1995). Zum anderen kommt Religion die Funktion zu, Unbestimmbares in Bestimmtes zu überführen (vgl. Luhmann 1977: 26; Krech 2011: 33f.; Pollack 1995: 186). Das heißt, von Religion ist im Anschluss an die systemtheoretische Bestimmung dann zu reden, wenn bei der Thematisierung von Kontingenz mit der Unterscheidung von Transzendenz und Immanenz operiert wird. Diese Unterscheidung kennzeichnet

1.2 Womit haben wir es zu tun, wenn wir Religion erforschen?

religiöse Semantiken. Entsprechend wären Kontingenzthematisierungen ohne Transzendenzbezug als nicht religiös zu bezeichnen.

Die spezifische Form der religiösen Kontingenzbewältigung (bzw. Kontingenzthematisierung) beschreibt Pollack folgendermaßen näher: Sie sei „zum einen durch einen Akt der Überschreitung der verfügbaren Lebenswelt des Menschen (a), zum anderen durch die gleichzeitige Bezugnahme auf eben diese Lebenswelt (b)" (Pollack 1995: 185) gekennzeichnet. Dieser „Bezug auf das Unerfassbare" (186) könne kulturspezifisch unterschiedliche Spannweiten haben und bediene sich verschiedener Mittel der Veranschaulichung, zu denen vor allem Mythos und Kult gehören. Pollack fasst zusammen: „Verbindung von Bestimmtheit und Unbestimmtheit, von Zugänglichem und Unzugänglichem, von Immanenz und Transzendenz ist eine Grundstruktur aller Religionen. Durch sie gewinnen sie Alltagsrelevanz, Verständlichkeit, Anschaulichkeit und Kommunikabilität" (Pollack 1995: 186).

Der Vorteil der differenzierungstheoretischen gegenüber der Durkheimschen Religionssoziologie ist die Möglichkeit, Religion und andere Teilsysteme analytisch voneinander zu trennen, ohne dass damit der Bezug auf das Moment der Sakralität, das in säkularisierten Gesellschaft wirksam ist, aufgegeben werden muss. Volkhard Krech hat dafür den Begriff der „immanenten Sakralisierung" vorgeschlagen. Damit bezeichnet er den Prozess, „in dem eine nichtreligiöse Kommunikation *von sich aus* auf religiöse Sinngehalte zurückgreift oder sie erzeugt und dadurch ‚profane' Sachverhalte mit einer religiösen Aura ausstattet" (Krech 2011: 249, Hervorhebung im Original). Dabei handele es sich um eine „Fusion" von Religion mit Kommunikationen aus anderen Bereichen, die dabei aber jeweils Bestandteil dieser Bereiche blieben:

> „Im Unterschied zu religiöser Kommunikation, die auf der Unterscheidung zwischen Immanenz und Transzendenz basiert und mittels dieser Unterscheidung die *gesamte* Realität verdoppelt, ‚auratisiert' und verfremdet die Sakralisierung etwas, was zugleich Gegenstand anderer Kommunikation *bleibt*. Sie stattet konkrete, weil kommunikativ bereits bestimmte, Sachverhalte mit einem Geheimnis und der Weihe unhinterfragbarer Geltung aus. Sie ist eine Art der Kontingenzbewältigung von Sachverhalten, die zugleich in anderen Schemata der Kontingenzverarbeitung verbleiben." (Krech 2011: 249f., Hervorhebung im Original)

Das bedeutet: Sakralisierung ist nicht notwendig ein Kennzeichen von Religion, denn sie findet sich – ebenso wie Charismatisierung (um einen sinngemäß verwandten Begriff Webers aufzugreifen) – als Außeralltäglichkeit in allen gesellschaftlichen Teilsystemen (bzw. in den Begriffen Webers: in verschiedenen Wertsphären), in der Politik und im Sport ebenso wie in der Kunst.

Klassische Säkularisierungstheorie

Teilweise überschneidend zu diesen Überlegungen, aber in gewisser Hinsicht in den Konsequenzen darüber hinausreichend sind die noch stärker an einem substantiellen Religionsbegriff ausgerichteten Überlegungen der Säkularisierungstheorie als *sozialem Bedeutungsverlust von Religion in modernen Gesellschaften* (Pollack 2009). Sie nehmen die Idee der funktionalen Differenzierung auf, weiten sie aber aufgrund einer starken Nähe zu auf Rationalisierung ausgerichteten Modernisierungsprozessen noch weiter aus. Typisch hierfür ist die Vorstellung, dass immer weniger Phänomene in der Welt auf religiöse Erklärungen angewiesen sind, sondern verstärkt in den Erklärungsbereich der Wissenschaften fallen. Religion wird in gewisser Hinsicht als irrational angesehen, und die Menschen wenden sich von ihren Institutionen ab (Mitgliederverlust der Kirchen), halten sich weniger an religiös vorgegebene Normen und handeln im Lebensalltag immer mehr nach anderen Prinzipien als religiösen. Das Paradebeispiel für diese Prozesse ist Europa, wo es durch die geistesgeschichtliche Rationalisierung zum Durchbruch dieser Säkularisierungsprozesse kommt (Pollack 2009; Pickel 2010, 2011).

Die Diagnosen, die sich gebündelt als Säkularisierungstheorie formieren, haben einige Kritik auf sich gezogen. Abgesehen von der bereits erwähnten Enge des in diesem Zusammenhang hauptsächlich verwendeten substantiellen Religionsbegriffs werden der Säkularisierungstheorie eine Christentumszentrierung und ein gewisser Eurozentrismus vorgeworfen. Zudem beinhalte sie ein *universelles Verfallsmodell*, das so allgemein nicht zutreffe. Auch wenn einige der Einwände sicher nicht gänzlich zurückzuweisen sind, zielen sie doch am Kern vorbei. So macht die Säkularisierungstheorie an sich keine Aussagen über die Religiosität des Individuums, sondern nur über die Bedeutung von Religion in der Gesellschaft. Dies schließt alle Formen von Religion mit ein, muss aber natürlich deren Charakteristika berücksichtigen. Weit wichtiger ist aber eine andere zentrale Annahme: Die soziale Bedeutung von Religion ist von sozialen, ökonomischen und politischen Rahmenbedingungen abhängig.

Zu dieser Abhängigkeitsstruktur von den Rahmenbedingungen gehört auch – oder gerade – der Modernisierungsgrad einer Gesellschaft. Dem entspricht als zweite Annahme der Säkularisierungstheorie, dass Modernisierung (als Prozess, nicht als Zustand der Säkularität verstanden!) in einem gewissen *Spannungsverhältnis* zur gesellschaftlichen Bedeutung von Religion steht. Nur in dieser Kombination und in Verbindung mit der empirischen Beobachtung, dass Modernisierungsprozesse in den letzten Jahrzehnten weltweit mehrheitlich vorangeschritten sind, kann die Säkularisierungstheorie verstanden werden. Die Relevanz dieser Überlegungen wird aus der wieder zunehmenden Diskussion über Säkularisierung in den letzten Jahrzehnten erkennbar.

Religion und Lebensführung

Von ihren Anfangszeiten an war für die Religionssoziologie die Frage nach dem Zusammenhang zwischen religiösen Ideen und der Lebensführung ein zentraler Forschungsgegenstand. Dieses Verhältnis kann in beide Richtungen untersucht werden: als Einfluss religiöser Überzeugungen auf die alltägliche Lebensführung oder als Fundierung von religiösen Ideen in der Lebenspraxis.

Für die religionssoziologischen Studien Max Webers waren beide Perspektiven wichtig. Er widmete ein Kapitel in „Wirtschaft und Gesellschaft" (1980) dem Zusammenhang von Ständen, Klassen und Religion, in dem er die Affinitäten verschiedener sozialer Schichten zu bestimmten religiösen Ideen beschrieb. In einer materialistisch zu nennenden Perspektive analysiert er spezifische, in der Lebensführung begründete religiöse Interessen, die zur Ausbildung religiöser Weltsichten und Heilslehren führen können. Daran anknüpfend können z. B. Jenseitsvorstellungen als in der jeweiligen Erfahrung begründete Entwürfe analysiert werden (vgl. Sammet/Erhard 2014).

In umgekehrter Perspektive untersuchte Weber in der „Protestantischen Ethik" (1920) den Einfluss einer bestimmten Glaubensüberzeugung, nämlich des Glaubens an die Prädestination zur Erlösung oder Verdammnis, auf Handlungen und die alltägliche Lebensführung. Weitere Beispiele für diese idealistisch zu nennende Forschungsperspektive sind die zahlreichen, in ihren Ergebnissen sich widersprechenden Untersuchungen zum sogenannten „Hellfire-Effect", die auf die Auswirkungen eines Jenseitsglaubens auf das diesseitige Leben zielen und eine negative Korrelation zwischen „belief in supernatural sanctions" und Delinquenz (Hirschi/Stark 1969; Burkett/White 1974) feststellen.

An Weber schließt eine Perspektive auf Religion an, die in den letzten Jahren in der deutschen Religionssoziologie kontrovers diskutiert wurde: das Theorem der strukturellen Religiosität nach Ulrich Oevermann (z. B. 1995; 2001; 2003). Oevermann entwickelt seine Argumentation ausgehend von einem konstitutionstheoretischen Ansatz. Das von der Religion zu lösende Problem ist demnach im Übergang von der Natur zur Kultur und in der durch die Sprachlichkeit entstandenen Fähigkeit zur Bildung hypothetischer Welten begründet. Die damit verbundene Erfahrung von Kontingenz und die Bewusstheit der Endlichkeit des eigenen Lebens bringen laut Oevermann das universale Bewährungsproblem hervor, für das Religionen kulturspezifisch kollektiv verbindliche Mythen formulieren. Durch den Prozess der Säkularisierung verschärfe sich die Bewährungsdynamik, da kollektiv verbindliche Inhalte nicht mehr gegeben seien, das einzelne Subjekt aber dennoch angesichts der Bewusstheit seiner eigenen Endlichkeit Kriterien für die Bewährung des eigenen Lebens formulieren müsse. Die Säkularisierung bringt demnach Individuen hervor, die nicht mehr inhaltlich, jedoch strukturell religiös sind.

Am Strukturmodell von Religiosität wird kritisiert, dass der Begriff „Bewährung" einen aktiv gestaltenden, reflexiven Umgang mit dem Bewährungsproblem impliziere, wobei Autonomie und Reflexivität in der Analyse als Maßstab fungieren, an dem die Praxis gemessen werde (vgl. dazu auch kritisch Wohlrab-Sahr 2003b), was unter der Hand eine normative Perspektive befördere. Der Gewinn von Oevermanns Modell ist dagegen, dass über den Begriff der Bewährung Glaubensinhalte auf die Lebensführung – Oevermann spricht von Lebenspraxis – bezogen werden, die sich in Hinblick auf den eigenen Bewährungsmythos *bewähren* muss. Durch die Anbindung von Glaubensinhalten an lebenspraktische Probleme steht Oevermann in der oben skizzierten Tradition Max Webers.[5]

Religiöse Vitalität als Marktfolge

Ein neuerer Zugang zur Beschäftigung mit Religion und insbesondere religiöser Vitalität kommt aus Nordamerika. Es handelt sich um das sogenannte Marktmodell des Religiösen. Seine Kernaussage wird auf der Basis der Annahme, dass Menschen vor allem aufgrund von Kosten-Nutzen-Erwägungen handeln, formuliert. Dies betrifft auch die Suche nach Kontingenzbewältigung und religiöser Heilserfahrung. Exklusive religiöse Angebote in dieser Hinsicht erhalten die Menschen aber am ehesten, wenn ein möglichst plurales und konkurrierendes Angebot vorliegt, so die Vertreter des Marktmodells (Finke/Stark 2006; Stark/Bainbridge 1987; Stark/Finke 2000). Der Blick wird dabei auf das Diesseits gerichtet und eine letztendlich immer vorhandene Nachfrage nach religiösen Gütern und Angeboten unterstellt.

Analog zu wirtschaftswissenschaftlichen Überlegungen ist es die *Konkurrenzsituation auf dem religiösen Markt*, welche die günstigste Situation für religiöse Vitalität bereitstellt. Dies erfordert die größtmögliche Trennung von Staat und Kirche und einen von einschränkenden Regeln und Eingriffen des Staates freien religiösen Markt – in Hinsicht sowohl auf negative Sanktionen als auch auf die Privilegierung einzelner Glaubensgemeinschaften. Entsprechend ist es für Anhänger des Marktmodells wenig überraschend, dass gerade in dem durch Quasi-Monopolreligionen geprägten Europa die religiöse Vitalität immer weiter erlahmt. Die kaum mehr exklusiven Angebote, eine gewisse Trägheit sowie die fehlende Konkurrenz auf dem religiösen Markt seien Gründe für diesen Prozess, der seitens der Säkularisierungstheorie als Säkularisierung beschrieben wird. Die dort zugrundeliegende Annahme einer zwingenden Verbindung von Modernisierung und Säkularisierung

---

5 Eine andere, sehr fruchtbare Fortführung der Religionssoziologie Webers stellen Bourdieus Analysen des religiösen Feldes dar, auf die wir hier aus Platzgründen nicht eingehen können (Bourdieu 2000).

lehnen die Markttheoretiker ab, ihre schärfsten Vertreter (Stark 1999) sehen diese sogar als überholt an – und eben als eurozentristisch bedingt.

Dafür sehen sie sich umgekehrt dem *Vorwurf* einer zu stark auf den nordamerikanischen Fall ausgerichteten Verallgemeinerungsstrategie ausgesetzt. Weder seien die empirischen Befunde bisher konsistent, noch sei die Frage geklärt, ob Menschen nicht auch ohne Nachfrage nach Religion existieren können. Selbst für den Paradefall USA verweisen Säkularisierungstheoretiker auf die Besonderheiten der dortigen Einwanderungsgesellschaft – und damit auf die nur begrenzte Tragfähigkeit des Erklärungsmodells (Bruce 2002). Nichtsdestoweniger werden Überlegungen des religiösen Marktmodells in neueren Untersuchungen zur Ausbildung religiöser Netzwerke (Traunmüller 2012) oder zu religiöser Pluralisierung herangezogen. Speziell in den USA gilt das Marktmodell als das „neue Paradigma" der Religionssoziologie (Warner 1993), welches das „alte Paradigma" der Säkularisierungstheorie abgelöst habe. Für die historisch gewachsenen Verhältnisse in Europa erscheinen zusammenführende Ansätze, wie zum Beispiel der von Stolz (2009), als hilfreich, die säkulare Optionen als konkurrierende Angebote und Überlegungen der Säkularisierungstheorie in entsprechende Rational-Choice-Erklärungsmodelle integrieren.

1.2.3 Sozialgestalten von Religion

Wenn man Religion soziologisch erforschen möchte, stellt sich unweigerlich die Frage: In welcher sozialen Gestalt erscheint Religion in der Gesellschaft? Zur Klärung dieser Frage ist es ertragreich, auf einen soziologischen Klassiker zurückzugreifen. In den „Soziallehren der christlichen Kirchen und Gruppen" unterscheidet der Theologe Ernst Troeltsch idealtypisch drei unterschiedliche soziale Gestalten des Christentums bzw. „drei Haupttypen der soziologischen Selbstgestaltung der christlichen Idee: die Kirche, die Sekte und die Mystik" (Troeltsch 1994: 967). Alle drei Formen finden sich im Christentum von Anfang an und treten – wie Troeltsch formuliert – „bis heute auf jedem Konfessionsgebiet nebeneinander auf mit allerlei Verschlingungen und Übergängen untereinander" (Troeltsch 1994: 967) auf. Sie sind also nur typlogisch voneinander abzugrenzen. Auf alle drei Typen soll kurz eingegangen werden, insbesondere auf die Spannungsverhältnisse zwischen ihnen.

Die *Mystik* ist nach Troeltsch „die Verinnerlichung und Unmittelbarmachung der in Kult und Lehre verfestigten Ideenwelt zu einem rein persönlich-innerlichen Gemütsbesitz" (Troeltsch 1994: 967). Sie ist durch individualistische Tendenzen und durch ein emotionales Erleben gekennzeichnet, für sie ist Erlösung „der immer wieder neu sich wiederholende Vorgang der Einswerdung der Seele mit Gott"

(Troeltsch 1994: 969). Mit der Verinnerlichung und Subjektivierung[6] verbunden ist eine Relativierung der Heilswahrheit. Die Fundierung der Mystik im persönlichen inneren Erleben bringt mit sich, dass Gruppen sich höchstens sehr fließend bilden. Erwähnenswert ist, dass Troeltsch eine Wahlverwandtschaft der Mystik mit der Autonomie der Wissenschaft feststellt und die Mystik als „Asyl für die Religiosität wissenschaftlich gebildeter Schichten" versteht; in „wissenschaftlich unberührten Schichten" werde sie zum „Orgiasmus und zur gefühlsmäßigen Devotion" (Troeltsch 1994: 967).

Den Gegenpol zur individualistischen Mystik bildet die *Kirche*. Sie ist nach Troeltsch die „mit dem Ergebnis des Erlösungswerkes ausgestattete Heils- und Gnadenanstalt, die Massen aufnehmen und der Welt sich anpassen kann, weil sie von der subjektiven Heiligkeit um des objektiven Gnaden- und Erlösungsschatzes willen bis zu einem gewissen Grade absehen kann" (Troeltsch 1994: 967). Da die Kirche „Massen- und Volkskirche" sein will, verlege sie „die Göttlichkeit und Heiligkeit aus den Subjekten in die objektive Heilsanstalt und ihre göttliche Gnaden- und Wahrheitsausstattung" (Troeltsch 1994: 970). Für die einzelnen Menschen bedeutet dies eine Entlastung, denn die Kirche verwaltet das Heilige und sichert den Menschen durch die Sakramente Zugang zur göttlichen Gnade; d. h. sie müssen sich nicht mehr um ihr Heil sorgen, das die Kirche anstaltsartig monopolisiert und damit garantiert. Max Weber (1980: 675) bezeichnet dies mit dem Begriff des Amtscharismas, das unpersönlich geworden und auf die Anstalt übergegangen sei, die es wiederum ihren Amtsträgern verleiht. Askese wird damit zur Sonderleistung einzelner; dadurch werden Kompromisse mit den Staatsgewalten und den ökonomischen Lebensbedingungen, d. h. mit der gesellschaftlichen Ordnung möglich. Die Kirche ist daher Bestandteil der allgemeinen Ordnung.

Den Gegensatz zu diesem allgemeinen und den einzelnen Menschen entlastenden Charakter der Kirche bildet die *Sekte*. Dabei ist zu betonen, dass Troeltsch „Sekte" als einen streng soziologischen Begriff fasst, also nicht normativ, wie ihn gelegentlich die Kirchen oder auch andere Personen selbst zur Abgrenzung nutzen. Man müsste heute eher von *religiösen Gruppen oder Gemeinschaften* sprechen. Gelegentlich werden entsprechende Sozialgruppen auch unter den Begriff „neue religiöse Bewegungen" subsummiert.

> „Die Sekte ist die freie Vereinigung strenger und bewusster Christen, die als wahrhaft Wiedergeborene zusammentreten, von der Welt sich scheiden, auf kleine Kreise beschränkt bleiben, statt der Gnade das Gesetz betonen und in ihrem Kreise mit größerem oder geringerem Radikalismus die christliche Lebensordnung der Liebe

---

6 Insofern beschreibt schon Troeltsch, was z. B. Knoblauch (2009) als „individualisierte Spiritualität" und Ausdruck einer Transformation des Religiösen bezeichnet.

aufrichten, alles zur Anbahnung und in der Erwartung des kommenden Gottesreiches" (Troeltsch 1994: 967).

Sekten sind demnach religiöse Gemeinschaften, deren Mitglieder ihnen aufgrund eigener Entscheidung, also freiwillig, angehören, und zwar auf der Basis einer persönlichen Berufung oder Auserwähltheit, was mit einer Art Elite-Bewusstsein und Abgrenzung von der Welt, insbesondere von den konventionellen „Sonntagschristen", verbunden ist. Dafür muss der einzelne – im Gegensatz zu den Kirchenchristen – besondere religiöse Leistungen vollbringen. Während Sekten nach außen Toleranz für sich fordern, üben sie nach innen gegenüber ihren Mitgliedern eine „geistliche Lehr- und Sittenzucht" (Troeltsch 1994: 971), also eine beständige Kontrolle des Verhaltens und Glaubens aus; sie streben danach, die Mitglieder „auf Linie" zu halten. Sekten zeichnen sich daher durch eine strenge Ethik aus, weniger – wie Troeltsch betont – durch eine ausgearbeitete Theologie. (Troeltsch 1994: 970) Für die Sekten haben die engen Beziehungen der Mitglieder untereinander, die Gemeinschaft der Berufenen, zentrale Bedeutung.

In der Betonung des persönlichen Charakters von Religiosität liegen Gemeinsamkeiten von Mystik und Sekten und ihr wesentlicher Unterschied zur Kirche. Kirche und Sekte wiederum sind auf die Zugehörigkeit von Mitgliedern angewiesen, die sich jedoch ganz unterschiedlich begründen: Mitglied der Kirche wird man automatisch durch Geburt bzw. Kindertaufe, ohne eigenes Zutun und eigene Leistung, was den objektiven, anstaltlichen Charakter der Kirche betont; die Sekte ist dagegen eine Gemeinschaft von Freiwilligen, deren Mitglied man durch eigene Entscheidung und Beitritt wird.

Alle drei Sozialgestalten von Religion sind mit jeweils spezifischen Formen von Gemeinschaft verknüpft: Die Mystik zielt auf die Gemeinschaft mit Gott in der unmittelbaren Begegnung, die Kirche umfasst die Gemeinschaft aller Gläubigen, die formal und unpersönlich ist und in ihrer Reichweite universal zu sein beansprucht. Die Sekte schließlich stellt die besondere Gemeinschaft der Berufenen dar, die in informellen und persönlichen Beziehungen zueinander stehen, eine Gemeinschaft von Gleichgesinnten mit dem Bewusstsein einer Avantgarde. Troeltsch hat diese Sozialgestalten als Idealtypen konzipiert, die – wie erwähnt – auch miteinander verwoben sein können.

1.2.4 Dimensionen von Religion

Wenn wir Religion empirisch untersuchen, können wir das Augenmerk auf unterschiedliche Dimensionen richten, die jeweils eine unterschiedliche Art und Weise der Erfüllung der Funktion der Kosmisierung bzw. Kontingenzthematisierung darstellen. Diese Dimensionen sind analytisch zu unterscheiden, praktisch sind sie aber miteinander verknüpft. Wir können z. B. – an Troeltschs Unterscheidungen anschließend – unterschiedliche Formen der Organisierung von Religion erforschen – also religiöse Gemeinschaften (in aktuellen Untersuchungen auch auf der Ebene von einzelnen sozialen Gruppen und Netzwerken) oder Kirchen. Auch Formen der Subjektivierung von Religion – in Troeltschs Begriffen die Mystik, heute wird eher von „Spiritualität" (z. B. Knoblauch 2009) gesprochen – können Gegenstand sozialwissenschaftlicher Forschung sein – und sind dies gerade in jüngerer Zeit immer stärker.

Für die quantitative Forschung hat sich eine stärker *kategoriale Unterscheidung der Dimensionen des Religiösen* durchgesetzt. Sie ist vor allem mit dem Namen Charles Glock (1954) verbunden. In den einzelnen Kapiteln in diesem Buch werden wir jeweils auch darauf eingehen, zu welchen Dimensionen von Religion die jeweiligen Verfahren einen geeigneten Zugang eröffnen und auch beispielhafte Studien vorstellen. An dieser Stelle sollen diese Dimensionen nur aufgelistet und kurz erläutert werden.

Zunächst kann Religion als *Glaubensüberzeugung* untersucht werden. Damit werden Deutungsmuster erfasst, die die Welt sinnhaft ordnen (Kosmisierung) bzw. Unsicherheit thematisieren (Kontingenzbearbeitung). Glaubensüberzeugungen sind persönliche Festlegungen und greifen auf religiöse Überlieferungen und Dogmatiken zurück, also auf tradierte heilige Texte und von religiösen Experten ausgearbeitete Wissensordnungen. Diese religiösen Wissensbestände werden in Hinblick auf die eigene Lebensführung re-interpretiert und adaptiert. Zu Religion gehört also auch eine Dimension religiösen Wissens.

Auf die *Wissensdimension* von Religion kann man sich auch unabhängig von Glaubensüberzeugungen beziehen. Daher ist es sinnvoll, religiöse Kommunikation von Kommunikation über Religion (vgl. Sammet 2006b) zu unterscheiden. Von religiöser Kommunikation kann man in Anlehnung an Luhmann dann sprechen, wenn Unbestimmtes in Bestimmtheit überführt und die Einzelnen sich in irgendeiner Weise auf Glaubensüberzeugungen festlegen (Luhmann 1998: 145). Bei Kommunikation über Religion dagegen finden solche Festlegungen nicht statt, vielmehr ist sie z. B. durch Negationsmöglichkeiten (z. B. „Ich glaube nicht an die Existenz Gottes" oder „Das Christentum kennt keine Wiedergeburtsvorstellungen" usw.) und Alternativformulierungen (z. B. „Reinkarnation ist eine tröstlichere Vorstellung als der Glaube an das Jüngste Gericht" oder „Die frühen Christen glaubten an das bevorstehende Ende der Welt" usw.) gekennzeichnet[7].

Neben diesen die Welt und das Leben deutenden und ordnenden kognitiven Dimensionen hat Religion auch eine praktische Seite. Als ein Moment dieser praktischen Seite von Religion kann man das religiöse *Erleben* bzw. *Erfahrung* verstehen. Für die soziologische Analyse stellt diese Dimension jedoch ein Problem dar, da sie als ein innerer Zustand oder Prozess nicht unmittelbar zugänglich ist (vgl. Krech 2011: 45). Erst bzw. nur wenn über dieses innere religiöse Erleben berichtet wird oder indem wir es beobachten, haben wir als Forschende in mittelbarer Weise Zugriff darauf. In der Form des Berichts haben wir dann mit religiöser Kommunikation zu tun. Glock bestimmt sie als Dimension religiöser Erfahrung. In dieser Dimension sind Spiritualität oder Mystik zu erfassen.

Zur religiösen Praxis gehören auch *religiöses Handeln und religiöse Interaktionen*. Als religiöse Praxis werden in standardisierten Studien meist der Kirchgang und das Gebet abgefragt, aber sie umfasst noch einiges mehr, das in qualitativen Studien erforscht werden kann, z. B. das Verhalten bei religiösen Veranstaltungen, das Handeln religiöser Virtuosen und Professioneller oder auch Interaktionen in religiösen Gemeinschaften. Auf Dauer gestellt werden solche Praxen in Ritualen und Institutionalisierungen, auf einer komplexeren Ebene als religiöse Organisation, also z. B. als Kirche. Zudem sind individuelle Praktiken – wie das für sich vorgenommene private Gebet – von *kollektiven Praktiken* und Ritualen zu unterscheiden. Letztere werden gemeinsam mit anderen vollzogen.

Schließlich begründet Religion auch eine *Zugehörigkeit*. Dies kann eine mehr formale Zugehörigkeit sein, also eine Mitgliedschaft in einer religiösen Gruppe, einer Kirche oder Religionsgemeinschaft usw. Religiöse Zugehörigkeit kann aber auch ein Moment der *Identität* sein, also etwas, mit dem man sich selbst beschreibt und typisiert als „Ich bin Christin, Muslimin, Atheist". Damit sind Vorstellungen der Zusammengehörigkeit mit anderen Menschen, der Zugehörigkeit zu einem Kollektiv unterschiedlicher Reichweite – also einer konkreten Gemeinschaft, einer Familie oder einem „Kulturkreis" – verknüpft, aber auch Abgrenzungen von Nicht- oder Anders-Gläubigen bis hin zu einer kulturellen Abwehr und Ausgrenzung können daraus resultieren.

---

7   Luhmann hat auf ähnliche Weise Kommunikation *mit* Gott von der Kommunikation über Gott unterschieden; demnach ist letztere dadurch gekennzeichnet, dass sie eine Leugnung der Existenz Gottes, den Streit über seinen Namen und seine Attribute, eine Kritik an seiner Schöpfungsleistung oder Diskussionen über Gottesbeweise zulasse (Luhmann 1987b: 232).

1.2.5 Methoden und ihr Nutzen für die Religionsforschung

Alle im vorangegangenen Kapitel genannten Dimensionen und Bereiche können Gegenstand empirischer Erforschung sein. Wie man dies aber angeht, ist vor allem eine Sache der *Formulierung einer Fragestellung* und der Wahl der zu ihrer Bearbeitung *angemessenen Methoden*. Im Interesse einer intersubjektiv gültigen wissenschaftlichen Forschung kommt es darauf an, ein Thema klar zu bestimmen und es dann mit den dafür passenden Methoden zu untersuchen. Dabei gilt: Es gibt keine richtigen oder falschen Methoden, es gibt nur einer Fragestellung angemessene und nicht angemessene Methoden. Daher ist es eine der ersten und zentralen Aufgaben eines Forschers (oder der Verfasserin einer wissenschaftlichen Arbeit) den Untersuchungsgegenstand klar gegenüber anderen möglichen Fragestellungen abzugrenzen und dann eine Auswahl der für die Fragestellung am besten passenden Methode zu treffen.

Dies setzt den Einbezug der skizzierten *Theorien als Leitlinien* voraus. Sie dienen als Orientierungsrahmen für die Fragestellungen wie auch als Anker für die Einordnung der Fragestellung und der erzielten Ergebnisse. Selbst unter der Prämisse eines möglichst offenen, unverstellten Zugangs zu einer Thematik ist zumindest im Nachgang der empirischen Arbeit eine Einordnung in diese weiterreichenden Theorien notwendig. Nur so bleibt der Anschluss an die kumulative Produktion von Wissen, die für Wissenschaft konstitutiv ist, gewährleistet und es kann ein zusätzlicher Erkenntnisgewinn erzielt werden.

Ebenfalls relevant ist, dass man sich Gedanken über die Auswahl der *Untersuchungsgruppe* macht: Über wen will man etwas aussagen? Allerdings strebt man in den Sozialwissenschaften Aussagen an, die über die konkreten, einer Untersuchungsgruppe angehörenden Personen hinausreichen sollen. Entsprechend hat man es in der Regel mit einer Stichprobe (bzw. einem Sample) zu tun, von der aus weiterreichende, allgemeinere Erkenntnisse gewonnen werden sollen. Das berührt die Frage der Generalisierung, die bei quantitativen und qualitativen Verfahren jeweils unterschiedlich gelöst wird. Zur Vermeidung von Irr- und Umwegen sind einige Vorüberlegungen und Planungen erforderlich. So muss einem bei der Auswahl der Untersuchungsfälle immer klar sein, für welches allgemeine Problem der ausgewählte Fall denn überhaupt stehen soll. Gelingt es nicht, die über das Sample hinaus reichende Relevanz sichtbar zu machen, dann verbleibt das Ergebnis auf einem für nur wenige nutzbarem Niveau und trägt nur sehr begrenzt zum wissenschaftlichen Fortschritt bei.

Das macht deutlich, dass Fragestellung, Untersuchungspersonen, die gewählte Methode, das Ziel der Forschung und die herangezogene Theorie aufeinander abgestimmt sein müssen. Nur so ist es überhaupt möglich, sinnvolle und methodisch gesicherte Ergebnisse zu erzielen. Dies gilt für quantitative wie für qualitative Zugänge zur Erforschung von Religion. Doch alles hilft nichts, wenn man die Studie nicht *sauber und methodisch kontrolliert durchführt*. Ist dies nicht der Fall, dann werden die erarbeiteten Ergebnisse arbiträr – und im schlechtesten Fall unbrauchbar sein. Methoden geben durch ihre Strukturiertheit im Forschungsprozess eine prozedurale Hilfe, damit die angesprochenen Fehler vermieden werden können.

Methoden sind also kein Selbstzweck und auch kein Mittel, um Studierende zu quälen, sondern eine Hilfe für die Bearbeitung von Fragestellungen – und auch ein Schutz gegen ungerechtfertigte Kritik. Wenn man die Mühen einer empirischen Arbeit über ein religionsbezogenes Thema auf sich nimmt, sollten am Ende der Arbeit methodisch gesicherte und aussagekräftige Ergebnisse stehen. Die dabei gewonnenen Erkenntnisse können dann zwar prinzipiell angezweifelt und diskutiert werden kann; wenn ich die Untersuchung aber entsprechend den gültigen methodischen Standards durchgeführt habe, müssen Zweifel auch empirisch begründet sein.

Qualitative Methoden der Religionsforschung 2

2.1 Das qualitative Paradigma: Methodologische Hintergründe und Forschungsprinzipien

Bei der Entscheidung, wie die Fragestellung in einer qualitativen Forschung empirisch umgesetzt werden soll, ist es von zentraler Bedeutung, sich klarzumachen, was das qualitative Paradigma ausmacht, d. h. was qualitative bzw. rekonstruktive Sozialforschung von der quantitativen, genauer: standardisierenden Sozialforschung unterscheidet. Daher sollen einleitend die Prinzipien qualitativer Sozialforschung zusammengetragen und vorgestellt werden. Verschiedene Autoren (vgl. z. B. Bohnsack 2003: 13-30; Przyborski/Wohlrab-Sahr 2008: 25-51; Rosenthal 2005: 39-83) haben diese Prinzipien herausgearbeitet, wobei je nach theoretisch-methodologischer Verortung unterschiedliche Aspekte im Vordergrund stehen und die Aufmerksamkeit stärker auf Erhebungs- oder auf Auswertungsverfahren gerichtet wurde. Einigkeit besteht darin, dass die Sozialforschung, die hier als genuin qualitativ bezeichnet werden soll, durch folgende Prinzipien gekennzeichnet ist: durch die methodische Prämisse einer immer schon interpretierten sozialen Welt, durch Offenheit während der gesamten Forschungsarbeit, durch Kommunikation in der Erhebung, durch Rekonstruktion in Auswertung sowie durch das Selbstverständnis als methodisch kontrolliertes Fremdverstehen (vgl. Arbeitsgruppe Bielefelder Soziologen 1973; Bohnsack/Nohl 2001). Damit verbunden sind weitere die Forschung leitende Prinzipien und Forschungsstrategien, auf die wir ebenfalls eingehen werden.

Die qualitative geht als *interpretative* Sozialforschung davon aus, dass Menschen im Alltag die Wirklichkeit um sich herum beständig deuten und interpretieren. Alfred Schütz hat das so formuliert:

> „Unser gesamtes Wissen von der Welt, sei es im wissenschaftlichen oder im alltäglichen Denken, enthält Konstruktionen, das heißt einen Verband von Abstraktionen, Generalisierungen, Formalisierungen und Idealisierungen, die der jeweiligen Stufe

gedanklicher Organisation gemäß sind. Genau genommen gibt es nirgends so etwas wie reine und einfache Tatsachen. Alle Tatsachen sind immer schon aus einem universellen Zusammenhang durch unsere Bewußtseinsabläufe ausgewählte Tatsachen. Somit sind sie immer interpretierte Tatsachen: entweder sind sie in künstlicher Abstraktion aus ihrem Zusammenhang gelöst oder aber sie werden nur in ihrem partikularen Zusammenhang gesehen. Daher tragen in beiden Fällen die Tatsachen ihren interpretativen inneren und äußeren Horizont mit sich" (Schütz 2004: 158).

Mit dem Begriff „*Konstruktion*" ist nun nicht gemeint, dass unsere Weltwahrnehmung etwa fiktiv oder beliebig zusammengebastelt und damit auch leicht umzubauen sei. Schütz zielt vielmehr darauf ab, wie wir die Welt in unserem Alltag wahrnehmen, ordnen und begreifen: Wir deuten, indem wir abstrahieren und kategorisieren, also Erscheinungen um uns herum Typen zuordnen.

Schütz illustriert diesen Gedanken im Text am Beispiel „Hund". Im Laufe unseres Lebens haben wir aufgrund von Erfahrungen eine Vorstellung davon entwickelt, was ein Hund ist. Daher können wir konkrete Exemplare, die wir noch nie gesehen haben, diesem Begriff zuordnen und als Hund benennen. Welcher Grad an Abstraktion dem zugrunde liegt, kann man sich klarmachen, wenn man überlegt, was alles in diese Kategorie fällt: von einer Dänischen Dogge oder einem Bernhardiner über Pitbull und Pudel bis hin zum Mops oder auch dem „Schoßhündchen". Wir unterstellen allen diesen Exemplaren Gemeinsamkeiten, dass sie zum Beispiel bellen oder beißen können – auch wenn sie das im Moment nicht tun – und dass sie bestimmte Eigenschaften haben. An Interpretationen und Kategorisierungen wie diesen orientieren wir unser alltägliches Verhalten. Schütz spricht entsprechend davon, dass unsere „unangezweifelten Vorerfahrungen" als „typische Erfahrungen verfügbar" seien und „offene Horizonte zu erwartender ähnlicher Erfahrungen mit sich (tragen)" (161). Damit ist gemeint, dass wir bei der Deutung von Erscheinungen auf einen impliziten Wissensvorrat zurückgreifen:

> „Jede Interpretation dieser Welt gründet sich auf einen Vorrat eigener oder uns von Eltern oder Lehrern vermittelter früherer Welterfahrungen, die in der Weise unseres ‚verfügbaren Wissens' ein Bezugsschema bilden." (161)

Für die soziologische Forschung bedeutet das, dass wir es immer mit einem schon gedeuteten und sinnhaft strukturierten Gegenstand zu tun haben. Schütz spricht in diesem Zusammenhang von *Konstruktionen ersten Grades*, die Menschen in Auseinandersetzung mit den Erscheinungen in ihrem Alltag herstellen. Die Forscherin rekonstruiert diese Deutungen, d. h. sie deckt gewöhnlich implizit bleibende Sinnbezüge hinter beobachtbaren Handlungen auf und überführt sie in explizite und treffende Begriffe, die *Konstruktionen zweiten Grades*. Dieser Gedanke der

2.1 Das qualitative Paradigma

Rekonstruktion von Konstruktionen bestimmt das Grundverständnis und das Vorgehen der qualitativen als einer *interpretativen Sozialforschung*.

> Die soziale Welt ist für die interpretative Sozialforschung eine immer schon sinnhaft gedeutete Welt. Qualitativ-rekonstruktive Sozialforschung rekonstruiert die alltäglichen Konstruktionen von Akteuren, die „Konstruktionen ersten Grades", mit Hilfe von „Konstruktionen zweiten Grades".

Bei der Durchführung qualitativer Forschung ist *Offenheit* das leitende Prinzip. Es verweist darauf, dass es nicht darum geht, von Theorien ausgehend Hypothesen zu formulieren, die im Forschungsprozess mit größtmöglicher Standardisierung geprüft werden. Vielmehr sollen in der qualitativen Sozialforschung Hypothesen im Verlauf der Forschung erst generiert werden, indem Theorien aus dem empirischen Material entwickelt werden. Dadurch – so der Anspruch – wird Neues entdeckt. Entsprechend wird der Forschungsprozess in allen Phasen möglichst offen gestaltet. Dies beginnt schon bei der Forschungsfrage, die nicht als Hypothese formuliert wird, sondern offener und vager gehalten wird und im Verlaufe der Forschung auf der Basis gewonnener Erkenntnisse angepasst werden kann. Vor allem sollen auf das Thema bezogene wissenschaftliche Theorien und alltagsweltliche Erfahrungen (und Vorurteile!) zum Gegenstand der Forschung zurückgestellt werden, damit man sich unvoreingenommen seinem Forschungsfeld und seinen Daten nähern kann. Die Annahme ist, dass Leittheorien nicht nur hilfreich sein können, sondern auch das Risiko bergen, den Blick auf die Wirklichkeit zu verstellen.

Für die *Datenerhebung* heißt das, dass sie so gestaltet sein muss, dass nicht von Seiten der Forscherin Kategorien und Ordnungsgesichtspunkte vorgegeben werden, sondern dass sich vielmehr die Wirklichkeitskonzeption der Befragten eigendynamisch entfalten kann und die von ihnen gesetzten Relevanzen zur Geltung kommen (vgl. Hoffmann-Riem 1980: 350). Das sieht dann konkret so aus, dass zum Beispiel bei methodisch angeleiteten Beobachtungen nicht vorab ein Schema entwickelt wird, das dann im Feld die Beobachtung strukturiert. Vielmehr wird der Blick gezielt dafür offengehalten, was in der beobachteten Situation geschieht – Goffman brachte diese Haltung mit der programmatischen Frage „Was geht hier eigentlich vor?" (Goffman 1996: 16) auf den Punkt. Bei qualitativen Interviews werden keine in einem Leitfaden vorformulierten Fragenkataloge abgearbeitet, sondern Fragen bzw. Stimuli werden so gestellt, dass es den Befragten überlassen bleibt, wie sie ihre Antwort strukturieren und formulieren. Auf diese Weise soll erreicht werden, dass möglichst selbstläufige Erzählungen und Gesprächspassagen in Gang gebracht werden.

> *Offenheit* als grundlegendes Prinzip qualitativer Sozialforschung zielt auf die Generierung von Theorien in einer unvoreingenommenen Haltung gegenüber dem zu untersuchenden Gegenstand. Sie bezieht sich auf den ganzen Forschungsprozess: auf die Formulierung der Fragestellung und auf die Gestaltung der Erhebung, bei der die Strukturierung der Erhebungssituation maßgeblich den untersuchten Personen überlassen ist und selbstläufige Gesprächspassagen und Praxen erzeugt werden.

Martin Kohli hat schon 1978 darauf aufmerksam gemacht, welche Vorteile offene Fragen gegenüber geschlossenen haben:

> „In seinen Antworten gibt der Befragte zu erkennen, wie er die Frage aufgefasst hat. Das kann in der Datenauswertung berücksichtigt werden. Bei geschlossenen Verfahren kann dagegen nicht überprüft werden, ob die ‚Übersetzung' der Forschungsfragen in den Kode des Befragten gelungen ist. ... Dabei handelt es sich um einen doppelseitigen Prozess: der Befragte kann die Frage, der Forscher aber auch die Antwort falsch – d. h. nicht im intendierten Sinn – verstehen." (Kohli 1978: 10).

Das bedeutet: Auch geschlossene Fragen und standardisierte Antworten sind immer sinntragend und daher Interpretationen, also eine Auswahl aus einer Reihe von möglichen Bedeutungen. Kohli zieht den Schluss: „Nur mit offenen Verfahren können die Gliederungsgesichtspunkte des Befragten selbst sichtbar gemacht werden, nur sie sind demnach zur Erfassung der eigenen Perspektiven geeignet" (Kohli 1978: 10). Eine solche offene Strategie bei Befragungen ermöglicht auch eine systematische Berücksichtigung des Kontextes, der damit nicht als potentieller Störfaktor oder als „Verzerrung", sondern als in der Auswertung zu Berücksichtigendes verstanden wird. Daher kann man in diesem Zusammenhang vom *Prinzip der Kontextualität* bei der Datenerhebung in der qualitativen Forschung reden. Das gilt für die Erfahrungsbestände und Alltagssituationen, auf die sich die Ausführungen der Befragten beziehen und aus denen sie „schöpfen" (vgl. Kohli 1978: 13).

An Beispielen aus einem Forschungsprojekt, das auf die Rekonstruktion von Weltsichten von Menschen zielte, die Arbeitslosengeld II (ALG II) beziehen, soll das Prinzip der Kontextualität verdeutlicht werden. Mit Weltsichten sind subjektive Theorien zur Ordnung der Welt und dazu, wie Dinge – auch im größeren Maßstab

2.1 Das qualitative Paradigma

– zusammenhängen, gemeint (vgl. Sammet 2014). Im Projekt ging es sowohl um religiöse als auch nicht-religiöse Weltsichten (vgl. Sammet 2011). In einem biographischen Interview mit einer jungen Friseurin, die zusätzlich zu ihrer Erwerbsarbeit aufstockend ALG II bezieht, findet sich die folgende Äußerung:

> *Also ich hab ne Salonleiterin, Chefin die ist super toll, die ist (2) sechs Jahre älter als ich (2) ooch hat 'n Tag vor mir Geburtstag, mein Sternzeichen, vielleicht hängt da manches zusammen, man weiß es ja nicht. Obwohl ich eigentlich nicht so bin und an Horoskope und so was glaube. Aber das ist einfach alles stimmig, wie wir denken, im Allgemeinen, übers Arbeiten (2). Wir ham ooch so'n bisschen denselben Stil und .. ja sie ist eigentlich ooch jetzt so mein Vorbild, wie sie das ooch durchzieht.*

Auf den ersten Blick ist die Äußerung widersprüchlich, und man fragt sich: Glaubt sie nun an Horoskope oder nicht? Wenn man allerdings die Kontexte und Bezüge berücksichtigt, wird das Bild klarer: Der Bezug auf Sternzeichen und die Betonung des Nicht-Glaubens erfüllen jeweils unterschiedliche Funktionen. Auf der einen Seite begründet die Befragte Charaktereigenschaften und Wesensähnlichkeiten von Personen mit ihrem gemeinsamen Sternzeichen. Der Verweis auf Sternzeichen hat also eine ordnende Funktion im Alltag. Vorher schon hatte die Befragte erwähnt, dass alle ihre früheren Freunde und der aktuelle Lebensgefährte dasselbe Sternzeichen hätten. In Hinblick auf das berufliche Vorbild, an dem sie sich orientiert, wie in Hinblick auf Intimbeziehungen dienen Sternzeichen zur Kategorisierung von Menschen, die ihr nahestehen. Insofern begründet das Sternzeichen Wahlverwandtschaften.

Auf der anderen Seite ist gut vorstellbar, dass die Probandin, wenn sie einen Fragebogen ausfüllen würde, bei einer entsprechenden Frage vermutlich aussagen würde, dass sie nicht an Horoskope bzw. Sternzeichen glaube. Es ist Teil ihrer Selbstdarstellung als rationale, nüchtern zupackende Person. Das ganze Interview durchzieht die Betonung von Selbständigkeit, Selbstverantwortung und Reife. Die Befragte legt Wert darauf, dass sie – im Unterschied zu früher – ihr Leben selbst bestimme und sich nicht mehr anderen unterordne. Von religiösen Semantiken grenzt sie sich explizit ab. Die Frage: „Es gibt ja Leute, die sagen würden, dass sie Halt finden in der Religion, wie ist denn das bei Ihnen?" verneint sie entschieden und erläutert auf Nachfrage:

> *Gar nicht. Also es ist einfach so für mich .. als Kind fand ich das vielleicht toll, es gibt 'n Weihnachtsmann et cetera (3) da ist es ja ooch okay. Aber als Erwachsener, was ich nicht sehe, gibt's für mich nicht (2). Gott, gibt's nicht,*

> den hat irgendjemand mal irgendwann erschaffen hier an diesen (2) Kreuz, irgend 'n Mann mit nem Vollbart. Wo kommt der her? Und denn eben das, kommt aus dem Himmel, im Himmel gibt's keene Menschen. Also Vögel fliegen da rum, ich bin da einfach, ich bin da wieder viel zu realistisch. Ich hab zwar ooch mal so mit meiner Oma gesprochen, dass sie da, aber wie gesagt, das war so damals und (3).

Die Befragte unterscheidet in dieser Passage eine reife von einer naiven Sicht auf die Welt, die sie als Kind hatte und in der der Glaube an Gott dem an den Weihnachtsmann gleichgesetzt ist. Später nennt sie darüber hinaus Märchen oder Fernseh-Serien wie „Star Trek", an die sie ebenfalls nicht glaube. Als Kind konnte sie noch mit der verstorbenen Großmutter reden, was ihr in schwierigen Lebenssituationen weiter half: „Auch wenn ich nicht an Gott glaube äh manchmal dann immer mal so mit ihr gesprochen, wenn's mir dann mal so schlecht ging, hab ich immer mal so mhm guckst ja zu mir runter und so." Heute als Erwachsene zeichnet sie sich dagegen durch eine nüchtern-pragmatische Haltung zur Welt aus, die den Himmel nicht als Chiffre für große Transzendenzen, sondern ganz diesseitig als Lebensraum von Vögeln wahrnimmt. Damit setzt sie ihre Äußerungen implizit in den Kontext von in Ostdeutschland verbreiteten Säkularismen, wie das Gargarin zugeschriebene Zitat, dass er im Weltraum Gott nicht begegnet sei. Durch diesen Verweis kontextualisiert sie ihre Äußerung also selbst. Erst durch die Entschlüsselung dieses mitlaufenden Subtextes ergeben ihre Aussagen Sinn. Die Aufgabe der Forscherin ist es, diese Bezüge aufzudecken.

Man kann also unterschiedliche Bezüge und Funktionen der Äußerungen unterscheiden: einerseits die Selbstdarstellung als nüchterne, zupackende und reife Person, die ihr Leben selbst in die Hand nimmt und die sich von allem, was irrational erscheint, distanziert, und andererseits der mit einer expliziten Distanzierung verbundene praktische Rekurs auf Sternzeichen, der ihr ermöglicht, Zusammenhänge – in diesem Fall Beziehungen – ohne weitere Begründung zu plausibilisieren.

Das Prinzip der *Kontextualität* verweist darüber hinaus auf die Interaktion zwischen Interviewerin und Interviewee[8] sowie die dabei wirksamen wechselseitigen Zuschreibungen. Das heißt: In welcher Rolle bzw. als welche Person fühlt sich die Befragte angesprochen? In welcher Weise möchte sie sich präsentieren

---

8 „Interviewee" ist ein in der qualitativen Forschung üblicher Begriff für die untersuchte (in diesem Fall: befragte) Person. Andere Möglichkeiten wären auch „Befragte" oder in einem weiteren Verständnis „Untersuchungsperson", „Forschungssubjekt" oder auch „Probandin". An dieser Stelle ist „Interviewee" sehr treffend, weil es um die Beziehung zwischen interviewter Person und Interviewerin geht.

und entsprechend wahrgenommen werden? Wie bzw. als welche Person wird die Interviewerin adressiert: als Vertreterin der Wissenschaft und damit einer fremden, Autorität repräsentierenden Welt, oder aber als junge Studentin oder Doktorandin, die man am eigenen Erfahrungsschatz teilhaben lässt? Als Bündnispartnerin und Sprachrohr für das eigene, z. B. politische Anliegen? In ähnlicher Weise kann man die Selbst- und Fremdtypisierungen, also die Selbstpräsentationen und Adressierungen der Interviewerin gegenüber der Probandin analysieren. Als Beispiel dafür möchten wir noch einmal das Interview mit der ostdeutschen Friseurin heranziehen.

Die Frage, wie die Interviewten angesprochen werden sollen, wurde im Projekt vor den Interviews ausgiebig diskutiert. „Hartz IV", der landläufig gebräuchliche Begriff für das Arbeitslosengeld II, ist durch mediale Debatten zu einem Stigma geworden. In Abgrenzung zu diesen Diskussionen wurde im Interview-Stimulus das Interesse an den Erfahrungen von Hartz-IV-Empfängern betont. Darauf reagierte die Probandin folgendermaßen:

Ja also zuerst mal äh beziehe ich kein Hartz vier sondern dieses ähm Arbeitslosengeld zwei, vorher hieß es ja, wo das noch getrennt war, Arbeitsamt und äh die Arge die's jetzt gibt, hieß es ja noch Sozialhilfe, die hab ich vorher schon bezogen und ja .. da war's Sozialhilfe und jetzt geh ich ja arbeiten, das heißt jetzt krieg ich auch Arbeitslosengeld zwei. Genau da gibt's ja noch äh Arbeitslosengeld eins und dieses Hartz vier. Und das kriegen ja die, die komplett zuhause sind ne.

Bereits in dieser gewissermaßen „vorgelagerten" Reaktion wird deutlich, wie die Probandin wahrgenommen werden will: als eine Frau, die arbeitet, im Unterschied zu den Hartz-IV-Empfängern, von denen sie sich abgrenzt und denen sie nicht zugerechnet werden möchte. Für die Analyse der für die Selbstwahrnehmung und Abgrenzung nach außen herangezogenen Kontexte ist also schon diese Reaktion überaus aufschlussreich. Prinzipiell ist zu sagen, dass die ersten Passagen von Interviews sehr instruktiv sind und immer analysiert werden sollten.

Das Prinzip *Kontextualität* bezieht sich auf die systematische Berücksichtigung des Kontextes in der qualitativen Forschung. Durch die Art der Datenerhebung und die Transkription werden systematisch die Erfahrungsbestände und Alltagssituationen, auf die Äußerungen sich beziehen, in die Analyse einbezogen. Das gilt auch für die Interviewsituation und die Beziehung zwischen Interviewerin und Interviewee mit ihren Adressierungen und wechselseitigen Typisierungen.

Damit ist schon das *Prinzip der Kommunikation* angesprochen. Dieses Prinzip geht davon aus, dass „Datengewinnung eine kommunikative Leistung" (Hoffmann-Riem 1980: 347) sei. Die qualitative Sozialforschung strebt daher danach, die Erhebung und Auswertung von Daten so zu gestalten, dass sichtbar wird, wie im Prozess der Befragung Rahmungen, Typisierungen und Zuschreibungen interaktiv ausgehandelt und hergestellt werden (Rosenthal 2005: 44). Wie wird von Interviewerin und Befragter die Interviewsituation gedeutet? Um was geht es dabei? Wie präsentieren die Forscher ihr Anliegen und sich selbst? Wie möchte die befragte Person wahrgenommen werden?

Die Arbeitsgruppe Bielefelder Soziologen, die in den 1970er Jahren maßgeblich zur Etablierung der qualitativen bzw. interpretativen Sozialforschung in Deutschland beitrug und der unter anderem Joachim Matthes, Fritz Schütze und Ralf Bohnsack angehörten, hat daher vorgeschlagen, dass Sozialforschung kommunikative Verfahren nutzen sollte. Dem liegt die Auffassung zugrunde, dass soziale Wirklichkeiten kommunikativ konstituiert werden.

Das heißt, die Kommunikation in der Datenerhebung soll den Regeln des Alltags entsprechend gestaltet werden, so dass die Befragten ihre Sicht der Welt und ihre Situationsdefinitionen zum Ausdruck bringen können (vgl. Rosenthal 2005: 44), und zwar sowohl in Hinblick auf ihre Lebenswelt als auch in Hinblick auf die Forschungssituation. Das kann auf Interviews ebenso wie auf Beobachtungen bezogen werden.

> Das *Prinzip der Kommunikation* versteht die Datengewinnung als einen kommunikativen Prozess der Beteiligten. Dementsprechend orientiert sich die Gestaltung der Forschung an den Regeln der alltäglichen Kommunikation.

Ein Moment von Kommunikation, auf das wir noch einmal explizit hinweisen und auf den Forschungsprozess beziehen möchten, ist, dass Kommunikation immer mit *Fremdverstehen* verbunden ist. Wir können in die Köpfe der anderen Menschen nicht hineinschauen, sondern interpretieren ihre Handlungen und Äußerungen immer auf der Basis unserer eigenen, im Verlauf des Lebens aufgeschichteten Erfahrungen und unserer *Wissensbestände*. Genauso agieren andere in Interaktionen uns gegenüber. Dabei werden wechselseitige Typisierungen und Situationsdeutungen wirksam, die unausgesprochen bleiben und als geteilt unterstellt werden, solange sie nicht problematisch werden. Geraten solche situativen Definitionen jedoch ganz offensichtlich in Konflikt miteinander, dann werden die unterstellten

Zuschreibungen explizit gemacht und eingefordert bzw. abgeglichen. Dies ist der Fall, wenn eine Interaktion von den Beteiligten ganz unterschiedlich gedeutet wird, also z. B. von der einen Person als Gespräch unter Freunden und von der anderen als Verkaufsgespräch. Oder auch wenn man die Person, mit der man es tun hat, falsch typisiert, also etwa als Sekretärin und nicht als Professorin – oder umgekehrt.

Die Forschungskommunikation beinhaltet ebenso ein Fremdverstehen. Die Fremdheit wird jedoch – andsers als im Alltag – in der Forschung bewusst und nutzbar gemacht, indem wir all das einklammern und zurückstellen, was wir über unseren Gegenstand zu wissen glauben. Was dieses *Prinzip der Fremdheit* ausmacht, hat Hildenbrand folgendermaßen formuliert:

> „Je fremder das Feld, desto eher können die Sozialforscher als Fremde auftreten, denen die Forschungssubjekte etwas zu erzählen haben, das für die Forscher neu ist, und desto fragwürdiger wird für die Forscher die Alltäglichkeit des Lebenszusammenhangs der Forschungssubjekte, die für diese selbst weitgehend fraglos ist" (Hildenbrand 1991: 258).

Fremdheit in der Forschung soll verhindern, dass Forschende immer nur bestätigt sehen und wiederfinden, was sie (vermeintlich) schon vorher wussten. Selbstverständlichkeiten, die das alltägliche Handeln bestimmen, werden so erst analysierbar. Wenn Fremdheit im Forschungsfeld nicht ausreichend gegeben ist, muss umso mehr versucht werden, eine Position der Fremdheit und Distanz einzunehmen, sich also künstlich fremd zu machen. Aus dem Prinzip der Fremdheit ergibt sich umgekehrt auch, dass wir Forschungsfelder meiden sollten, die uns allzu sehr vertraut sind oder in die wir in irgendeiner Weise selbst involviert sind. Das heißt: Keine Forschung im eigenen Umfeld, im Kreis der eigenen Familie, der Freunde oder Bekannten, oder in Feldern, in denen wir selbst im Alltagsleben eine Funktion ausüben!

Diese Regel gilt aus verschiedenen Gründen. Aufgrund der Fremdheit von Interviewer und Interviewtem müssen die Befragten nicht befürchten, dass das, was sie uns erzählen, Konsequenzen für ihren Alltag hat, weil man eben keinen Alltag teilt. Man begegnet sich für die Zeit des Interviews und danach nicht wieder. Man kann erzählen, was man Bekannten nicht erzählen würde. So hat die erwähnte Friseurin im Interview von einer Jahre zurückliegenden Abtreibung berichtet, über die sie seit langer Zeit nicht mehr gesprochen hatte. Aufgrund des episodischen Charakters und der dadurch ermöglichten Offenheit wird die Interviewsituation manchmal auch mit dem Gespräch von Fremden im Eisenbahnabteil (vgl. Wohlrab-Sahr 1993: 132) verglichen.

Ein weiterer Grund für die Bedeutung des Prinzips Fremdheit ist, dass Menschen, die wir kennen, davon ausgehen, dass wir vieles über sie schon wissen, das sie dann nicht mehr im Detail erklären müssen. Gesprächspartner, die wir nicht kennen, müssen mehr ins Detail gehen, damit wir sie verstehen.

> Qualitative Sozialforschung versteht sich als methodisch kontrolliertes Fremdverstehen. Das Prinzip Fremdheit verlangt ein „Sich-Fremd-Machen" des Forschenden, indem er vorhandenes Vorwissen zum Gegenstand und zum Feld ausblendet.
>
> Die Forschungsbeziehung ist durch die Fremdheit von Konsequenzen für den Alltag entlastet, und der Befragte ist angehalten, auch selbstverständlich Erscheinendes detailliert zu schildern.

Bei der Datenerhebung kommt das erwähnte Prinzip der Offenheit auch bei der Auswahl der zu erhebenden und der auszuwertenden Fälle zum Tragen. Bei der Zusammensetzung des *Samples* wird Offenheit so umgesetzt, dass erst im Verlauf der Forschung und nach Auswertung erster Fälle über Strategien für das weitere Sampling entschieden wird. Dabei spielen Überlegungen, wo interessante Kontraste zu finden wären, eine wichtige Rolle. Weniger bzw. gar nicht leitend sind dagegen formale Kriterien, z. B. statistische Verteilungen von Merkmalen in einer Population, also Fragen der statistischen Repräsentativität. Vielmehr werden nach der Strategie des *Theoretical Sampling* (vgl. Strauss/Corbin 1996:148-165) Fälle gesucht, die einen *minimalen* oder auch einen *maximalen* Kontrast zu den bisher rekonstruierten Fällen versprechen. Gezielt gesucht werden also sowohl ganz ähnlich gelagerte als auch ganz unterschiedliche Fälle. Mit dieser Strategie kann überprüft werden, ob die bis dahin generierten Hypothesen fallspezifisch sind, also nur für den besonderen Einzelfall gelten, oder ob sie darüber hinaus verallgemeinert werden können.

> Offenheit beim Zusammenstellen des Samples wird am besten durch das Theoretical Sampling umgesetzt. Das heißt, dass das Sample erst im Verlauf der Forschung auf der Basis erster Auswertungen nach und nach bestimmt wird. Dabei werden die Strategien minimaler und maximaler Kontrastierung eingesetzt.

Das Ziel qualitativen Forschens ist es, generalisierte Erkenntnisse zu formulieren. Dies wird im Sinne des Theoretical Samplings durch „theoretische Sättigung" (vgl. Strauss/Corbin 1996: 159; Strübing 2004: 32f.) erreicht. Es geht darum, theoretische

Repräsentativität – oder wie Strübing es nennt: „konzeptuelle Repräsentativität" – zu erreichen. Dies meint „die möglichst umfassende und hinreichend detaillierte Entwicklung der Eigenschaften von theoretischen Konzepten und Kategorien" (Strübing 2004: 33). Alle *im Feld relevanten* Unterscheidungen sollten im Sample und dadurch auch in der aus den Daten zu entwickelnden Theorie enthalten sein. Die theoretische Sättigung ist dann erreicht, wenn Auswertungen keine neuen Erkenntnisse und keine weitere Ausdifferenzierung der Theorie ergeben. Da die Theorie dann vollständig ausgearbeitet ist, kann im Sinne des Theoretical Sampling die Forschungsarbeit in diesem Moment beendet werden.

2.2 Auswertung: Hermeneutisch-rekonstruktive Verfahren

Die bisherigen Überlegungen zum Prinzip Offenheit bezogen sich auf die Formulierung der Fragestellung, den Zugang zum Feld, die Gestaltung der Erhebung und die Zusammensetzung des Samples. Bei der *Auswertung* der Daten ist *Offenheit* ebenfalls das zentrale Prinzip, umgesetzt in den Prinzipien Rekonstruktion und Sequentialität. Es geht darum, dass die erhobenen Daten nicht zur Überprüfung vorab formulierter Hypothesen genutzt werden, sondern dass *aus dem Text in methodisch kontrollierter Weise Hypothesen generiert* werden. Eine subsumtionslogische, nicht rekonstruktive Vorgehensweise würde dagegen Textsegmente bzw. Datenstücke aus ihrem Zusammenhang herausreißen und sie Kategorien zuordnen, die entweder vorab festgelegt oder auch aus den Daten entwickelt wurden.[9] Die rekonstruktive Sozialforschung, die die Prinzipien des interpretativen Paradigmas ernst nimmt und in der Forschung konsequent umsetzt, analysiert den Fall bzw. ein soziales Phänomen in seinem Gesamtzusammenhang.

Als *rekonstruktive Auswertungs- bzw. Interpretationsverfahren* können eine ganze Reihe von Verfahren bezeichnet werden, beispielsweise die von Ralf Bohnsack entwickelte Dokumentarische Methode (z. B. Bohnsack 2003), die ethnomethodologische Konversationsanalyse, die vor allem von Jörg Bergmann in Deutschland eingeführt und weiter entwickelt wurde (vgl. Bergmann 2000), oder auch die auf Hans-Georg Soeffner zurückgehende sozialwissenschaftliche Hermeneutik (vgl. Soeffner 2004). Wir wollen uns in der Darstellung hier auf die Objektive Hermeneutik (vgl. dazu Oevermann 2000; Przyborski/Wohlrab-Sahr 2008: 240-271; Wernet 2000) konzentrieren.

---

9 Dies ist zum Beispiel das Vorgehen der sogenannten qualitativen Inhaltsanalyse.

Diese Fokussierung auf nur eine rekonstruktive Methode erfolgt im Wesentlichen aus pragmatischen Gründen. Dieses Buch soll nicht mit methodologischen Abgrenzungen überladen werden, sondern praktische Hinweise zum Umgang mit Daten in der Auswertung geben. Das Verfahren der objektiven Hermeneutik erscheint uns dafür besonders geeignet zu sein – und es ist auch das Verfahren, mit dem wir selbst arbeiten.

Ulrich Oevermann, der Begründer der objektiven Hermeneutik, hat zwar umfangreiche Anstrengungen unternommen, die Verfahrensweise erkenntnistheoretisch, konstitutionstheoretisch und interaktionistisch zu begründen (vgl. z. B. Oevermann 1983; 2000; Oevermann et al. 1979). Auf die Darstellung der methodologischen Grundlagen soll hier jedoch verzichtet werden, da die Interpretationsmethode – als „Kunstlehre" (vgl. Oevermann 2000: 154) – auch unabhängig davon genutzt werden kann.[10] Das Verfahren sieht eine Reihe von Schritten vor, die teilweise auch von anderen Verfahren genutzt werden; das gilt vor allem für die *Sequenzanalyse* und das gedankenexperimentelle Anstellen von Vergleichen zur Herausarbeitung der Spezifik des vorliegenden Falles. Diese Verfahrensschritte wendet die Objektive Hermeneutik bei der Analyse einer Textpassage in einem Analyseschritt an und nicht in verschiedenen Durchgängen. Daher ist diese Methode besonders effizient: Sie ist einerseits auf eine extensive Analyse angelegt, dadurch können andererseits schon durch die Interpretation kurzer Textpassagen komplexe Hypothesen formuliert werden.

Die Bezeichnung „Objektive Hermeneutik" enthält zwei Bestandteile. Die *Hermeneutik* befasst sich mit dem Auslegen von Texten, und allgemeiner mit dem Verstehen von Sinn. Bis zum Beginn der Neuzeit ging es dabei um die Kunst der Auslegung wichtiger Texte: von religiösen Texten, vor allem der Bibel, und von Gesetzen. Hermeneutik war also vor allem Aufgabe von Theologen und Juristen. Seit der Neuzeit wurde in erster Linie von Philosophen grundsätzlicher über Voraussetzungen und Verfahren des Verstehens und der angemessenen Interpretation nachgedacht. Daraus entwickelte sich die Hermeneutik als eine Theorie des Verstehens auf der einen Seite und als Lehre eines methodisierten Auslegens von Text auf der anderen Seite.

An diese Methodisierung der Textinterpretation schließt der zweite Bestandteil der Bezeichnung *Objektive* Hermeneutik an: Es geht um ein *objektives Verstehen*, das eine über die subjektive Intention hinausgehende Sinnebene erschließen soll. Anstatt nach den Motiven und Absichten eines Autors oder einer Sprecherin zu fragen, geht es um die Frage, was tatsächlich zum Ausdruck gebracht wurde. Ent-

---

10 Schneider (2009: 39-52; 171-245) hat beispielsweise die Objektive Hermeneutik als Methode des Systemtheorie profiliert.

sprechend versteht die Objektive Hermeneutik Texte als *Ausdrucksgestalten*, die über die Intentionen der Autoren hinausgehen und insofern von ihnen unabhängig sind.

Die Objektive Hermeneutik geht davon aus, dass soziales Handeln durch Regeln erzeugt und von Regeln bestimmt ist. Diese *Regeln* können unterschiedliche Reichweiten haben. Oevermann unterscheidet ganz allgemeine, universal wirksame Regeln, die in der Sprachlichkeit des Menschen und grundlegenden Formen der Sozialität (z. B. der Reziprozität) gründen, von kultur- oder auch milieuspezifischen Regeln. Regeln sind zu unterscheiden von sozialen Normen, die bestimmen, wie man in bestimmten Situationen zu handeln hat. Regeln dagegen eröffnen erst einen Möglichkeitsraum, d. h. ein Spektrum von in einer Situation möglichen Handlungen oder Anschlüssen. Sie bestimmen auf diese Weise die Bedeutung eines Handelns als praktisch vollzogene Wahl aus dem Möglichkeitsraum.

Ein Beispiel, das Oevermann zur Erläuterung seines Regelbegriffs heranzieht, ist der Gruß (vgl. Oevermann 1983; 2000: 64ff, 105). Die Regel, die beim Gruß zur Geltung kommt, ist, dass durch das Grüßen eine gemeinsame soziale Praxis eröffnet wird. Dem Gegrüßten bieten sich verschiedene Möglichkeiten an, wie er darauf reagieren kann. Welches Handeln er wählt, bestimmt die Situation und eröffnet neue Möglichkeiten, z. B. dass man die eröffnete Praxis gleich wieder beschließt, dass man Höflichkeiten austauscht oder in ein persönliches Gespräch einsteigt. Die soziale Norm wäre, den Gruß zu erwidern. Wenn man dies nicht tut, also gegen die soziale Norm verstößt, folgt man dennoch der Regel, die die Deutung des Handelns als Normverstoß erst ermöglicht. Und die Regel bestimmt die Bedeutung des gewählten Handelns als Zustimmung zur Eröffnung der gemeinsamen Praxis oder als deren Verweigerung.

Damit wird auch deutlich, dass die objektive Hermeneutik sich weniger für Wissensformen interessiert (wie z. B. die Wissenssoziologie), vielmehr dokumentieren Protokolle Interaktionen, wobei ein weitgefasster Interaktionsbegriff zugrunde liegt, nämlich als „Bezeichnung von Bedeutung tragenden Relationen zwischen Handlungseinheiten innerhalb eines Zeitintervalls" (Oevermann et al. 1979: 379). Für dieses Verständnis ist zentral, dass Interaktion *sequentiell* strukturiert ist. In der Interaktion werden ständig (d. h. an jeder Sequenzstelle) Handlungsprobleme aufgeworfen, die im weiteren Fortgang praktisch beantwortet (man könnte auch sagen: in spezifischer Weise „gelöst") werden. Damit werden zuvor eröffnete Horizonte geschlossen und zugleich neue Möglichkeitsräume eröffnet. Abbildung 2.1 stellt diesen Prozess sehr schematisiert dar. Das bedeutet, dass ein „Fall" (das kann eine Interaktion, eine Biographie, eine Familie, eine Organisation oder jeder protokollierte Text mit einer sequentiellen Struktur sein) permanent Entscheidungen trifft. Diese Entscheidungen können routinisiert oder krisenhaft, implizit oder bewusst sein. Auch Nicht-Handeln wäre in diesem Sinne eine Entscheidung. Der

Begriff, der in diesem Zusammenhang in Texten Oevermanns immer wieder fällt, ist der Begriff der „*Lebenspraxis*", er macht die Verwiesenheit von Sinnsetzungen auf praktische Probleme deutlich.

Abb. 2.1 Schematische Darstellung des Prozesses der Sequenzanalyse

Besonders interessant sind für die objektive Hermeneutik *Krisen* (vgl. Oevermann 2000: 136-147). Damit sind Situationen gemeint, in denen sich Handlungsprobleme stellen, für die es keine schon bereit liegenden Lösungen gibt, auf die automatisch – d. h. als Routine – zurückgegriffen werden kann, sondern in denen Lösungen im praktischen Vollzug entworfen und erprobt werden müssen, die sich erst im Nachhinein bewähren – oder auch nicht. Der Krisenbegriff ist hier streng analytisch und nicht normativ zu verstehen. Damit sind nicht zwingend „Katastrophen" gemeint, sondern Situationen, in denen (neue) Routinen gefunden werden müssen, weil die alten keine Gültigkeit mehr besitzen bzw. nicht mehr „funktionieren". Krise und Routine sind für die Objektive Hermeneutik einander gegenüber stehende Begriffe.

Das zentrale Verfahren der Objektiven Hermeneutik ist die *sequentielle Analyse*. Damit wird der Selektionsprozess rekonstruiert, der sich im Fall dokumentiert. Die vom Fall vollzogenen Entscheidungen werden nachvollzogen als Wahlen aus einem jeweils spezifischen, in einer bestimmten Situation gegebenen Möglichkeitsraum. Die Analyse entfaltet diesen Möglichkeitsraum und bestimmt vor diesem Hintergrund die Logik der tatsächlich gewählten Möglichkeit. Das heißt auch: Welche Möglichkeiten wurden nicht realisiert? Im Verlauf der Analyse kann so ein Muster herausgearbeitet werden, dem die Auswahlen folgen. Dieses Muster stellt die *Fallstruktur* dar: seine spezifische Selektions- und Reproduktionslogik. Es ist die Logik, denen die vollzogenen Auswahlen folgen, in Abbildung 2.1 dargestellt durch die

2.2 Auswertung: Hermeneutisch-rekonstruktive Verfahren

hervorgehobenen Pfeile auf dem Weg von der Sequenzstelle 1 zur Sequenzstelle 3 und im weiteren Fortgang der Sequenz.

Auf der *Rekonstruktion der Fallstruktur* – der spezifischen Selektions- und Reproduktionslogik eines Falles – basiert die Verallgemeinerung in der qualitativ-rekonstruktiven Forschung: Statt auf statistische Verallgemeinerung (Repräsentativität auf der Basis von Häufigkeiten in einer Stichprobe) zielt sie auf eine *theoretische Verallgemeinerung durch Strukturgeneralisierung* (vgl. Oevermann 2000: 148ff.). Dahinter steht der Gedanke, dass in jedem Einzelfall Allgemeines und Besonderes vermittelt sind, d. h. dass ein Fall sich nur in Auseinandersetzung mit Allgemeinem individuiert und strukturiert. Hildenbrand hat dies als die Art und Weise charakterisiert, „wie er [der Fall, d. Verf.] seine spezifische Wirklichkeit im Kontext allgemeiner Bedingungen konstruiert hat" (1991: 257). Jeder Fall, sei es eine einzelne Biographie, ein Familiensystem oder andere kollektive Sozialformen, bzw. jedes soziale Phänomen, wie z. B. eine Interaktion, stellt eine spezifische, besondere Lösung für ein allgemeines soziales Problem dar. Durch die sequentielle Analyse kann diese Lösung als die spezifische Selektivität dieses Falles oder Phänomens rekonstruiert werden.

Umgesetzt werden diese Annahmen bei der Interpretation eines Protokolls mithilfe folgender Regeln und Verfahrensschritte:

- Zur Bestimmung der Logik der getroffenen Auswahlen werden an jeder Sequenzstelle gedankenexperimentell *Lesarten* entwickelt. Die objektive Hermeneutik spricht in diesem Zusammenhang von „*gedankenexperimenteller Kontextvariation*". Das heißt: Man überlegt sich Situationen, in denen die vorliegende Äußerung Sinn machen würde. Konkret entwirft man „Geschichten", die man zu Lesarten verdichtet und typisiert (vgl. Wernet 2000). Diese Lesarten konfrontiert man dann mit dem tatsächlichen Kontext.
- *Gedankenexperimentelle* Formulierung *möglicher Anschlüsse*: Man entwirft gedankenexperimentell Möglichkeiten, wie der Text weitergehen könnte. Diese Möglichkeiten konfrontiert man dann mit dem tatsächlichen Fortgang. Auf diese Weise wird die spezifische Selektivität der getroffenen „Wahl" erkennbar.
- Die *Sparsamkeitsregel* fordert, sich auf Lesarten zu beschränken, die ohne größere Zusatzannahmen mit dem Text vereinbar sind. Man soll also nicht ausufernd, quasi hemmungslos, Lesarten zusammentragen, sondern nur solche, die vom Text gedeckt sind und in der vorliegenden Situation als „vernünftig" gelten können. Das heißt: Erst „wenn eine Handlung anders nicht mehr als sinnvoll rekonstruiert werden kann", sollen „individualspezifische Zusatzbedingungen" eingeführt werden (Oevermann et al. 1980: 25f.).

- Die *Wörtlichkeit* der Interpretation verlangt, dass nur das vorliegende Protokoll interpretiert wird und nichts redigiert wird. Es werden also keine Lücken gefüllt oder Versprecher „verbessert". Jede Deutung muss sich auf den Text beziehen (vgl. Oevermann 2000: 103f.).
- *Totalität* der Interpretation heißt, dass der Textausschnitt vollständig zu interpretieren und jedes Element zu berücksichtigen ist (vgl. Oevermann 2000: 100ff.). Totalität der Interpretation bedeutet jedoch nicht, dass der gesamte Text – also z. B. ein Interview von Anfang bis Ende – auf diese extensive Weise ausgewertet werden muss. Vielmehr wird zunächst der Anfang des Protokolls analysiert, bis eine *Fallstrukturhypothese* formuliert werden kann. Danach wird diese Fallstrukturhypothese anhand anderer Passagen überprüft und weiter ausgearbeitet.

Oevermann (2000: 97ff.) empfiehlt die Auswertung von maximal vier Passagen, die ohne Bezug aufeinander durchgeführt werden sollen: die Analyse des Anfangs des Protokolls, weil dort die vorliegende Praxis eröffnet wird und damit am meisten Möglichkeiten offen stehen, da es noch keine Bindungswirkungen gibt; dazu sollten auf die Fragestellung bezogene sowie auf den ersten Blick rätselhaft und unverständlich erscheinende Stellen herangezogen werden.

Eine wichtige Rolle bei der Interpretation nach der Objektiven Hermeneutik spielt des Weiteren die spezielle Behandlung des Kontextes eines untersuchten Falles. Man unterscheidet dabei den inneren vom äußeren Kontext. Damit wird auf das hermeneutische Problem reagiert, dass man nicht in einen Zirkel geraten möchte, in dem der Kontext den Text und der Text den Kontext erklärt. Daher wird der äußere, fallspezifische Kontext bei der Interpretation konsequent ausgeblendet. Konkret sieht das so aus: Der Beginn einer Sequenz wird zunächst ohne Einbezug des äußeren Kontexts interpretiert. Im Falle eines Interviews stellt die Interviewerfrage die erste, die Interaktion eröffnende Sequenzstelle dar. Daher muss interpretiert werden, was dem Interviewee mit diesem Stimulus als Aufgabe gestellt wird und wie er diese Aufgabe lösen könnte. Es geht jedoch nicht darum, was die Interviewerin mit ihrer Frage im Sinn hatte, sondern was sie „objektiv" gefragt hat. Im Verlauf der Analysen wird nach und nach ein innerer Kontext aufgebaut: das Wissen, das man aufgrund der sequentiellen Analyse über den Fall erworben hat. Auf dieses Wissen wird im weiteren Fortgang der Interpretation zurückgegriffen. Informationen, die später im Protokoll auftauchen, bleiben unberücksichtigt. Das heißt: Man darf auf Passagen und Interpretationen zurückgreifen, die *vor* der aktuell zu analysierenden Passagen situiert sind, denn sie stellen den inneren Kontext dar. Man darf jedoch nicht zur Erklärung auf später folgende Passage vorgreifen (vgl. Oevermann 2000: 95f.).

2.2 Auswertung: Hermeneutisch-rekonstruktive Verfahren

Wissen zu einem weiter gefassten, fallunspezifischen Kontext darf bzw. soll dagegen bei der Interpretation eingesetzt werden, nämlich ein „*allgemeines Regel- und Weltwissen*" (Oevermann 2000: 104), über das wir als kompetente Gesellschaftsmitglieder verfügen. Es bezieht sich auf die allgemeinen sowie kultur- und milieuspezifischen Regeln, die bei Handlungen wirksam sind.

Sehr empfehlenswert ist es, Datenmaterial in *Interpretationsgruppen* gemeinsam auszuwerten. Dadurch kommt das „allgemeine Regel- und Weltwissen" aller Beteiligten zum Zuge, und es wird verhindert, dass man sich zu schnell auf eine Deutung festlegt und damit den Text nicht ausdeutet. In der Gruppe ist man zudem stärker herausgefordert, Lesarten zu begründen und am Text nachzuweisen. Das Formulieren riskanter Hypothesen und ihre bisweilen streitbare Verteidigung, bis sie bestätigt, ausdifferenziert oder widerlegt sind, erweist sich oft als äußerst fruchtbar für die Dateninterpretation. Alle Beteiligten können von Interpretationsgruppen profitieren, da zum einen eigenes Material eingebracht werden kann und zum anderen bei der Interpretation „fremden" Materials fallspezifisches Kontextwissen – da nicht vorhanden – nicht ausgeblendet werden muss. Schließlich erweitert die Interpretation von Daten aus anderen Forschungskontexten die eigenen Horizonte, was auch und gerade in Situationen des Zeitdrucks beim Abschluss einer Forschung oder einer Qualifikationsarbeit positive Wirkungen haben kann.

Alle diese Verfahrensschritte und Vorgehensweisen sollen sichern, dass man – überpointiert gesagt – nichts in das Protokoll *hinein*-interpretiert, sondern vielmehr aus den Daten *heraus*-interpretiert.

Mit der Objektiven Hermeneutik wird der in Protokollen jeder Art zum Ausdruck kommende objektive Sinn rekonstruiert. Durch ein sequenzanalytisches Verfahren werden der einem Fall in einer bestimmten Situation gegebene Möglichkeitsraum sowie die daraus ausgewählten Optionen analysiert. Die diesem Auswahlprozess zugrunde liegende Logik bildet die spezifische Fallstruktur, d. h. seine Selektions- und Reproduktionslogik. Sie wird als Ergebnis der Analyse herausgearbeitet.

Interpretationsprinzipien sind das gedankenexperimentelle Entwerfen möglicher Anschlüsse und die gedankenexperimentelle Kontextvariation. Die vorliegende Textpassage muss wörtlich und vollständig ausgedeutet werden. Bewährt hat sich die Arbeit in Interpretationsgruppen.

> Bei der Interpretation wird allgemeines Welt- und Regelwissen herangezogen und der sich im Laufe der Interpretation aufbauende innere Kontext des Falles; der äußere fallbezogene Kontext, also das unabhängig von der Interpretation vorhandene Wissen zum Fall, muss ausgeblendet werden, um zirkuläre Interpretationen zu vermeiden.

Mit der Methode der Objektiven Hermeneutik können unterschiedlichste Daten bearbeitet werden. Wesentliche Voraussetzung ist, dass ein Protokoll einer „natürlichen" Praxis[11] vorliegt. Dies kann das Transkript eines Interviews oder der Audioaufzeichnung einer Interaktion sein – dies sind die häufigsten und bekanntesten Varianten. Mögliche Protokolle für die Auswertung können aber auch Dokumente, Zeitungsartikel und andere schon in der sozialen Wirklichkeit unabhängig von der Forschung vorliegende Texte sein, bis hin zu gestalteten Texten und Kunstwerken, wie z. B. Gedichte, Dramen oder Texte aus der Bibel. Auch diese gestalteten Texte werden als Protokolle verstanden.[12] Vor der Analyse muss dann überlegt werden, ob das Protokoll ohne jegliche Vorannahmen oder unter Einbezug der „pragmatischen Rahmung" (z. B. als Zeitungsartikel, Interaktion, Vortrag, Interview usw.) und ihrer spezifischen Anforderungen als Bestimmung der ersten Sequenzstelle ausgewertet wird.

Auf die Analyse von Dokumenten mit der Objektiven Hermeneutik sei hier noch einmal kurz eingegangen, weil sie ein eher ungewöhnlicher Protokolltyp für dieses Verfahren sind. Die Analyse zielt in diesem Fall ebenfalls auf den im Dokument ausgedrückten objektiven Sinn, nicht den intentionalen Sinn. Wie die von Forschern im Forschungszusammenhang produzierten Protokolle und Transkripte sind solche Dokumente für die Objektive Hermeneutik „Ausdrucksgestalten", deren Sinn es zu rekonstruieren gilt. Beispiele für eine solche Dokumentenanalyse aus dem Bereich der religionssoziologischen Forschung sind die in Kap. 2.5 präsentierten Analysen von Traueransprachen (vgl. Sammet/Gärtner 2012) oder Graitls Interpretationen der Abschiedsdokumente (Abschiedsnachrichten und Märtyrervideos) von Menschen, die den eigenen Tod für politische Ziele einsetzen (vgl. Graitl 2012). Passagen aus

---

11 Zur Unterscheidung von „Protokoll" und „Text" als „konkret-ausdrucksmateriale Seite" und „abstrakt-bedeutungshafte" Seite bzw. „Sinnstrukturiertheit" von Ausdrucksgestalten vgl. Oevermann (2000: 85).

12 Oevermann unterscheidet in einem Überblicksartikel (Oevermann 2000: 83-88) verschiedene Protokolltypen u. a. in Hinblick auf den Kontext ihrer Entstehung (im Forschungsprozess oder unabhängig davon erzeugt), ihren Verdichtungsgrad und ihren Modus der Aufzeichnung (technisch vs. durch Autoren gestaltet).

der Bibel liegen z. B. Oevermanns Interpretation der Genesis in einem Aufsatz, in dem er seine religionssoziologische Theorie zur „Bewährungsdynamik" vorstellt (1995), oder Gärtners Rekonstruktion der Verkündigung von Jesu Geburt an Maria durch einen Engel (vgl. Gärtner 2008) zugrunde.

2.3 Durchführung eines Forschungsprojektes

2.3.1 Entwicklung einer Fragestellung

Am Anfang einer empirischen Studie steht auch in der qualitativen Sozialforschung die Entwicklung einer soziologischen Fragestellung. Dies scheint den zentralen Grundprinzipien der qualitativen Sozialforschung zu widersprechen, die im letzten Abschnitt betont wurden: dem Prinzip der Offenheit in allen Phasen des Forschungsprozesses, gepaart mit dem gezielten Einklammern vorhandener Theorien und des eigenen Vorwissens. Mit Bezug auf die Unterscheidung von Przyborski und Wohlrab-Sahr zwischen gegenstandsbezogenen und formalen bzw. Metatheorien (2008: 42-45) lässt sich jedoch die Notwendigkeit einer Fragestellung mit den Vorgaben der Offenheit und der theoretischen Unterdetermination in der qualitativen Forschung vereinbaren.

Metatheorien sind nach den Autorinnen „begrifflich-theoretische Grundlagen", die – im Gegensatz zu gegenstandsbezogenen Theorien – „mit dem Gegenstand, auf welchen sich das Erkenntnisinteresse richtet, nur mittelbar etwas zu tun haben" (2008: 43). Przyborski und Wohlrab-Sahr nennen als Beispiele Kollektivität, Handeln oder Orientierungsmuster. Die methodologischen Begründungen verschiedener qualitativer Erhebungs- und Auswertungsverfahren halten auch metatheoretische Konzepte bereit, da sie sich auf Wissenschafts- und Erkenntnistheorien und formale Theorien beziehen. Das bedeutet wiederum, dass der Rückgriff auf bestimmte metatheoretische Konzepte bestimmte Forschungsverfahren nahelegt. Man kann solche Metatheorien auch als *„sensibilisierende Konzepte"*, wie sie in der Grounded Theory diskutiert werden (vgl. Strübing 2004: 30; Strauss/Corbin 1996: 31-38), begreifen. Sie erfüllen innerhalb des Forschungsprozesses also eine heuristische, erkenntnisleitende Funktion und sollen einen Zugang zum Gegenstand ermöglichen – ihn dabei allerdings noch nicht überformen.

Die Rolle von gegenstandsbezogenen und formalen Theorien im qualitativen Forschungsprozess soll an einem Beispiel illustriert werden. Ein quantitativ vielfach belegter Befund ist, dass Frauen in vielen Aspekten, die Religion betreffen, höhere Werte als Männer aufweisen, und zwar im weltweiten Vergleich. Sie sind häufiger konfessionell gebunden, besuchen häufiger Gottesdienste (was im islamischen Kontext für die Freitagsgebete allerdings nicht gilt), sie praktizieren ihre Religion in größerem Ausmaß und bekennen sich stärker zu religiösen Überzeugungen (vgl. Sammet/Bergelt 2012). Unter den Beschäftigten in den Kirchen ebenso wie unter den ehrenamtlich Engagierten stellen Frauen in den Gemeinden die Mehrheit. Diese Befunde wurden mit Rückgriff auf verschiedene Theorien erklärt, unter anderem damit, dass Frauen religiöser seien. Eine komplexere These argumentiert, dass der Prozess der Säkularisierung historisch für Frauen andere Konsequenzen als für Männer gehabt habe (vgl. Woodhead 2008). Man könnte daran anschließend fragen, was Religion für Frauen bedeutet, und dies dann in Hinblick auf die Zugehörigkeit zur Kirche oder auf ehrenamtliches Engagement in der Kirche spezifizieren.

Bei der Weiterentwicklung der Fragestellung müsste man nun die zuvor genannten substantiellen Theorien und auch das Geschlecht als Deutungskategorie einklammern. Vielmehr könnte man fragen, welche lebensgeschichtliche Bedeutung die Kirchenzugehörigkeit hat, und könnte Biographie als begriffliches Konzept heranziehen. Man könnte in Gruppen oder bei Gottesdiensten beobachten, wie die Zugehörigkeit zum Ausdruck gebracht wird und welche Distanzierungen möglicherweise vorzufinden sind. Man könnte in diesen Gruppen auch die Vorstellungen von Zusammengehörigkeit als Teil der Kirche oder aber in Abgrenzung zur Kirche rekonstruieren. In diesem Fall könnte man als Konzepte kollektive Orientierungen, kollektive Identitäten und Kirchenbilder untersuchen.

Im nächsten Schritt muss dann das konkrete Feld, in dem man seine Forschungen durchführen möchte, bestimmt werden, und es müssen Erhebungs- und Auswertungsverfahren gewählt werden, die der Fragestellung und dem Feld angemessen sind.

Am Anfang des qualitativen Forschungsprozesses steht die Entwicklung einer (soziologischen) Fragestellung, bei der auf den Gegenstand bezogene Theorien eingeklammert werden müssen. Formale Theorien oder Metatheorien werden jedoch als heuristische Hilfsmittel herangezogen, damit das Erkenntnisinteresse begrifflich gefasst werden kann.

2.3.2 Zugang zum „Feld" und Rekrutierung von Fällen

Was ist überhaupt mit „Feld" gemeint und wie kann man es abgrenzen? Der Begriff stammt aus der Ethnologie. Dort wird das Feld durch den Stamm, den man erforscht, bestimmt bzw. abgegrenzt. In der Soziologie bzw. der empirischen Sozialforschung hingegen versteht man darunter „natürliche soziale Handlungsfelder" (Wolff 2000: 335) im Gegensatz zu künstlich hergestellten Arrangements, die eigens für die Forschung geschaffen wurden, also z. B. Experimente in Laboren. Das Feld ist die soziale Realität von Akteuren in ihrem Alltag, die man durch die Forschung erfassen und rekonstruieren möchte. Es ist also von der Wissenschaft aus gesehen die „Welt da draußen". Das Feld umfasst die Orte, Gruppen, Milieus, Institutionen oder Organisationen, die wir zum Zweck der Forschung in ihren Lebenswelten aufsuchen.

Beim Feldzugang in der qualitativen Forschung sind viele Überlegungen anzustellen und zahlreiche Entscheidungen zu treffen; daher müssen alle Schritte und Entscheidungen sorgfältig dokumentiert und reflektiert werden. Schon in dieser Phase werden entscheidende Weichenstellungen vorgenommen, durch die bestimmt wird, welchen Realitätsausschnitt man mit seinem Vorgehen letztlich erfasst.

Ein erster Schritt zu Beginn der Forschung ist die Recherche über das Feld, auf das die Forschung bezogen sein soll. Das heißt: Man muss sich Informationen zu den organisatorischen, institutionellen und personalen Rahmenbedingungen des Feldes (Knoblauch 2003: 81f.) verschaffen. Es geht darum, über die wesentlichen Personen und Orte Bescheid zu wissen, über Veranstaltungen und ihre Zeiten sowie ihre öffentliche Zugänglichkeit. Diese Informationen können aus verschiedensten Quellen beschafft werden: aus Verzeichnissen, Broschüren, aus dem Telefonbuch, dem Internet, aber auch aus Zeitungen und Zeitschriften usw. Man kann von den Kenntnissen von Informanten profitieren, z. B. von anderen Forschern oder von Expertinnen verschiedener Institutionen. Knoblauch bezeichnet sie als „professionell Beobachtende" (Knoblauch 2003: 82). Mit den Expertinnen kann man vorab gegebenenfalls auch explorative Experteninterviews führen. Außerdem können Veröffentlichungen aus dem Feld selbst aufschlussreich sein. In jedem Fall gilt es, möglichst viele Informationen zusammenzutragen, um zum einen den Gehalt und die Selektivität der jeweiligen Information einschätzen zu können und zum anderen eine geeignete Strategie für den weiteren Feldzugang zu entwickeln.

Ein wichtiger Schritt ist die Kontaktaufnahme mit dem Feld. Das zielt darauf, dass man entweder Gesprächspartner für Interviews findet oder als Beobachterin im Feld zugelassen wird. In beiden Fällen soll Entscheidendes erreicht werden: nämlich die Mitwirkung der Untersuchungspersonen, denen einiges abverlangt und zugemutet wird. Sie sollen ihre Zeit zur Verfügung stellen und etwas von sich preisgeben, indem sie erzählen oder sich beobachten lassen. Dabei sollen sie sich (aus ihrer Perspektive) fremden Regeln unterwerfen (nämlich denen der Wissenschaft) und sich der Forschungssituation mit erst einmal nicht zu überschauenden Risiken aussetzen. Für die Forscherin und das Gelingen der Forschung ist in diesem Zusammenhang ganz wesentlich, dass Vertrauen hergestellt werden kann, unter anderem dadurch, dass Anonymität und Diskretion zugesichert und selbstverständlich eingehalten werden. An dieser Stelle ist die Frage der Forschungsethik berührt (vgl. Hopf 2000) – dazu unten mehr.

Für die unterschiedlichen Formen der qualitativen Sozialforschung, sei es ethnographische Feldforschung oder Forschung mit verschiedenen Formen von Interviews, sind Schlüsselpersonen von großer Bedeutung. Sie werden in der Methoden-Literatur meist als „Türsteher" bzw. „*Gate Keeper*" bezeichnet (Wolff 2000: 342; Knoblauch 2003: 82f.). Damit ist die Person gemeint, die einen Zugang zum Feld eröffnen kann. In einer Organisation kontrolliert sie den Zugang, d.h. sie entscheidet darüber, welche Bereiche, Personen, Informationen usw. offen stehen. Das heißt aber auch, dass sie – sei es implizit oder explizit – die Entscheidung darüber treffen kann, wo der Zugang verschlossen bleibt. Der Gate Keeper ist die Person, die es zu kontaktieren und vom Forschungsvorhaben zu überzeugen gilt, sein Vertrauen ist zu gewinnen. Er kann zudem Informationen über das Feld und Kontakte vermitteln. Gleichzeitig ist bei den durch die Gate Keeper eröffneten Zugängen immer die Selektivität des durch sie eröffneten Zugangs zu reflektieren. Das heißt: Man muss sich klarmachen, auf welche Fährten man durch sie möglicherweise gesetzt wird sowie welche Wege und welche Bereiche des Feldes dadurch für die Forschung ausgespart zu bleiben drohen.

Das gilt auch für die Suche nach Interviewpartnern für Einzel- und kollektive Interviews. Dabei können verschiedene *Rekrutierungsstrategien* genutzt werden, auch jeweils miteinander kombiniert. Es ist möglich, zunächst die schon erwähnten Schlüsselpersonen bzw. „Gate Keeper" um die Vermittlung von Kontakten zu bitten (Przyborski/Wohlrab-Sahr 2008: 72f.). Dazu gehören in der Religionsforschung z. B. Pfarrerinnen, andere religiöse Funktionsträger oder zentrale Personen in religiösen Gemeinschaften.

Häufig wird auch das sogenannte Schneeballverfahren genutzt, bei dem Interviewees weitere mögliche Gesprächspartner nennen. Dadurch gewinnt man Einblicke in die Strukturen des Feldes, läuft aber Gefahr, dass man sich ausschließlich in bestimmten Netzwerken oder Freundeskreisen bewegt (vgl. Przyborski/Wohlrab-Sahr 2008: 72). Daher sollte man das Schneeballverfahren mit anderen Strategien ergänzen. Bewährt haben sich auch Aushänge oder Flyer; je nach Forschungsfrage und Zielgruppe können Annoncen geschaltet oder Aufrufe in Rundbriefen, Newslettern, Internet-Foren oder Social-Media-Plattformen wie Facebook oder Twitter veröffentlicht werden. Dabei sollte man jedoch berücksichtigen, dass die Reaktion auf eine solche Veröffentlichung einer aktiven Handlung bedarf und daher zu einer ausgewählten Stichprobe führt. Schließlich kann man Personen im Feld direkt ansprechen und um Teilnahme bitten. Auch persönliche Kontakte können genutzt werden. Allerdings sollte man – nicht zuletzt aus Gründen der fehlenden Distanz – auf Forschung in der eigenen Familie bzw. im eigenen Bekannten- oder Freundeskreis verzichten. Unproblematisch sind dagegen Gesprächspartner, die von Freunden oder Bekannten vermittelt werden, sofern sie einem anderen Umfeld angehören und man nicht Gefahr läuft, ihnen privat zu begegnen.

Wie auch immer man zu seinen Probanden kommt – in jedem Fall ist es von größter Bedeutung, dass man die Selektivität des Samples reflektiert. Das heißt, dass man sich immer wieder klar machen muss: Welchen Ausschnitt des Feldes hat man mit diesem Feldzugang, über diesen Gate Keeper und die gewählte Rekrutierungsstrategie erfasst und zu welchen systematischen Lücken hat dies möglicherweise geführt? Entstehende Lücken können dann entweder benannt und damit für die Leserschaft transparent gemacht werden; damit wird auch die Forschungsfragestellung weiter eingegrenzt. Oder aber man füllt die festgestellten Lücken und ergänzt das Sample systematisch durch weitere Rekrutierungsbemühungen.

> Die Reflektion des Feldzugangs zielt darauf, Gesprächspartner für Interviews zu finden bzw. als Beobachterin im Feld zugelassen zu werden. Zum Feldzugang gehört die Recherche über das Forschungsfeld, die Identifikation wichtiger Personen, die als „Gate Keeper" fungieren können, und die Rekrutierung von Probanden. Die beim Feldzugang getroffenen Entscheidungen sind zu dokumentieren und wiederum auf ihre Konsequenzen für den weiteren Forschungsprozess und die zu gewinnenden Ergebnisse zu reflektieren.

2.3.3 Forschungsethik

Wenn man qualitative Forschung betreibt, dann ist damit verbunden, dass wir von den Personen, die wir in ihrer sozialen Realität untersuchen wollen, etwas Bestimmtes erwarten. Sie sollen sich auf die Forschung einlassen, sie sollen mitwirken bei dem, was man von ihnen will: nämlich sich beobachten oder interviewen lassen. Ein entscheidender Punkt beim Zugang zum Feld und der Gewinnung von

Untersuchungspersonen ist daher die ernstgemeinte und überzeugende *Herstellung von Vertrauen.*

Vertrauen zu geben bedeutet, dass die Person, die dies tut, in Vorleistung geht. Das eröffnet – darauf hat schon Luhmann (1987: 179ff.) hingewiesen – Optionen, ist jedoch zugleich mit Risiken verbunden. Man kann in dem Moment, in dem man vertraut, nicht sicher sein, dass die andere Seite sich als des Vertrauens würdig erweist. Daher ist entscheidend, dass sich das Vertrauen in der Praxis bewährt.

Für die Forschungsbeziehung heißt das nun konkret, dass man auf das Vertrauen der Untersuchungspersonen angewiesen ist, die sich auf etwas einlassen sollen, dessen Konsequenzen sie nicht überblicken können. Daher muss man sich einerseits als des Vertrauens würdig erweisen und andererseits den Untersuchungspersonen Sicherheiten oder zumindest Indizien dafür an die Hand geben, dass sie vertrauen können. Das tut man sowohl als Person, also durch das eigene Auftreten und die eigene Reputation, als auch durch die institutionelle Anbindung und Verortung, die die Seriosität des Forschungsvorhabens garantiert und dafür einsteht. Das ist im engeren Sinne der Auftraggeber, für den man forscht, oder die Institution, an der man angesiedelt ist. Im weiteren Sinne ist es die wissenschaftliche Gemeinschaft, die die Standards der Forschung bzw. der guten wissenschaftlichen Praxis formuliert und ihre Einhaltung kontrolliert. Dafür hat die Deutsche Gesellschaft für Soziologie einen Ethik-Kodex formuliert.[13]

Zwar geben wir als Forschende den Untersuchungspersonen auch etwas zurück. Wir stellen ihnen unsere Zeit zur Verfügung, hören ihnen im Interview ausführlich zu. Die Untersuchten leisten durch ihre Mitwirkung einen Beitrag zum Fortschritt der Wissenschaft (oder etwa zum Gelingen einer Abschlussarbeit). Dennoch bleibt – wie Hildenbrand es nennt – eine „Reziprozitätslücke" (Hildenbrand 1999: 76). Die Bitte um Mitwirkung ist bei qualitativen Forschungsvorhaben mit spezifischen Zumutungen verbunden, die weit über das hinausgehen, was in der quantitativen, standardisierten Sozialforschung an Mitwirkung erwartet wird. Es handelt sich um weit mehr als nur um das Ausfüllen eines Fragebogens. Mit unseren Fragen und Beobachtungen dringen wir bei qualitativen Forschungen tiefgreifend in die Privatsphäre der Untersuchungspersonen ein. Wir erheben umfangreiche und detaillierte persönliche Daten im Kontext und gehen mit persönlichen Geheimnissen um. Die Interviewführung ist dabei sogar darauf angelegt, Geheimnisse hervorzulocken, da wir beim narrativen Interview beispielsweise mit den Zugzwängen der Erzählung rechnen. Auch ist unsere Forschung offen ausgerichtet, so dass sich Fragen und Vorgehen im Verlauf des Forschungsprozesses ändern können. Wir

---

13 Zu finden auf der Homepage der DGS: http://www.soziologie.de/index.php?id=19

2.3 Durchführung eines Forschungsprojektes

können also über die Ziele der Forschung und die angestrebten Ergebnisse keine präzisen Auskünfte geben.

Das hat zur Folge, dass es in der qualitativen Sozialforschung einerseits schwieriger, andererseits aber umso notwendiger ist, sich über forschungsethische Fragen Gedanken zu machen. Ethische Richtlinien erweisen sich bei Fallstudien oft als zu abstrakt, daher müssen sie angewandt und für die betreffende Studie konkretisiert werden. Dabei spielen verschiedene Aspekte eine Rolle. Zum einen sind rechtliche Anforderungen zu berücksichtigen, vor allem der Schutz persönlicher Daten, für dessen Verletzung man auch rechtlich belangt werden kann. Dieser Aspekt betrifft die „informationelle Selbstbestimmung" sowie die Wahrung der Persönlichkeitsrechte und sollte sehr ernst genommen werden.

Ein entscheidender Aspekt in der Forschungsbeziehung ist, dass man den Menschen, mit denen man in der Forschung zu tun hat, mit Respekt begegnet. Das drückt sich darin aus, dass man einen höflichen, einfühlsamen Umgang pflegt und sozialen Voyeurismus vermeidet. Daraus folgt, dass alles, was man erfragt bzw. beobachtet, mit einer Forschungsfrage und einem über persönliche Neugier hinausgehenden Erkenntnisinteresse begründet sein muss. Zudem muss die Integrität der Forschung und methodische Sauberkeit der Forschungsarbeit gesichert sein. Das ist man den Untersuchungspersonen schuldig.

Die Kernprinzpien der Forschungsethik (vgl. Hopf 2000) sind zum einen der *„informed consent"* – auf Deutsch: die informierte Einwilligung – und zum anderen das Prinzip der Nicht-Schädigung. Mit der *informierten Einwilligung* ist gemeint, dass sich die Untersuchungspersonen auf der Basis von ausreichenden Informationen freiwillig für die Teilnahme entscheiden. Das kann sich manchmal als schwierig erweisen, wie sich im schon erwähnten Forschungsprojekt zeigte, in dem biographische Interviews und Gruppendiskussionen mit Arbeitslosengeld-II-Beziehern durchgeführt wurden. Die Probanden wurden zum Teil über Ein-Euro-Job-Maßnahmen rekrutiert. Einige Male ist es dabei passiert, dass Träger dieser Maßnahmen die Teilnehmer zum Mitmachen verpflichten und die Gruppendiskussion als Teil ihrer Bildungsmaßnahmen einsetzen wollten. In einem Fall wollte der Träger sogar die für die Teilnahme vorgesehene Vergütung von jeweils zehn Euro für sich beanspruchen. Für das Projekt waren diese Ansinnen Grund dafür, in den betreffenden Maßnahmen keine Gruppendiskussionen durchzuführen, weil die Freiwilligkeit der Teilnahme nicht verhandelbar war.

Damit die Untersuchungspersonen „informiert" in die Teilnahme einwilligen können, muss die Forscherin sich selbst sowie die Institution, in deren Auftrag sie arbeitet bzw. an der sie tätig ist, identifizieren; außerdem müssen die Ziele der Forschung – wenn auch knapp – benannt und das Vorgehen erläutert werden. Darüber hinaus muss die vertrauliche Behandlung aller Informationen, die man bei der

Forschung gewinnt, zugesichert (und natürlich auch eingehalten!) werden. Auch die Unabhängigkeit von anderen Institutionen muss betont werden. Im erwähnten Forschungsprojekt über Arbeitslosengeld-II-Empfänger bezog sich das vor allem auf die Unabhängigkeit sowohl vom Träger der Maßnahme als auch vom Jobcenter bzw. der Arbeitsagentur.

Daraus können sich mehrere Probleme ergeben. Zum einen kann manchmal eine kurzzeitige Täuschung über den wahren Untersuchungszweck notwendig sein, damit die Ergebnisse nicht durch das Wissen darüber beeinflusst werden. In qualitativen Studien ist es manchmal wichtig, dass die Untersuchungspersonen über den genauen Fokus der Studie nicht Bescheid wissen, damit die Äußerungen nicht in eine gewisse Richtung gelenkt werden (vgl. Schütze 1982: 574) und das Prinzip der Offenheit gewahrt bleibt.

Eine weitere schwierige Frage ist, wie man sozialwissenschaftliche Beobachtungen in Milieus oder Gruppen, denen man selbst sehr kritisch gegenüber steht, identifiziert. Beispiele, wo sich das möglicherweise schwierig gestaltet, wären rechtsextremistischen Gruppen oder religiös fundamentalistische Gemeinschaften. Einerseits ist es u. E. wichtig, dass auch solche Milieus erforscht werden, andererseits ist eine „under-cover"-Forschung forschungsethisch fragwürdig. Bei einer offenen Forschung kann man vor die Frage gestellt sein abzuwägen, wie viel Übereinstimmung mit dieser Gruppe und Loyalität zu ihr für die Zulassung der Forschung erwartet oder verlangt wird.

Manche Punkte, die auf das *Prinzip der Nicht-Schädigung* bezogen werden können, wurden schon angesprochen, insofern sind die Prinzipien nicht scharf zu trennen. Nicht-Schädigung bedeutet zunächst, den beobachteten Ablauf nicht zu stören, geht jedoch noch darüber hinaus. Ganz wesentlich für die Nicht-Schädigung der Untersuchungspersonen ist, dass wir mit den gewonnenen Informationen vertraulich umgehen. Das verlangt, dass die Daten so maskiert werden, dass keine Rückschlüsse auf konkrete Personen möglich sind. Man anonymisiert die Daten, indem man Pseudonyme vergibt oder an die Stelle von Namen Buchstaben setzt; Orte und andere Namensbezeichnungen werden ebenso maskiert wie biographische Daten.

Eine heikle Situation – darauf weist Hildenbrand (1999: 78) hin – kann sich zudem ergeben, wenn man im Verlauf der Forschung Kenntnis von unangemessenem oder kriminellem Verhalten (wie z. B. Missbrauch) erlangt. In diesem Fall muss man abwägen zwischen dem wissenschaftlichen Interesse und einer möglichen Intervention. Wenn bei der Forschung deutlich wird, dass ein Fall Hilfe oder Beratung braucht, kann man eventuell Kontakte vermitteln. Allerdings sollte man nicht selbst tätig werden, sondern Forschung und Hilfe trennen bzw. die Hilfe auf jeden Fall Professionellen überlassen.

Mit der Vertraulichkeit der Daten und der Maskierung müssen wir uns erneut bei der Veröffentlichung beschäftigen. Hier muss man sehr sorgfältig vorgehen, manchmal stellen sich dabei sehr schwer lösbare Probleme. Das gilt insbesondere für Gemeindestudien – ein entsprechendes Beispiel nennt Hopf –, aber auch für Studien in Organisationen oder Institutionen. Denn auch wenn man die Organisation als solche maskieren kann, wissen jedoch ihre Mitglieder, dass die Forschung bei ihnen durchgeführt wurde, und können daher möglicherweise Aussagen oder Ergebnisse zuordnen. In solchen Studien muss man mit anvertrauten Geheimnissen besonders sorgsam umgehen.

Forschungsethische Fragen sind bei qualitativen Forschungsprojekten von besonderer Relevanz, da die genutzten Methoden stärker in die Privatsphäre der Befragten eindringen als quantitative Erhebungen. Daher muss in besonderem Maß Vertrauen hergestellt und ein sorgfältiger Umgang mit den Daten gesichert werden.

Neben der Beachtung datenschutzrechtlicher Bestimmungen und der Einhaltung der Standards guter wissenschaftlicher Praxis sind die von soziologischen Fachverbänden formulierten Prinzipien der Forschungsethik heranzuziehen und zwingend einzuhalten.

Das Prinzip der informierten Einwilligung impliziert, dass sich die Untersuchungspersonen auf der Basis von ausreichenden Informationen freiwillig für die Teilnahme entscheiden. Das Prinzip der Nicht-Schädigung verlangt einen vertraulichen Umgang mit den gewonnenen Informationen, insbesondere durch Maskierung der Daten.

2.3.4 Transkription

Ein wesentlicher, oft arbeitsaufwändiger Schritt in der qualitativen Sozialforschung ist die Überführung der erhobenen Daten in ein Protokoll. Erst dieses *Protokoll* ist die Grundlage der Auswertung. Die Herstellung bzw. Beschaffung des Protokolls gestaltet sich ganz unterschiedlich, je nachdem, in welcher Form die Daten vorliegen.

Den einfachsten Fall stellen in diesem Zusammenhang Dokumente oder Daten dar, die schon gestaltet vorliegen. Oevermann spricht von „edierten" Ausdrucksgestalten, „bei denen die Protokollierungshandlung und die zu protokollierende

Wirklichkeit als Praxis gewissermaßen zusammenfallen und – damit zusammenhängend – die Protokollierungshandlung bzw. der Protokollierungsvorgang vollständig in der Kontrolle der protokollierten Wirklichkeit verbleibt" (Oevermann 2000: 83). Das können Kunstwerke, Dokumente oder andere Texte sein, die wir in der sozialen Wirklichkeit schon vorfinden und die unabhängig von der Forschung erzeugt wurden.

Davon abzugrenzen sind Protokolle, die wir im Zuge der Forschung selbst erstellen. Auch diese Protokolle können edierte Texte sein, wie z. B. Beobachtungsprotokolle (vgl. dazu Abschnitt 2.4.4). An dieser Stelle ist eine Unterscheidung aufschlussreich, die Bergmann (1985) eingeführt hat: die Unterscheidung zwischen *registrierender* und *rekonstruierender* Konservierung bei der Datenerhebung. Die registrierende Konservierung – Oevermann spricht von technischer Aufzeichnung – wird umgesetzt durch den Einsatz audio-visueller Medien. Dadurch wird ein Geschehen, z. B. eine Interaktion, im Moment seines Vollzugs fixiert. Dies geschieht technisch automatisiert, quasi passiv, ohne eine sinnhafte Erfassung oder Bearbeitung, also ohne eigene Gestaltung des Aufnehmenden, z. B. durch sinngetragene Auswahl. Es gibt zwar durchaus Eingriffe in das Geschehen durch den Aufnehmenden: z. B. durch die Wahl des Ortes, an dem das Aufnahmegerät aufgestellt wird, und die damit verbundene Fokussierung und durch die Wahl des Zeitpunktes, zu dem man das Gerät einschaltet, aber alles weitere läuft automatisch und uninterpretiert.

Die rekonstruierende Konservierung von Daten dagegen vollzieht sich als sprachliche Vergegenwärtigung eines abgelaufenen Geschehens, also beispielsweise durch das Niederschreiben von Notizen bei einer Beobachtung. Dabei wählt der Beobachter aus, worauf er seine Aufmerksamkeit richtet, er überführt das Beobachtete in Sprache und deutet es damit zugleich. Auch das narrative Interview (vgl. Abschnitt 2.4.1) hat die Vergegenwärtigung eines abgelaufenen Geschehens zum Gegenstand: Der Interviewte vergegenwärtigt in seiner Erzählung ein selbst erlebtes vergangenes Geschehen. Eine solche retrospektive Darstellung eines Ereignisses ist immer mit Deutungen und Auswahlen verbunden: „Nachträgliche Thematisierungen bilden gegenüber dem primären Sinnzusammenhang des sich vollziehenden Geschehens einen sekundären Sinnzusammenhang, in dem das vergangene und seinem aktuellen Sinn nach abgeschlossene Geschehen interpretativ neu erschaffen, eben re-konstruiert wird." (Bergmann 1985: 305). Das heißt: In der Aneignung, der Vergegenwärtigung und der Überlieferung wird das Vergangene immer zugleich gedeutet und dadurch in eine bestimmte Form gebracht.

Die technische Aufzeichnung bzw. das registrierend Konservierte muss durch *Transkription* in ein Protokoll überführt werden. Beim Transkribieren ist ganz entscheidend, dass möglichst wenig interpretierende Eingriffe vorgenommen werden;

2.3 Durchführung eines Forschungsprojektes

das bedeutet: Das, was „auf Band" festgehalten wurde und abgehört werden kann, wird wörtlich in eine Schriftform übertragen, und zwar mit allen Abbrüchen, Versprechern, Pausen, dialektalen Färbungen usw. Es wird nichts redigiert, ergänzt, vervollständigt oder verbessert. Zugleich müssen möglichst viele Informationen von der Aufzeichnung in das Protokoll gerettet werden. Dies betrifft parasprachliche Elemente, wie Lachen, Seufzen oder Räuspern, und Merkmale des Sprechens, wie Lautstärke, Betonungen usw. Besonders die zuletzt genannten Momente machen deutlich, dass bei aller Formalisierung in die Transkription unweigerlich und zwangsläufig interpretierende Leistungen eingehen, wird doch Nicht-Verbales in Worte gefasst und dabei auf Kompetenzen zurückgegriffen, die wir als Gesellschaftsmitglieder auch für die Interpretation nicht-sprachlicher Äußerungen in alltäglichen Interkationen heranziehen.

Die Transkriptionsarbeit ist bei Videoaufzeichnungen aufgrund der Vielzahl der aufgezeichneten Informationen ungleich aufwändiger als bei Audioaufzeichnungen. Es ist beim Transkribieren immer zu entscheiden, welche Informationen für die Auswertung benötigt werden, und für diese Entscheidung sind die Fragestellung der Forschung und das verwendete Auswertungsverfahren die entscheidende Grundlage. Als Faustregel kann gelten, dass nicht mehr Informationen transkribiert werden sollten, als man für die Auswertung braucht. Denn die Transkriptionsarbeit sollte nicht von der Auswertungsarbeit abhalten, die ja im Zentrum steht. Im Zweifelsfall kann immer noch an der Transkription nachgearbeitet werden, falls sich herausstellen sollte, dass man mehr Details benötigt.

Einfachste Transkriptionskonventionen finden sich in verschiedenen Forschungsberichten (z.B. Sammet 2006b: 361f.). In manchen einschlägigen Methodenbüchern sind dafür eigene Kapitel reserviert (z.B. Przyborski/Wohlrab-Sahr 2008: 161- 172). Darüber hinaus gibt es einige wenige Veröffentlichungen, die sich mit diesem Gegenstand exklusiv befassen (z.B. Dittmar 2009). Besonders empfehlen möchten wir das „Gesprächsanalytische Transkriptionssystem 2" (= GAT 2) (Selting et al. 2009), das genaue Regeln für die Versprachlichung formuliert und dabei drei Detailliertheitsstufen (Minimal-, Basis- und Feintranskript) unterscheidet, sodass es an unterschiedliche Forschungskontexte angepasst werden kann.

2.4 Erhebungsverfahren in der qualitativen Religionsforschung

In den folgenden Abschnitten sollen verschiedene Erhebungsformen, die in der qualitativen Sozialforschung eingesetzt werden, vorgestellt werden. Dabei werden wir auf die leitenden Prinzipien und methodologischen Hintergründe eingehen, außerdem auf die Frage, was mit ihnen jeweils erfasst werden kann und worauf bei ihrer Durchführung geachtet werden sollte. Anhand von Beispielen aus Forschungsprojekten werden wir zeigen, wie diese Instrumente und Zugänge in der qualitativen Religionsforschung genutzt werden können.

2.4.1 Strukturierung eines qualitativen Interviews

Für alle Formen der qualitativen Befragung gelten ganz allgemein die in 2.1 erwähnten Prinzipien Offenheit und Kommunikation. Das bedeutet: Fragen müssen im Interview so gestellt werden, dass keine Antwortrichtung vorgegeben wird. Vielmehr sollen die „Relevanzstrukturen der Betroffenen" zur Geltung kommen (Hoffmann-Riem 1980: 344f.), und Gesprächspassagen sollen sich selbstläufig entwickeln. Fragen im Interview (man spricht von „Stimuli") sollten zur Entwicklung von Gedankengängen einladen und nicht mit knappen Antworten (also „Ja" bzw. „nein" oder einfachen Informationen wie Jahreszahlen) zu beantworten sein. Zur Umsetzung dieser Prämissen eignen sich „Wie"-Fragen besser als „Was"-Fragen, und auch Fragereihungen (z. B. Przyborski/Wohlrab-Sahr 2008: 81) werden bisweilen empfohlen.

Ganz allgemein sind qualitative Interviews durch eine Abfolge verschiedener Phasen strukturiert: Auf eine vorbereitende Phase, die zum Sich-Einfinden in der Situation und zum „Aufwärmen" dient, folgt der Eingangsstimulus und darauf eine im Idealfall ausführliche Darstellung der Interviewten. Daran schließen sich zunächst immanente, d. h. an die Ausführungen der Befragten anschließende Fragen und danach exmanente, stärker durch die Forschungsfragestellung bestimmte Nachfragen an. Gegen Ende des Interviews wird dem Befragten Gelegenheit zur Evaluierung und zu stärker theoretisierenden Einschätzungen gegeben. Nach dem rituellen Abschluss des Gesprächs (zu dem auch der Dank an den Befragten gehört) und dem Ausschalten des Aufnahmegerätes wird das Gespräch oft noch fortgesetzt, und die Befragten äußern sich manchmal noch zum Interviewgegenstand oder reichen Informationen, Erzählungen oder Einschätzungen nach.

Qualitative Interviews sollen den Relevanzsetzungen der Befragten Raum geben und möglichst selbstläufige Passagen generieren.
Das Ablaufschema gestaltet sich folgendermaßen:
- Vorgespräch (mit „Aufwärmphase")
- Eingangsstimulus
- Selbstläufige Ausführungen der Befragten
- Immanente Nachfragen
- Exmanente Nachfragen
- Bilanzierung / Evaluierung
- Interviewabschluss
- Informelles Nachgespräch und Abschied

Nach der Verabschiedung sollte die Interviewerin möglichst zeitnah ein *Erinnerungsprotokoll* verfassen, in dem die Inhalte des (nicht aufgenommenen) Vor- und Nachgesprächs, aber auch weitere Bemerkungen zum Gesprächsklima, zu besonderen Vorkommnissen, wie Störungen, Unterbrechungen oder zur Anwesenheit weiterer Personen, enthalten sind. Da es oft einige Zeit dauern kann, bis das Interviewtranskript ausgewertet wird, besteht ohne ein solches Protokoll die Gefahr, dass wichtige Informationen und Begleitumstände vergessen werden.

2.4.2 Das narrative Interview

Das narrative Interview wird oft allgemein mit dem qualitativen Einzelinterview als solchem gleichgesetzt, oft wird es auch als biographisches Interview oder als besonders offen geführtes Interview verstanden. Alle diese Auffassungen sind nicht ganz zutreffend, denn mit dem narrativen Interview sind besondere methodologische Grundlegungen verbunden. Diese Interviewform wurde von Fritz Schütze im Zuge verschiedener Studien entwickelt und in Zusammenarbeit mit dem Linguisten Werner Kallmeyer erzähltheoretisch begründet (Kallmeyer/Schütze 1977; vgl. Schütze 1976, 1982, 1983).

Das narrative Interview zielt vor allem – darauf weist schon der Name hin – auf die *Erhebung bzw. Erzeugung von Narrationen*, also Erzählungen, in der Interviewsituation. Dies hat methodologische Gründe. Schütze und Kallmeyer (1977) unterscheiden verschiedene Formen der Darstellung von Sachverhalten, und zwar im Wesentlichen Erzählung, Beschreibung und Argumentation. Das Verfahren des narrativen Interviews bzw. der Narrationsanalyse – das ist das entsprechende

Auswertungsverfahren – interessiert sich für die Sachverhaltsdarstellung durch eine Erzählung, also dafür: Wie wird ein vergangenes Geschehen geschildert? *Beschreibungen* zielen dagegen auf die Darstellung von (äußeren wie inneren) Zuständen, von Situationen, von Routinen, typischen Abläufen usw. Sie sind also eher statisch. Bei *Argumentationen* handelt es sich um durch Eigentheorien bestimmte Darstellungen: Sie bearbeiten die berichteten Geschehnisse stark und abstrahieren, indem sie sie einordnen, Zusammenhänge herstellen und bewerten (vgl. dazu Rosenthal 2005: 139).

Erzählungen dagegen haben eine prozessuale Struktur. Ihr Gegenstand sind Ereignisverkettungen, die die Erzählerin (zumindest teilweise) selbst erlebt hat. Die Erzählung ist *sequentiell* strukturiert: Sie erscheint als Abfolge von Ereignissen, ausgehend von der Schilderung des Ausgangspunkts eines Geschehens, den relevanten Ereignissen in ihrer Abfolge bis zur Situation am Ende des Geschehens. Die *Sequentialität* impliziert, dass die Ereignisse in einer bestimmten Reihenfolge in der Erzählung auftreten müssen, da sich sonst der Sinn verändert, und diese Reihenfolge in der Erzählung muss – aus Gründen der sinnhaften Konsistenz – der Reihenfolge der Ereignisse in ihrem Vollzug entsprechen (vgl. Labov/Waletzky 1997). Ein besonderes Merkmal von Erzählungen ist nach Schütze ihr hoher Grad an *Indexikalität*, also an Verweisen auf den Kontext und die Bezüge des Handelns bzw. der geschilderten Ereignisverkettungen. In der Erzählung wird die in den geschilderten Abläufen implizit bleibende Indexikalität explizit gemacht, um sie für den Zuhörer nachvollziehbar zu machen: Alle „narrativen Stegreif-Aufbereitungen eigenerlebter Erfahrungen halten das System der Indexikalitäten, das für die narrativ berichteten aktuellen Handlungen relevant war, nicht nur prinzipiell durch, sondern bringen es noch deutlicher zum Ausdruck, als das in der faktischen Handlungspraxis möglich war" (Schütze 1982: 577).

Der hohe Indexikalisierungsgrad von Erzählungen wird sprachlich an spezifischen Sprachformen (Schütze nennt Kennzeichnungen, Namen, Demonstrativa, Pronomina, Raum- und Zeitbezüge oder auch hinweisende Partikel; Schütze 1982: 578) deutlich und ist daher ein „Indikator für den Narrativitätsgrad der retrospektiven Aufbereitung eigenerlebter Erfahrungen" (ebd.). Zugleich ist die Erzählung eine retrospektive Darstellung, die das Geschehen reflektiert und interpretativ aufbereitet, was man z. B. an der Unterscheidung „früher" und „jetzt" in der Erzählung erkennen kann („Damals konnte ich noch nicht wissen ..." oder „Heute sehe ich das so ...").

Das Erzählen begreift Schütze als eine soziale Praxis, als eine Interaktion, bei der die Rolle des Zuhörenden ebenso wichtig ist wie die des Erzählenden. Das bedeutet: Die Position des Zuhörers ist für die Erzählung konstitutiv, für ihn und an ihn gerichtet wird sie erzählt, und daher muss der Erzähler sich auch beständig in die Position der Zuhörerin hineinversetzen und seine Erzählung an ihr orientieren (vgl. Schütze 1976).

In der Beziehung zwischen Erzähler und Zuhörer ist begründet, dass beim Erzählen *Zugzwänge* wirksam werden, die die Selektionen bei der Darstellung bestimmen. Der Erzählende möchte das, was er begonnen hat, für die Zuhörerin verstehbar zu Ende bringen. Das hat zur Folge, dass er auch Aspekte oder Ereignisse erzählt, die er überhaupt nicht erzählen wollte. Der *Gestaltschließungszwang* impliziert, dass der Gesamtzusammenhang der Geschichte und die einzelnen zur Geschichte gehörenden Stationen in Gegenwart eines Zuhörers dargestellt und rekapituliert werden müssen (Schütze 1982: 572). Das führt dazu, dass eine Erzählung einen bestimmten Ablauf hat, nämlich einen Ausgangspunkt, eine Abfolge von Ereignissen mit einem Handlungsträger, einem Höhepunkt und einer Entwicklung zu einem Ende hin. Diese Gestalt möchte die Erzählerin entwickeln und zum Abschluss bringen. Der Abschluss wird dann auch sprachlich markiert: „So, das war's dann" oder ähnlich, oft verbunden mit einer Redeübergabe. Mit *Detaillierungszwang* ist gemeint, dass eine Erzählerin während ihrer Schilderung merkt, dass sie noch Informationen nachreichen muss, damit die Zuhörerin folgen kann. In der Erzählung kann das Wirken dieses Zwanges an sprachlichen Markierungen festgemacht werden: „Dazu muss ich noch erwähnen ..." oder „Damals war das so, dass ...". Der *Relevanzfestlegungs- und Kondensierungszwang* ist schließlich dadurch verursacht, dass der Erzähler nicht alles, was zum erzählten Ereignis gehörte, berichten kann, sondern die Darstellung des Geschehenen verdichten und auswählen muss, was für die Erzählung und deren adäquaten Nachvollzug durch den Zuhörer wichtig ist. Dieser Zugzwang arbeitet auf eine „Moral der Geschichte" oder ihren „Clou" (Schütze 1982: 572) hin.

Mit narrativen Interviews sollen Erzählungen selbst erlebter *Ereignisverkettungen* hervorgebracht werden, in denen das Erleben re-konstruiert und dabei das Vergangene spontan und unvorbereitet vergegenwärtigt wird. Als Erhebungsverfahren sind narrative Interviews daher nur geeignet, wenn die Fragestellung auf solche selbst erlebten Prozesse und die in ihrer Erzählung zum Ausdruck kommenden Handlungsorientierungen und Erfahrungsverarbeitung zielt. Wenn die anderen Formen der Sachverhaltsdarstellung im Zentrum des Interesses stehen, also Sachverhalte beschrieben oder beurteilt werden sollen und die Interviewführung darauf ausgerichtet ist, handelt es sich nicht um narrative Interviews. Das bedeutet: Die Forschungsfragestellung ist ganz entscheidend für die Frage, ob der Einsatz von narrativen Interviews sinnvoll ist.

Narrative Interviews können auf den ganzen Lebensverlauf, aber auch auf einzelne Lebensphasen zielen, insbesondere auf biographische Übergänge und Entscheidungsprozesse; das können die Entscheidung für eine Berufsausbildung oder ein bestimmtes Studium oder auch die Entscheidung zur Elternschaft sein. Narrative Interviews können auch den Verlauf von Krisen und ihre Bewältigung, z. B. Krankheiten oder Arbeitslosigkeit, zum Gegenstand haben. Mit dem narrativen Interview kann man zudem die Geschichte größerer sozialer Einheiten erheben, von Paaren, Familien, Gruppen, Gemeinschaften – jedoch immer in der Perspektive des Informanten.[14]

> Narrative Interviews zielen auf die Erzeugung von Erzählungen als retrospektive Vergegenwärtigung von selbsterlebten Ereignisverkettungen unterschiedlicher sozialer Einheiten.
>
> Erzählungen unterscheiden sich in ihrer Struktur und ihrer Indexikalität von anderen Formen der Sachverhaltsdarstellung (Beschreibung, Argumentation).
>
> Das Erzählen ist eine interaktive Praxis, für die die Rolle des Erzählenden und der Zuhörenden konstitutiv sind. Beim Erzählen wirken Zugzwänge, in die der Erzählende sich verwickelt: der Gestaltschließungszwang, der Detaillierungszwang, der Kondensierungs- und Relevanzfestlegungszwang.

Ein Aspekt, der bei der Durchführung von narrativen Interviews berücksichtigt werden muss, ist die kultur- und milieuspezifisch unterschiedliche Ausprägung von Erzählkompetenzen. Als Beispiel dafür könnte der Fall Michael Becker angeführt werden (vgl. Sammet/Weißmann 2012). Michael ist ein junger Mann, mit dem im Rahmen des Projektes, das Weltsichten von Arbeitslosengeld-II-Empfängern erforschte, ein narratives Interview geführt wurde. Die Eingangserzählung war sehr knapp, und das ganze Interview – das kürzeste von allen im Projekt durchgeführten – war sowohl für die Interviewerin als auch für den Befragten streckenweise quälend, weil er fast immer kurz antwortete und sehr häufig auch sagte: „Keene Ahnung". Aber selbst in dieser Erzählung kommen die Zugzwänge des Erzählens zur Geltung, sodass die Eingangserzählung die wesentlichen Stationen seiner Biographie benennt. Am Ende kommt der Erzähler in der Gegenwart und seinen aktuellen Zukunftsplänen an, womit die Gestalt geschlossen wird:

> *Und .. wenn isch .. das hier .. ordentlich schaffe, also .. zum Beispiel .. nisch so oft zu spät komme, isch bin ja bis jetzt noch ni zu spät gekomm, seit .. August,*

---

14 Das narrative Interview ist u. a. in einem Projekt zur Zusammenlegung von Ortsgemeinden (vgl. Schütze 1982) entwickelt worden.

2.4 Erhebungsverfahren in der qualitativen Religionsforschung

und (1) dann kann isch wieder ne Lehre machen. Isch will entweder .. wieder was mit Elektro machen oder Verkäufer. Ja. (leise) (1) (atmet schwer aus) (3) (unv.) (5) Keene Ahnung.

Aber auch in einer entgegengesetzten Richtung können sich Probleme bei der Nutzung des narrativen Interviews einstellen. Ein solches Interview ist schwer durchzuführen, wenn wir es – wie Przyborski und Wohlrab-Sahr es nennen – mit „professionellen Erzählern" (Przyborski/Wohlrab-Sahr 2008: 97) zu tun haben. Damit sind Personen gemeint, die ihre (Lebens-)Geschichte schon häufiger erzählt haben und deshalb auf bereit liegende Geschichten zurückgreifen können. Ihre Erzählungen haben daher oft keinen *Stegreifcharakter*, d. h. sie sind nicht spontan wie in einem alltäglichen Gespräch entwickelt, sondern durchkonstruiert. Man könnte auch sagen: Sie sind als Geschichten *komponiert*. Sie greifen auf bestimmte Stilmittel zurück, verdichten und theoretisieren. In manchen Kontexten ist die biographische Erzählung eine kommunikative Gattung, deren Regeln und Stilmittel man aufgreift. Durch diese Theoretisierungen und Stilisierungen verliert die Erzählung ihre Nähe zum vergangenen Erleben.

Phänomene dieser Art findet man häufiger in religiösen bzw. religionsnahen Kontexten. Dies betrifft zum einen Pfarrerinnen und Pfarrer. Sie kommen öfter in die Situation zu schildern, wie sie Pfarrer geworden sind. Manchmal sind die Geschichten auch niedergeschrieben und veröffentlicht worden. Im Rahmen ihrer Dissertation zu evangelischen Pfarrerinnen ist es der Autorin einige Male begegnet, dass öffentliche Äußerungen oder Artikel gefunden wurden, in denen die für das Forschungsprojekt interviewten Pfarrerinnen ganz ähnliche Formulierungen wie im Interview benutzen. Auch in ihren Predigten lassen Pfarrer bisweilen Erzählungen oder Berichte von Alltagssituationen einfließen, die jedoch verdichtet und auf ihre Predigt hin formuliert, also schon theoretisiert sind. Man kann auch vielen Pfarrern eine Neigung zum anekdotischen Reden attestieren. Ganz ähnliches gilt wahrscheinlich für andere Berufsgruppen, die häufig öffentlich reden, z. B. Politikerinnen.

Weitere Kontexte für das Einüben quasi-professionellen Erzählens sind z. B. Psychotherapien, Selbsthilfegruppen und religiöse Gruppen. In diesen Kontexten werden die Beteiligten aufgefordert, ihr Leben zu erzählen, wobei ihre Erzählungen einen bestimmten Fokus oder eine bestimmte Zielrichtung haben. In besonderem Maße gilt das für Konversionserzählungen, die man als eine kommunikative Gattung bezeichnen kann. Sie haben eine bestimmte Struktur mit einem Vorher und Nachher, wobei das Konversionserlebnis eine zentrale Rolle spielt (vgl. Krech 2011: 50-71; Wohlrab-Sahr 1999). Das trifft z. B. für christlich-charismatische Gruppen zu, bei denen es für die Zugehörigkeit unabdingbar ist, dass man ein Berufungserlebnis berichten kann. Die damit verbundenen Stilisierungen und biographischen Eigentheorien muss man als solche auch interpretieren. In der Interviewführung muss man ein Gespür für theoretisierende Verdichtungen entwickeln, und man muss versuchen, durch immanente Nachfragen sich dem tatsächlichen Erleben anzunähern, indem man um Konkretisierungen und Beispiele bittet.

Eine zu gering oder zu gut ausgebildete Erzählkompetenz muss nicht dazu führen, dass man auf narrative Interviews verzichtet. Vielmehr bieten auch narrative Interviews mit sehr zurückhaltenden oder mit professionellen Erzählern interessantes Material, dessen Fallspezifik in der Auswertung zu rekonstruieren ist.

Für die Auswertung narrativer Interviews hat Schütze die *Narrationsanalyse* entwickelt. Dafür schlägt er vor, in einem ersten Schritt alle Deutungen, Bewertungen, Argumentationen, Beschreibungen auszuklammern und von den narrativen Passagen auszugehen. Sehr verbreitet ist jedoch auch die Auswertung narrativer Interviews mit dem Verfahren der Objektiven Hermeneutik (vgl. Rosenthal 2005).

Das narrative Interview wird häufig zur soziologischen Erforschung von Biographien genutzt. Dabei liegt die Annahme zugrunde, dass sich in der Biographie Allgemeines und Besonderes vermitteln (vgl. Hildenbrand 1991: 257), denn in der Biographie schlägt sich die subjektive Aneignung von Gesellschaft nieder. Das Individuum muss sich in Situationen mit dem Gegebenen auseinandersetzen und formuliert darin eine besondere Antwort auf das ihm objektiv Vorgegebene bzw. „Aufgegebene".

Durchführung narrativer Interviews

Zentrale Bedeutung im narrativen Interview hat die *Stegreiferzählung*, die durch einen Erzählstimulus hervorgelockt werden soll. Etwas „aus dem Stegreif" (= Steigbügel) zu tun, bedeutet wörtlich: ohne dabei vom Pferd zu steigen. Im übertragenen Sinn meint es: ohne lange nachzudenken, unvorbereitet, improvisiert. Die Stegreiferzählung wird demnach ungeplant, eben aus dem Stand entwickelt und hat dadurch Ähnlichkeit mit der Kommunikation im Alltag. Sie wird im Interview jedoch monologisch entfaltet, da der Erzähler ohne Intervention reden können soll. Daher kommt der Interviewerin die Aufgabe zu, zu Beginn einen Stimulus zu formulieren, der eine Stegreiferzählung in Gang setzen kann. Dies gelingt, wenn die Frage auf einen Verlauf zielt und nicht auf einen Gegenstand oder eine Situation. Sie sollte – dem qualitativen Paradigma entsprechend – offen mit einer gewissen Vagheit formuliert sein und als eine „Wie-Frage" und nicht als „Was-Frage" gestellt werden.

Die Standardformulierung für einen Eingangsstimulus – den Vorschlag Rosenthals (2005: 144ff.) aufgreifend – sieht bezogen auf die Zugehörigkeit zu einer religiösen Gemeinschaft etwa so aus:

„Ich möchte Sie bitten zu erzählen, wie es dazu kam, dass Sie zu dieser Gemeinschaft/ Gruppe gekommen sind, welche Erfahrungen Sie seitdem gemacht haben. Erzählen Sie ruhig alle Ereignisse, die dazu gehören. Fangen Sie an der Stelle an, an der die Geschichte Ihrer Ansicht nach beginnt, und fahren Sie fort bis in die Gegenwart. Sie können sich dafür so viel Zeit nehmen, wie Sie brauchen. Ich werde Sie nicht unterbrechen, sondern mir nur einige Notizen machen und gegebenenfalls später Nachfragen stellen, wenn ich etwas nicht verstanden habe."

Zu beachten ist: Der Stimulus ist ein wesentlicher Bestandteil des Interviews, d. h. er muss auch aufgenommen und transkribiert werden. In der Auswertung ist er der Ausgangspunkt der Analyse, denn er ist die Aufgabe, die der Befragten gestellt und die sie durch ihre Reaktion (im besten Fall ihre Stegreiferzählung) lösen muss.

Ist die Stegreiferzählung in Gang gekommen, geht es auf der Seite der Interviewerin darum, den Erzählfluss zu unterstützen und die Reziprozität der Interaktion aufrecht zu erhalten. Dies ist die interaktive Seite; inhaltlich geht es um die soziale Einheit, deren Geschichte erzählt wird. Diese Geschichte sollte ohne Unterbrechung, ermuntert durch bestätigende „Mhms" und „Ahas" der Interviewerin, entfaltet werden können. Interventionen wären dabei schwere Interviewerfehler.

Wenn die Erzählerin ihre Stegreiferzählung abgeschlossen hat, wird sie das sprachlich signalisieren, etwa durch „Das war's jetzt" oder durch die Aufforderung, Fragen zu stellen. Daran schließen sich zunächst *immanente Nachfragen* an. Dazu gehören Fragen zu Passagen, die nicht ganz verstanden wurden oder in denen Lücken geblieben sind. Es können auch Phasen vertieft werden, auf die sich der Erzähler eher argumentativ bezogen hatte oder zu denen er nur Andeutungen gemacht hatte. Man kann um Konkretisierungen oder um die Schilderung beispielhafter Situationen bitten. Auch die immanenten Nachfragen zielen darauf, Erzählungen zu erzeugen.

Auf die immanenten Nachfragen folgen *exmanente Nachfragen*, die sich auf die Forschungsfragestellung beziehen. Später im Interview, in der letzten Phase, sollte den Befragten Gelegenheit zur *Bilanzierung und Theoretisierung* gegeben werden. Ziel ist es, ihre subjektiven Theorien zum Erlebten zu erfassen. Ganz am Ende des Interviews steht der rituelle Abschluss, zu dem auch gehört, dass man sich bei der Interviewten bedankt.

> Das narrative Interview gliedert sich in folgende Phasen:
> - erzählgenerierender Eingangsstimulus
> - Stegreiferzählung
> - immanente Nachfragen (zur Generierung weiterer Erzählungen)
> - exmanente Nachfragen
> - Bilanzierungsteil
>
> Die Interviewerin unterstützt das Erzählen durch verbale und non-verbale bestätigende Rückmeldungen („Mhm", „Aha" usw.).

Anwendungsmöglichkeiten in der Religionsforschung

Das (biographisch-)narrative Interview kann in der qualitativen Religionsforschung für verschiedene Fragestellungen verwendet werden, aber in jedem Fall muss es um selbst erlebte Prozesse gehen, die „erzählt" werden können – die also auf eine bestimmte, oben erläuterte Form der Sachverhaltsdarstellung zielen. Grob lassen sich zwei Arten von Fragestellungen unterscheiden: zum einen solche, die auf die Bedeutung von Religion in der Lebensgeschichte gerichtet sind, und zum anderen die Rekonstruktion auf Religion bezogener Ereignisse in der Lebensgeschichte. Beispiele für die zuletzt genannten Forschungen sind Untersuchungen der Zugehörigkeit zu religiösen Gruppen, Gemeinschaften, Organisationen usw. oder auch religiöse Karrieren. Man fragt dann im Interview nach der Geschichte dieser Zugehörigkeit, nach ihrer Entstehung und der weiteren Entwicklung: „Wie ist es dazu gekommen, dass Sie der Gruppe XY beigetreten sind, und wie hat sich das dann weiterentwickelt?" oder auch: „Wie ist es dazu gekommen, dass Sie Buddhistin geworden sind, und wie hat es sich dann weiterentwickelt" bzw. „welche Erfahrungen haben Sie dann gemacht?". Fast schon paradigmatisch für entsprechende Fragestellungen ist die Erforschung religiöser Konversion (vgl. Wohlrab-Sahr 1999), aber auch für die Erforschung der Entscheidung für einen Beruf im kirchlich-religiösen Feld, für ein Theologiestudium oder für den Beitritt zu einem Orden ist das narrative Interview geeignet.

Bei der Anwendung in der Religionsforschung wird man aufgrund der Spezifik des Gegenstandes möglicherweise auf das oben erwähnte Problem stoßen, dass keine Stegreiferzählungen hervorgelockt, sondern schon bereitliegende und bereits häufiger erzählte Geschichten (z. B. „Berufungserlebnisse"; vgl. Sammet 2005: 174f.) abgerufen werden. Daher ist zu überlegen, ob man dies durch die Formulierung eines anders ausgerichteten Stimulus verhindern kann. Wohlrab-Sahr hat beispielsweise bei ihrer Erforschung der Konversion zum Islam nicht nach der

Konversion gefragt, sondern sich ganz allgemein die Lebensgeschichte erzählen lassen (vgl. Wohlrab-Sahr 1999: 491). Dies hatte den zusätzlichen Effekt, dass der Fokus nicht allein auf die Konversion gerichtet war, sondern diese in die gesamte Biographie eingeordnet werden konnte. Auf diese Weise konnte die Autorin die biographische Funktion der Konversion – und nicht nur die Konversionserzählung – rekonstruieren.

Wenn das biographisch-narrative Interview sich auf die Lebensgeschichte bezieht, sollte das Thema Religion zunächst ausgespart bleiben. Vielmehr sollte nach der gesamten Lebensgeschichte gefragt werden. Der folgende Stimulus etwa wurde im Weltsichten-Projekt, das die Welt- und Lebensdeutungen von ALG-II-Empfängern untersuchte, eingesetzt (Varianten sind mit Schrägstrichen abgegrenzt):

„Wir sind an der Lebensgeschichte und den Erfahrungen von Menschen interessiert, die momentan von Hartz IV leben / Hartz IV beziehen / als Ein-Euro-Jobber arbeiten / die zur Zeit mit sehr wenig auskommen müssen. Davon ist ja viel in den Medien die Rede, aber man hat oft den Eindruck, dass dort Klischees präsentiert werden und dass nicht gezeigt wird, wie es den Menschen wirklich geht. Wir möchten nun gerne aus Ihrer Perspektive erfahren, welche Erfahrungen Sie gemacht haben. Uns interessiert Ihre Lebensgeschichte, was Sie erlebt haben. Vielleicht können Sie einfach erzählen, wie Ihr Leben abgelaufen ist. Sie können gerne in der Kindheit anfangen und erzählen, wie Sie aufgewachsen sind und wie es dann bis heute weitergegangen ist."

Ergänzt wurde dieser Stimulus durch die folgende „Regieanweisung":

„Sie können alle Erlebnisse erzählen, die Ihnen einfallen, und können sich so viel Zeit nehmen, wie Sie möchten. Ich werde Sie erstmal nicht unterbrechen, mir nur einige Notizen machen und später noch darauf zurückkommen."

Diese offengehaltene, auf die Lebensgeschichte bezogene Frage ermöglicht, dass man die Befragten nicht von vorne herein auf religiöse Deutungen festlegt und dadurch erst analysieren kann, welche Rolle Religion in der Biographie tatsächlich spielt sowie in welchen Kontexten und in Hinblick auf welche Themen sich die Befragten auf Religion beziehen – oder auch nicht. Das Thema Religion kann man in einer späteren Phase des Interviews durch eine exmanente Nachfrage zunächst implizit, später explizit einführen. Möglich sind beispielsweise die folgenden (im oben genannten Projekt ebenfalls genutzten) Nachfragen: „Können Sie sich an eine Situation/Zeit erinnern, als es Ihnen besonders schlecht ging / Ihr Leben besonders schwierig war? Wie ist es dazu gekommen? Wie hat es sich dann weiter entwickelt?", "Gab es eine Zeit, in der es Ihnen besonders gut ging? Können Sie sich an besonders schöne Zeiten erinnern? / Wenn Sie sich zurück erinnern, was waren für Sie die schönsten Momente im Leben? Wie hat es sich dann weiter entwickelt?" und schließlich: "Gibt es etwas oder jemanden, auf den Sie sich verlassen können oder auf das Sie bauen können im Leben?", mit der Nachfrage: "Manche Menschen finden auch einen Halt in der Religion. Wie ist das bei Ihnen?" Daran können explizite Nachfragen nach bestimmten religiösen Ereignissen, Gegenständen, Zugehörigkeiten und Deutungen angeschlossen werden.

Die offenen Fragen ermöglichen, dass die befragte Person selbst entwickeln kann, welche Bedeutung Religion in ihrem Leben spielt und wo sie relevant wird (bzw. wo nicht). Die religionsbezogenen Fragen fordern dagegen zu einer Positionierung zur Religion auf und können in der Auswertung zu anderen Passagen des Interviews ins Verhältnis gesetzt werden.

2.4.3 Das offene Leitfadeninterview und das Experteninterview

Das narrative Interview ist nicht einfach – dies ist ein Missverständnis, das einem oft begegnet – die offenste Form des qualitativen Interviews, sondern es ist durch seine Privilegierung einer bestimmten Form der Sachverhaltsdarstellung, der Erzählung, sehr spezifisch. Das Leitfadeninterview ist in dieser Hinsicht offener, es zielt auch auf beschreibende und argumentierende Formen der Sachverhaltsdarstellung. Aber es ist durch die Orientierung an einem Leitfaden inhaltlich spezifischer und daher für thematisch stärker eingegrenzte Fragestellung geeignet. Häufig wird das Leitfadeninterview in der Forschung mit narrativen Bestandteilen kombiniert.

Wie der Name schon verrät, ist das Leitfadeninterview *durch einen Leitfaden vorstrukturiert*. Trotz dieser Vorstrukturierung ist entscheidend, dass die allgemeinen Prinzipien der Gesprächsführung der interpretativen Sozialforschung bei der Durchführung des Interviews umgesetzt und eingehalten werden. Ziel ist auch beim Leitfadeninterview die Erzeugung selbstläufiger Ausführungen der Befragten, deren Relevanzen zur Geltung kommen sollen. Ein häufiger Fehler in der Interviewführung ist, dass der Leitfaden wie ein Fragebogen unflexibel abgearbeitet wird. Christel Hopf hat dafür den Begriff *"Leitfadenbürokratie"* (Hopf 2000: 358) geprägt. Der Leitfaden sollte stattdessen als eine Checkliste dienen, die *flexibel gehandhabt* wird; er gibt keine Reihenfolge vor, die eingehalten werden muss, sondern enthält Themen(-blöcke), die im Verlauf des Interviews angesprochen werden sollen. Wenn dies der Interviewte von sich aus tut, können sie abgehakt werden. Nur was als wichtiges Thema erscheint und vom Interviewten nicht angesprochen wird, wird von der Interviewerin im weiteren Verlauf eingebracht.

Das Ablaufschema im Leitfadeninterview bewegt sich vom Allgemeinen zum Spezifischen (vgl. Przyborski/Wohlrab-Sahr 2008: 140f.): Auf einen relativ offen gehaltenen Stimulus am Beginn folgen thematisch geordnete Fragenkomplexe, die jeweils mit einer offenen Frage eingeleitet werden. Gegen Ende des Interviews können dann auf Evaluationen und Theoretisierungen zielende Fragen gestellt werden. Zum Abschluss des Interviews kann man gegebenenfalls auch „provozierende" oder auf Widerspruch zielende Fragen formulieren.

Leitfadeninterviews sind in Hinblick auf die Art der Sachverhaltsdarstellung offener, thematisch dagegen begrenzter als narrative Interviews.

Der Leitfaden fungiert als „Checkliste" für die Interviewerin und wird flexibel gehandhabt. Er enthält Themen und Gesichtspunkte, die angesprochen werden sollen, und nicht ausformulierte Fragen, die abgearbeitet werden. Das Ziel des Leitfadens ist es, selbstläufige Ausführungen des Befragten zu interessierenden Gegenstandsbereichen in Gang zu bringen.

Experteninterviews

Zu den offenen Leitfadeninterviews gehören auch die so genannten Experteninterviews. Eine häufig in Studien eingesetzte Form dieses Erhebungsverfahrens, um die es hier jedoch im Weiteren nicht gehen wird, soll zur Abgrenzung wenigstens benannt werden: das *explorative Experteninterview*, das bisweilen für die Felderschließung genutzt wird. Gespräche mit Expertinnen und Experten werden dann dazu verwendet, eine erste Orientierung im Feld zu finden, die Fragestellung zu präzisieren, das Wissen über das Feld zu erweitern, Wege der Rekrutierung von Probanden bzw. Informationen über eine geeignete Beobachterrolle zu eruieren und Ideen für die Entwicklung von Leitfäden oder Interview-Stimuli zu entwickeln. In dieser Funktion wurden Experteninterviews im Projekt zu Weltsichten von Arbeitslosengeld-II-Beziehern genutzt. Beispielsweise wurde mit Sozialarbeitern gesprochen, um mehr über die Ausrichtung und Bedingungen von Ein-Euro-Job-Maßnahmen zu erfahren. Außerdem hat sich das Projekt von einer Gewerkschafterin über Branchen mit Niedriglöhnen in Ostdeutschland informieren lassen und über die Lebens- und Arbeitsbedingungen von gering verdienenden „Aufstockern".

Wenn Experteninterviews für diese Zwecke genutzt werden, sollte man eher von einem Verfahren der *Felderschließung* als von einem Erhebungsverfahren sprechen. Das Wissen der Experten ist nicht Gegenstand der Forschung, sondern ein die Forschung unterstützendes Mittel. Es dient der Erweiterung des Kontextwissens.

Bogner und Menz (2002: 37f.) unterscheiden als eine weitere Form das *systematisierende Expertinterview*, das ebenfalls manchmal in der Forschung Verwendung findet. Es geht dann darum, durch die Befragung von Experten exklusives Expertenwissen zu einem Gegenstand zu erschließen. Der Experte werde als „Ratgeber" der Forschung und das durch ihn bzw. von ihm erworbene Wissen als Forschungsergebnis angesehen. Dabei werde aber die empirische Praxis nicht methodisch reflektiert (Bogner/Menz 2002: 38).

Davon zu unterscheiden ist das das *theoriegenerierende Expertinterview* – wie Bogner und Menz (2002: 38f.) es nennen. Wir möchten diese Bezeichnung übernehmen, da sie die Orientierung an den Prinzipien der rekonstruktiven Sozialforschung zum Ausdruck bringt: Es geht um die *Rekonstruktion des Expertenwissens* und seine Einbettung in ein bestimmtes Feld. D.h. der Experte wird nicht einfach als Quelle oder Besitzer von exklusivem Wissen angesehen, das von der Forscherin naiv übernommen wird. Vielmehr wird das Expertenwissen zum Gegenstand der Analyse gemacht. Das Experteninterview ist in diesem Fall einerseits ein Verfahren der kommunikativen Erschließung, also der Erhebung, und andererseits der analytischen Rekonstruktion, also der Auswertung, des Expertenwissens. Es zielt auf *Handlungsorientierungen* und die expliziten und impliziten Entscheidungsmaximen der Experten, ihre impliziten *Wissensbestände* (das *„tacit knowledge"*), Weltbilder und Routinen (vgl. Meuser/Nagel 1994, 2002; Bogner/Menz 2002; Przyborski/Wohlrab-Sahr 2008: 131-138).

Was zeichnet aber nun Expertenwissen aus, und wer ist dementsprechend als Expertin im Sinne des Experteninterviews anzusehen? Die einfache Bestimmung der Expertin als Person, die über einen Wissensvorsprung gegenüber anderen verfügt, wird in der Methodendiskussion als zu unspezifisch angesehen, da ihr zufolge jeder als Experte angesehen werden müsse, nämlich als Experte für das eigene Leben. Methodisch sinnvoller ist es, das Wissen der Expertin als in ihrer *gesellschaftlichen Position*, einem Beruf oder einer Funktion, begründet zu verstehen. Experten sind demnach „Teil des Handlungsfeldes, dessen Probleme gelöst werden sollen. Sie sind selbst Teil des Problems, das zur Lösung ansteht, und zwar im wahren Sinne des Wortes der entscheidende Teil" (Meuser/Nagel 1994: 182). Wichtig ist, dass die Expertin „Verantwortung trägt für den Entwurf, die Implementierung oder Kontrolle einer Problemlösung" (Meuser/Nagel 2002: 73).

Das Experteninterview zielt zum einen auf das „Betriebswissen" und zum anderen auf das „Deutungswissen" der Experten. Unter *„Betriebswissen"* ist das

Wissen über Abläufe, Zusammenhänge, Mechanismen usw. in Organisationen zu verstehen (vgl. Meuser/Nagel 2002: 75f.; Przyborski/Wohlrab-Sahr 2008: 132ff.). Es ist ein Wissen, das die in dem Bereich, auf das es sich bezieht, geltenden expliziten, aber auch impliziten, informellen, nicht kodifizierten Regeln umfasst. Das Experteninterview soll einen Zugang zu diesem Wissen eröffnen.

Ein Beispiel: Im Rahmen ihres laufenden Dissertationsprojektes „Kirchliche Akademien und ihre Organisationsumwelten" (Graduiertenschule Religion, Universität Erfurt) untersucht die Kulturwissenschaftlerin Dorit Birkenfeld auf der Basis narrativ angelegter Interviews mit Akademie- und Studienleiterinnen, in welcher Weise im Binnenhandeln religiöser Organisationen eine „Verständigungsorientierung" als Programm an Bedeutung gewinnt und wie sie umgesetzt wird. Das heißt, sie fragt empirisch, wie die bewusste Förderung von Verständigungsversuchen – also das Bestreben, mittels eines „Dialogs" die Position anderer Akteure zu verstehen und mit ihnen einen praktischen Konsens zu finden – für diese Organisationen programmatisch wird. Insbesondere geht sie der Frage der Themenselektion nach, d.h. ob und wie bestimmte Themen Gegenstand der Verständigungsversuche werden. Durch die Experteninterviews kann sie zum einen das „Betriebswissen" der Akteurinnen rekonstruieren, also deren Erfahrungswissen dazu, wie die Verständigungsorientierung im organisationalen Umfeld umgesetzt wird. Zugleich werden mit den Akademieleitern Personen befragt, die aufgrund ihrer Position nicht nur über Erfahrungswissen darüber verfügen, wie z.B. Tagungen gestaltet und Programme zusammengestellt werden und welche Probleme dabei auftauchen können. Sie haben aufgrund ihrer Position auch eine gewisse Entscheidungsmacht: Sie bestimmen entscheidend mit, ob und wie die Verständigungsorientierung in ihrer Einrichtung definiert und umgesetzt wird. Das Expertenwissen ist also auch mit Deutungsmacht verknüpft.

Mit dem Experteninterview erfasst man die *Handlungsorientierungen und Entscheidungsmaximen von Personen in mit Entscheidungsmacht ausgestatteten Positionen*. Der Experte ist in dieser Perspektive nicht nur Träger von Wissen, sondern auch ein Akteur, der an der Etablierung und Durchsetzung von Deutungen beteiligt ist: „Das Wissen des Experten, seine Handlungsorientierungen, Relevanzen usw. weisen zudem (…) die Chance auf, in der Praxis in einem bestimmten organisationalen Funktionskontext hegemonial zu werden, d.h. der Experte besitzt die Möglichkeit zur (zumindest partiellen) Durchsetzung seiner Orientierung" (Bogner/Menz 2002: 46).

Bei der Planung und Durchführung von Experteninterviews ist zu bedenken und zu recherchieren, wo die Experten zu finden sind, deren Wissen und Praxis man untersuchen will, also beispielsweise in welchen Abteilungen und auf welchen Hierarchie-Ebenen einer Organisation. Außerdem ist zu berücksichtigen, dass

Experten aufgrund ihrer Rolle und ihrer Position nur in begrenztem Maße bereit sein werden, Zeit für ein Interview zur Verfügung zu stellen. Daher müssen die Forschungsfragen gut überlegt und der Leitfaden stärker strukturiert sowie enger auf die Fragestellung zugeschnitten sein. Darüber hinaus sind Expertinnen in ihrer Selbstdarstellung meist geübter als Alltagspersonen, und deshalb ist damit zu rechnen, dass sie wohlüberlegt formulieren und auswählen, worüber sie reden möchten und worüber nicht.

Die Rollenverteilung zwischen Interviewerin und Expertin ist etwas anders gestaltet als beispielsweise in narrativen Interviews. Als Interviewer muss man einerseits gut vorbereitet sein und sich als Experte in seinem eigenen Gebiet (z.B. der Soziologie) präsentieren, darf also nicht zu unwissend auftreten. Andererseits muss man sein Gegenüber als Expertin anerkennen, von der man etwas Wissenswertes aus dem Fundus ihrer Erfahrungen und Expertise mitgeteilt bekommen möchte. Beim Experteninterview ist also eine besondere Balance zwischen Wissen und Neugier zu erreichen.

Für die Durchführung von Experteninterviews wird von Przyborski und Wohlrab-Sahr (2008: 134-138) das folgende Ablaufschema empfohlen. Zu Beginn des Interviews soll die Expertin Gelegenheit zur Selbstpräsentation bekommen. D. h. sie wird gebeten, sich als Person und in ihrer Funktion vorzustellen. Darauf folgt zunächst die Stimulierung einer selbstläufigen Sachverhaltsdarstellung zum Gegenstand, an die sich Aufforderungen zur beispielhaften und ergänzenden Detaillierung anschließen können. Damit sind immanente Nachfragen gemeint, mit denen nach weiteren Erläuterungen, Veranschaulichungen und Beispielen gefragt wird. In einem nächsten Schritt wird zur spezifischen Sachverhaltsdarstellung aufgefordert; das wären exmanente Nachfragen. Am Ende kann schließlich zur Theoretisierung aufgefordert werden, um dadurch Deutungswissen zu erzeugen.

Experteninterviews dienen zur Erhebung und zur Rekonstruktion von Expertenwissen als den expliziten und impliziten Wissensbeständen sowie den Handlungsorientierungen von mit Deutungs-, Entscheidungs- und Durchsetzungsmacht ausgestatteten Akteuren in bestimmten Handlungsfeldern und gesellschaftlichen Bereichen.

Sie sind thematisch stärker begrenzt und in der Durchführung stärker durch einen Leitfaden strukturiert, der auf Beschreibungen und Bewertungen zielende Fragen, aber auch narrative Stimuli enthalten kann.

2.4 Erhebungsverfahren in der qualitativen Religionsforschung

Das Interview muss der Expertin Gelegenheit zur Selbstpräsentation bieten und selbstläufige Gesprächspassagen erzeugen. Wichtig ist, dass in Nachfragen zur Konkretisierung aufgefordert und nach Beispielen gefragt wird.

Dieses Vorgehen soll nun an einem Beispiel illustriert werden. Wir beziehen uns dabei auf die qualitative Teilstudie der „Empirischen Studie zur Perikopenordnung". Die Perikopenordnung – bzw. die „Ordnung der Predigttexte" (=OPT) – legt fest, zu welchen biblischen Texten evangelische Pfarrerinnen an welchem Sonntag predigen und welcher Text als Lesung gelesen wird. Außerdem werden Wochenpsalmen und Wochenlieder vorgeschlagen. In der sogenannten „Perikopen-Reihe" ist das für das ganze Kirchenjahr festgelegt. Es gibt insgesamt sechs Reihen mit unterschiedlichen Ausrichtungen, die das ganze Kirchenjahr bestimmen und sich dementsprechend alle sechs Jahre abwechseln. Seit einigen Jahren wird in den Kirchen diskutiert, ob und in welcher Weise diese Ordnung überarbeitet werden sollte. Die Evangelische Kirche in Deutschland (EKD) und die Vereinigte Evangelisch-Lutherische Kirche Deutschlands (VELKD) haben zur Fundierung dieser Diskussionen einen Forschungsauftrag an die Theologische Fakultät der Universität Leipzig vergeben mit dem Ziel, die Handhabung und Bewertung der Perikopen-Ordnung durch ihre Nutzer zu erhellen. Eine von der Abteilung Kirchen- und Religionssoziologie der Universität Leipzig verantwortete standardisierte postalische Befragung (vgl. Pickel/Ratzmann 2010) wurde durch eine qualitative Untersuchung (vgl. Sammet 2012) ergänzt.[15]

Die qualitativen Analysen zielten auf die Orientierungen und Einstellungen der Nutzer der Perikopenordnung: auf ihr Verständnis und ihr Erleben des Gottesdienstes einerseits sowie auf ihren Umgang mit der Bibel und die der Bibel für das eigene Leben zugeschriebene Bedeutung andererseits. Bei der Untersuchung wurden zwei Gruppen von „Nutzern" unterschieden: erstens die „Experten", d.h. diejenigen, die die Bibeltexte im Gottesdienst lesen und auslegen oder die in anderer Weise den Gottesdienst aktiv mitgestalten (Pfarrerinnen und Pastoren, Kirchenmusiker bzw. Kantorinnen und Lektoren bzw. Prädikantinnen, also ehrenamtliche Predigerinnen) sowie zweitens die Gottesdienstbesucher als Rezipienten. Die Handlungsorientierungen der den Gottesdienst aktiv Gestaltenden wurden durch Experteninterviews erhoben, die der Gottesdienstbesucher durch Gruppendiskussionen, die auf die Erfassung kollektiv geteilter Orientierungen zielen. Bei der Suche nach Gesprächspartnern und Gruppen wurde angestrebt, ein möglichst

---

15 Beim qualitativen Studienteil haben die Theologinnen Kerstin Menzel und Ulrike Bärthlein sowie die Kulturwissenschaftlerin Nadine Jukschat mitgearbeitet.

kontrastreiches Sample zusammenzustellen. Das bedeutet: Bei den Expertinnen sollten verschiedene Ausprägungen in Hinblick auf Geschlecht, Alter, konfessionelle Traditionen und Frömmigkeitsstile sowie auf die Arbeit in unterschiedlichen gemeindlichen Kontexten (verschiedene Landeskirchen, städtisches und dörfliches Umfeld, soziokulturelle Milieus, Ost- und Westdeutschland usw.) vertreten sein, bei den Gruppendiskussionen sollten Teilnehmer mit unterschiedlicher Nähe zur Kirche und zur Kerngemeinde einbezogen werden.

In den Experteninterviews wurden im Leitfaden vier Schwerpunkte gesetzt: 1. die Selbstpräsentation der Expertin, die auf die berufliche Position und das professionelle Selbstverständnis zielte, 2. das Verständnis des Gottesdienstes (Vorbereitung, Abläufe und Relevanzen), 3. die Bedeutung der Bibel im Alltag und im Gottesdienst und 4. die Einschätzung der Perikopenordnung und Vorschläge für eine Veränderung. Bei allen Fragekomplexen wurde nach Beispielen und persönlichen Erfahrungen sowie abschließend nach Theoretisierungen gefragt. Eine Frageliste mit immanenten und exmanenten Nachfragen hatten die Interviewerinnen zur Hand, handhabten sie jedoch sehr flexibel, d. h. nicht alle Fragen wurden in jedem Interview gestellt, sondern abhängig von den Ausführungen der Befragten und möglichen Anschlüssen eingeführt.

Beispiel: Interviewleitfaden Perikopen-Projekt (Expertinnen)
Interviewfragen Experteninterviews: PfarrerInnen und PastorInnen
(für KantorInnen und PrädikantInnen wurden Varianten entworfen)

Vorspann:
- Einführung des Aufnahmegerätes
- „Regieanweisung": Das Interview soll kein normales Gespräch sein, es gibt wenig Nachfragen, ausführliches Erzählen ist gewünscht.
- Es werden Notizen für spätere Nachfragen gemacht.

1. Selbstpräsentation des Experten (Position, Habitus/berufliches Selbstverständnis)
- Am Anfang möchte ich Sie bitten, sich selbst kurz vorzustellen und Ihre Hauptaufgaben zu beschreiben.
- Was ist Ihnen besonders wichtig an Ihrer Arbeit und worauf kommt es Ihnen an?

2. Stimulierung einer selbstläufigen Sachverhaltsdarstellung (Gottesdienst und Bibel)
- Was ist Ihnen wichtig am Gottesdienst? Worauf kommt es Ihnen an?
- Wie bereiten Sie Gottesdienste vor?

- Wie läuft der Gottesdienst ungefähr ab?
- ggf. Aufforderung zur beispielhaften Erläuterung
- Was bedeutet die Bibel für Sie?
- ggf. Nachfrage zum Umgang im Alltag oder zu persönlicher Spiritualität (Beispiel?)

3. **Aufforderung zur beispielhaften und ergänzenden Detaillierung**
- orientiert sich am bereits Erzählten

4. **Exmanente Nachfragen (Ziel: Bedeutung der Perikopenordnung und ihre Bewertung)**
- Überleitung: Themen Bibel und Gottesdienst sollen zusammen gebracht werden
  → Wo überall kommt die Bibel im Gottesdienst vor?
  → Wo zeigt sich die (geschilderte) Bedeutung der Bibel im Gottesdienst?
- Wie gehen Sie mit der Perikopenordnung um und welche Erfahrungen haben Sie damit?
- (Falls die Perikopenordnung normalerweise verwendet wird: Wo weichen Sie von ihr ab und warum?)
- Finden Sie die Perikopenordnung bzw. kirchliche Vorgaben generell sinnvoll?
- Wo sehen Sie konkret Veränderungsbedarf?
  (Struktur in sechs Reihen; Zusammensetzung der einzelnen Predigtreihen; roter Faden des jeweiligen Sonntags; Verhältnis Altes Testament – Neues Testament; verwendete Übersetzungen; Art der Texte/Schwierigkeit)
- Wie zeitgemäß finden Sie die Ordnung?
- Wenn Sie an Gottesdienste jenseits des Sonntagsgottesdienstes denken, wie gehen Sie dabei vor? Welche Rolle spielt die OPT dabei?
  (Kasualien, Andachten, Zielgruppengottesdienste, musikalische und andere besondere Gottesdienste)
- Wie nehmen Sie das im Kollegenkreis wahr, gehen andere PfarrerInnen anders mit der OPT um und wie bewerten Sie das?

5. **Aufforderung zur Theoretisierung / Deutungswissen**
   Überleitung: noch mal etwas abstrakter:
- Was würden Sie (zusammenfassend) sagen, welche Funktion / Bedeutung hat die Perikopenordnung für das kirchliche Leben?

Abspann: Fällt Ihnen noch etwas ein, das wir noch nicht besprochen haben?

Da die Interviews für eine Auftragsforschung durchgeführt wurden, hat der Auftraggeber die Ergebnisse veröffentlicht (Pickel/Ratzmann 2010). Darüber hinaus bieten die Interviews interessantes Material zu weiteren soziologisch relevanten Fragestellungen (vgl. Jukschat 2012; Menzel 2012; Sammet 2013). Aufschlussreich ist zum Beispiel, wie die Vertrautheit mit biblischen Texten Verhaltenssicherheit und Zugehörigkeit vermitteln kann. Die Gottesdienstbesucher wissen dadurch, was zu welchem Zeitpunkt kommt. Dieser Sicherheit versucht eine Pastorin entgegen zu wirken. In Hinblick auf die Bedeutung der Bibel im Gottesdienst kommt sie darauf zu sprechen, welche Übersetzungen sie für die Predigtvorbereitung und die Lesungen nutzt. Sie führt aus:

Und es ist dabei mir wichtig, dass es, mal is es ne Luther-Übersetzung, mal die Bibel in gerechter Sprache, mal eine Gute Nachricht-Übersetzung. Also .. die Vielfalt der Übersetzung auch .. zum Klingen im Gottesdienst zu bringen und auch dieses Staunen über .. Texte den Gottesdienstbesuchern auch noch mal .. auch zu schenken. Wenn man immer ja nur den Luther-Text hört, den man so schön kennt und so, dann hört man auch nicht mehr hin. Und wenn man dann plötzlich, das hört sich anders an (1) so und das (2) das sagen auch manche, wenn dann mal ne ganz andere Übersetzung ist, dass sie sich dann verwundert haben, das find ich immer gut, sich verwundern ist gut (lachend).

In einem volkskirchlichen Kontext führt die durch die religiöse Sozialisation bedingte Vertrautheit mit dem Text dazu, dass – so der Eindruck der Pastorin – eine authentische Auseinandersetzung mit ihm erschwert wird (vgl. Sammet 2013: 153, Jukschat 2012). Die verfremdende und Erstaunen hervorrufende Wirkung einer anderen Übersetzung ist aber nur möglich vor dem Hintergrund einer fraglosen, selbstverständlichen Vertrautheit mit der Bibel. In einem solchen Kontext kann man versuchen, den Prägungen bisweilen durch Verfremdung entgegen zu arbeiten – dies jedoch nicht unbedingt prinzipiell und permanent, denn das würde die Vertrautheit zu grundsätzlich verunsichern. Man kann diesen Umgang mit der Bibel in religionssoziologische Begriffe übersetzen und darin die Bearbeitung von Kontingenz als Grundfunktion der Religion sehen (vgl. Kapitel 1.2.2). Die zitierte Passage zeigt gleichwohl, dass Kontingenz durch religiöse Semantik nicht nur geschlossen, sondern auch eröffnet werden kann. Die Eröffnung von Kontingenz zielt dabei unter anderem darauf, dass Religion auf Kontrasthorizonte zum selbstverständlich Gegebenen verweist.

2.4.4 Gruppendiskussionen

Wenn es um die Erhebung von Gesprächen in Gruppen geht, denkt man in internationalen Kontexten vor allem an Fokusgruppen, die letztlich auf Robert Merton zurückgehen. Im deutschen Kontext wird mit dem Stichwort „Gruppendiskussion" dagegen ein von Ralf Bohnsack entwickeltes und methodologisch begründetes Verfahren bezeichnet. Auf diese Verfahren wollen wir zunächst eingehen und daran anschließend eine weitere Perspektive erläutern, die die Gruppe als eigene soziale Größe in den Blick nimmt.

Fokusgruppen

Mit Fokusgruppen zu arbeiten, bedeutet „engaging a small number of people in an informal group discussion (or discussions) ‚focused' around a particular topic or set of issues" (Wilkinson 2009: 177). Im Vergleich zu Einzelinterviews hätten Fokusgruppen zunächst einmal den offensichtlichen Vorteil, dass von einer größeren Anzahl von Probanden mehr Daten auf einmal erhoben werden könnten (vgl. Wilkinson 2009: 180f.). Letztlich geht es um *individuelle Wahrnehmungen und Haltungen*, und die Gruppe dient dazu, dass diese im Gespräch durch Reaktionen aufeinander und Anschlüsse aneinander, durch Ergänzungen ebenso wie durch Widersprüche (ebd.) entfaltet werden können. Dazu tragen u. a. die vielfältigen kommunikativen Formen im Gespräch – Wilkinson nennt „storytelling, joking, arguing, boasting, teasing, persuasion, challenge, and disagreement" (Wilkinson 2009: 180) – und die *Gesprächsdynamik* bei. Konkret sollen sich ausgehend von einem *Fokus*, z. B. einem Film, einem Artikel, einer Radiosendung, einem Flugblatt usw. Diskussionen entfalten. Auch eine *Dilemma-Frage* oder eine von den Teilnehmenden gemeinsam erlebte Situation kann zur Fokussierung eingesetzt werden.

Beim Fokusgruppen-Interview sind – dem qualitativen Paradigma entsprechend – an den Eingangsstimulus (also den „*Fokus*") anschließend zunächst unstrukturierte, später auch halbstrukturierte Fragen einzusetzen. Ein maßgebliches Kriterium der Interviewführung ist die Nicht-Beeinflussung, die „Non-Direction", d. h. die Befragten sollen sich über die ihnen wichtig erscheinenden Punkte äußern können. Daher soll der Moderator den Befragten ausreichend Spielraum für die Entwicklung der Themen einräumen, um ein breites, nicht vom Interviewer antizipiertes Spektrum zu erfassen (Wilkinson 2009: 182) und damit auch überraschende Erkenntnisse zu gewinnen.

Allerdings gibt es im Vergleich zum Gruppendiskussionsverfahren nach Bohnsack sehr viel stärkere Interventionsmöglichkeiten der Interviewerin. Sie kann einzelne Personen direkt ansprechen und auf diese Weise versuchen, sie ins Gespräch einzubeziehen. Wilkinson spricht in diesem Zusammenhang von

„active ‚people management'": „To enable full participation, the moderator may need to encourage quiet participants, to discourage talkative ones, and to handle any ‚interactionally difficult' occasions" (Wilkinson: 2009: 179). Je nach Gesprächsverlauf sollte man also ruhige Teilnehmer ermuntern und dominante Personen etwas ausbremsen.

An einem Beispiel soll der Einsatz von Fokussierungen in Gruppeninterviews veranschaulicht werden. In Gruppendiskussionen der 4. Untersuchung der Evangelischen Kirche in Deutschland zur Kirchenmitgliedschaft (= KMU IV) wurde eine Dilemma-Frage zum Thema Moscheebau formuliert, in der der Fall eines hypothetischen Bauprojekts geschildert wurde und die Gruppen aufgefordert wurden, sich zu dieser Frage zu positionieren (vgl. Sammet 2007). Insofern erfuhr das Gespräch eine Fokussierung. Aus dem Datenmaterial konnten zwei Diskursverläufe rekonstruiert werden, die man danach unterscheiden kann, ob der Islam als fremde Kultur oder als fremde Religion wahrgenommen wurde. Wenn der Islam als Kultur wahrgenommen wurde, führte dies meist dazu, dass auf die Fremdheit des Islams abgehoben wurde und auf seine Unvereinbarkeit mit den Werten der westlichen demokratischen Gesellschaften. Daraus resultierten eine restriktive Haltung gegenüber den Wünschen von Muslimen und ihre Ausgrenzung aus der deutschen Gesellschaft. Bemerkenswert ist, dass in diesem Zusammenhang oft auf die christliche Prägung der deutschen Gesellschaft hingewiesen wurde, und zwar auch bzw. gerade von nicht-religiösen Teilnehmern. Wurde der Islam dagegen als fremde Religion thematisiert, konnte das dazu führen, dass entweder mit Verweis auf eine allgemeine Religionskritik die Rolle des Islams (wie anderer Religionen auch) im öffentlichen Raum weitgehend eingeschränkt werden sollte. Oder man verwies auf die Religionsfreiheit, aus der folgt, dass man Muslimen den Bau von Moscheen zur Ausübung ihrer Religion zugestehen müsse.

In der Auswertung dieser Gruppendiskussionen wurden die Positionierungen nicht auf die individuellen Teilnehmer zugerechnet, sondern die Dynamik von Diskursverläufen herausgearbeitet. Dabei wurde der situative Einfluss von Wortführern auf den Verlauf und die Anschlüsse anderer Beteiligter, also auch die Kontextualität von Diskursen, deutlich.

Das Gruppendiskussionsverfahren nach Ralf Bohnsack

Das Gruppendiskussionsverfahren nach Bohnsack (2000) zielt auf die *Erfassung und Rekonstruktion kollektiver Orientierungen und Wissensbestände*. Dabei wird davon ausgegangen, dass Angehörige beispielsweise desselben Milieus oder derselben Generation durch eine spezifische „Erlebnisschichtung" miteinander verbunden sind, dass sie „Gemeinsamkeiten der Handlungspraxis, des biographischen Erlebens, des Schicksals, also der Sozialisationsgeschichte" (Bohnsack 2000: 377) teilen, auch wenn sie einander nicht persönlich kennen oder nicht unmittelbar miteinander kommunizieren. Sie teilen insofern einen *„konjunktiven Erfahrungsraum"*, wie Bohnsack in Anschluss an Karl Mannheim formuliert. Der konjunktive Erfahrungsraum ist der Hintergrund für die wechselseitigen Bezugnahmen der Teilnehmer im Gespräch. Aufgrund ihres gemeinsamen Erfahrungshintergrundes können sich die Akteure demnach intuitiv verstehen.

Die Teilnehmer aktualisieren in Gruppendiskussionen kollektive Identitäten und Orientierungsmuster, wobei der Einzelne in der Analyse nicht als Individuum in den Blick genommen wird, sondern als „Epi-Phänomen" (Bohnsack 2000: 378), d. h. als Begleiterscheinung, der Gruppe. Es geht um die Orientierungen, die kollektiv hervorgebracht und bestätigt werden, bzw. das, was Gruppen bzw. Milieus miteinander verbindet (eben der konjunktive Erfahrungsraum). Dabei steht nicht die jeweilige Gruppe für sich mit ihren spezifischen Besonderheiten im Zentrum des Interesses, sondern die Gruppe interessiert als Ort der „Artikulation und Repräsentation (…) kollektiver Erlebnisschichtung" (Bohnsack 2000: 378). Die konkrete Gruppe liefert einen Zugang für die Analyse unterschiedlicher Erfahrungsräume, beispielsweise von Generationen, Geschlechtern oder Milieus.

Gruppendiskussionen können mit Realgruppen, d. h. unabhängig von der Forschung schon bestehender Gruppen, und mit vom Forscher zusammengestellten Gruppen durchgeführt werden. Entscheidend ist, dass die Beteiligten einen konjunktiven Erfahrungsraum teilen, deshalb müssen sie *homogen zusammengesetzt* sein. Bei der Durchführung von Gruppendiskussionen geht es darum, ein *selbstläufiges Gespräch* der Diskussionsteilnehmer untereinander in Gang zu setzen, damit diese ihre eigenen Relevanzsetzungen entfalten können. Die Selbstläufigkeit der Diskussion soll der Gruppe „ein diskursives Einpendeln auf Erlebnis*zentren*, in denen der Fokus kollektiver Orientierungen gefunden werden kann", ermöglichen (Bohnsack 2001: 379, Hervorhebung im Original). Bohnsack spricht in diesem Zusammenhang von *Fokussierungsmetaphern*: Sie finden sich in Passagen mit „metaphorischer Dichte", d. h. mit relativ detaillierten Darstellungen, sowie mit interaktiver Dichte, d. h. mit einer engagierten Bezugnahme der Teilnehmenden aufeinander. Es handelt sich also um Passagen, in denen es engagiert und „hoch hergeht". An ihnen könne „das zentrale ‚Problem' der jeweiligen Gruppe, das Zentrum ihrer Aufmerksamkeit abgelesen werden." (Loos/Schäffer 2001: 70). Bei der Auswertung stehen diese selbstläufigen Passagen im Zentrum des Interesses, da sich anhand von ihnen kollektive Orientierungen, gemeinsame Themen oder auch wesentliche Konfliktlinien der Gruppe besonders gut rekonstruieren lassen.

> Das Gruppendiskussionsverfahren nach Bohnsack zielt auf die Erfassung und Rekonstruktion von kollektiven Orientierungen und kollektiven Identitäten. In der Diskussion in homogenen, vom Forscher zusammengesetzten oder realen Gruppen aktualisieren die Beteiligten in ihren wechselseitigen Bezugnahmen kollektive Orientierungen, die in einem konjunktiven Erfahrungsraum (als Generation, Geschlecht oder Milieu usw.) begründet sind.
>
> Bei der Durchführung von Gruppendiskussionen kommt es darauf an, selbstläufige Gesprächspassagen der Teilnehmenden zu initiieren.
>
> Für die Analyse besonders interessant sind „Fokussierungsmetaphern", in denen sich die Diskutanten auf gemeinsame Erfahrungen einpendeln. Dies geschieht in Passagen mit metaphorischer und interaktiver Dichte.

Was mit Fokussierungsmetaphern gemeint ist, möchten wir am Beispiel einer Diskussion mit dem Abendgesprächskreis einer kirchlichen (evangelischen) Frauenhilfe-Gruppe in einer westdeutschen Großstadt demonstrieren (vgl. Sammet 2006a: 252-257). Diese Gruppendiskussion wurden ebenfalls im Rahmen der 4. Untersuchung der Evangelischen Kirche in Deutschland zur Kirchenmitgliedschaft (= KMU IV) durchgeführt. Die beteiligten Frauen sind fast alle im Rentenalter und zumeist verheiratet oder verwitwet. Sie können einem proletarischen bzw. kleinbürgerlichen Milieu zugeordnet werden. Man könnte also vom sogenannten „Kleinen Mann" sprechen – wenn das in Zusammenhang mit dieser Frauengruppe nicht unzutreffend wäre. Einige gehören seit Jahrzehnten, zum Teil über 35 Jahre der Frauenhilfe, einer eher konservativen karitativen Vereinigung in der evangelischen Kirche, an, in der sie sich ehrenamtlich engagieren. Für die Gruppenmitglieder gilt ein traditionelles Frauenbild: Sie schreiben sich selbst die Zuständigkeit für den Haushalt zu und sorgen etwa dafür, dass – wenn sie schon aus dem Haus gehen – für den Ehemann zu Hause ein Mittagessen bereitsteht.

In ihrer Kirchengemeinde beteiligen sich verschiedene Gruppenmitglieder aktiv am Gottesdienst durch Lektorendienste. Schon aufgrund ihrer langen Zugehörigkeit identifizieren sie sich stark mit der Kirche. In der Reaktion auf einen Stimulus, der auf ihr Verhältnis zur Kirche zielte, lehnen sie zunächst ab, sich – wie es nach ihrer Unterstellung von ihnen erwartet wird – kritisch zur Kirche zu äußern. Eine Teilnehmerin meint: „Ich glaube dafür sind wir zu alt ?Für so? Kritisches kann ich nicht beantworten". Allerdings gibt es ein Thema, bei dem die Wogen hoch gehen. Dies bezieht sich auf einen für die Gruppe immer noch schwelenden Konflikt in der Gemeinde, der sich an den Paramenten (den Behängen von Altar und Kanzel

2.4 Erhebungsverfahren in der qualitativen Religionsforschung

in der Kirche) entzündete. Hintergrund des Konfliktes ist, dass die Paramente auf Beschluss des Presbyteriums nach Vorschlag von Kirchenpfleger und Denkmalschützern aufgrund eines künstlerischen Gesamtkonzepts abgeschafft wurden. In diesem Konflikt drückt sich für einige der Frauen die Macht von Männern[16] aus, nämlich der Pfarrer und des Presbyteriums, das in ihren Augen nicht mehr die Interessen der Gemeindemitglieder vertritt. Die Konfliktlinien treten in folgenden Passagen deutlich zu Tage.

Agnes: Jetzt nicht nur eine Sache des Presbyteriums und der Pastöre ist, sondern eben auch diese Leute, fachlich kompetente, architektonisch und künstlerisch äh ausgerichtete Leute eben auch der Meinung sind. Und dann .. ∟ muss man das, wir richten
Charlotte: ∟ Ja (unv)
Agnes: uns ja heutzutage zuhause auch anders ein als unsere Großeltern ∟ ne.
Charlotte: ∟ Aber wer geht denn, eben ∟ wer geht denn in die Kirche? Die Älteren gehen in die Kirche.
Magda: ∟ Aber wir gehen in die Kirche, genau.
Agnes: Ja.
Charlotte: Die kennen die alten Paramente, die kennen ihre gestickte Tischdecke ∟ Die können das (unv.) nicht so verstehen
Agnes: ∟ Ja in Ordnung Lotti aber ne .. jaa gut, aber auf der einen Seite, du hast vorhin selber gesagt, du gehst in die Kirche wegen Gott. / Charlotte: Ja./ Ich geh ja nicht wegen der Paramente in die Kirche. ∟ Ne. Also das ist
Charlotte: ∟ (unv.) fände das auch schön, wenn unsre Kirche .. auch in etwa geschmückt ist. Unsre Kirche ist nämlich sehr kalt und schlicht und einfach eingerichtet. ∟ Also (unv.)
Magda: ∟ Ja das ist ne Geschmackssache.
(mehrere reden durcheinander, nur einzelne Sätze zu verstehen)

Beim Paramente-Konflikt stehen in der Wahrnehmung der Frauen auf der einen Seite Fachleute, die Kirchen nach ästhetischen Gesichtspunkten modernisieren und für ihre Konzepte Pfarrer und Presbyterium gewinnen können. Auf der anderen Seite verorten sich die traditionsorientierten Frauen, die sich als die treuen Kirchgänger begreifen, denen jedoch von den Modernisierern das genomm

---

16 Diesen Bezug stellt die Teilnehmerin, die den Paramente-Konflikt ins Gespräch einführte, explizit her. Sie knüpft dabei an einen Vortrag zur Geschichte der Theologin in der betreffenden Landeskirche an, den die Interviewerin als „Gegengabe" für die Gruppe am Vorabend gehalten hatte.

wird, was für sie Kirche zu einem Zuhause macht und durch seine Vertrautheit Geborgenheit vermittelt. Dies führt dazu, dass selbst Frauen, die eigentlich keine Kritik üben wollen, mit Empörung und Erbitterung auf das reagieren, was sie als männlich bestimmte institutionelle Macht wahrnehmen, der gegenüber sie sich wehrlos fühlen. Die Frage der Kirchengestaltung nehmen die Frauen „Geschmackssache" wahr, also als durch den Habitus bedingt. Bei der Durchsetzung eines bestimmten Konzepts wird das Geschmacksurteil mit Machtausübung verbunden, sodass es zu einem kulturellen Konflikt kommt, den die Frauenhilfe-Gruppe mit Bezug auf die Geschlechterunterscheidung (in dieser Passage verbunden mit der Generationenunterscheidung) deutet: Die Männer oktroyieren die dominante, als modern gekennzeichnete Kultur, indem sie ihr Geschmacksurteil als künstlerisches Gesamtkonzept bezeichnen; die Frauen müssen sich mit der Entscheidung abfinden. Dadurch wird den traditionsorientierten Frauen verweigert, was die Experten durchgesetzt haben: dass für die Gestaltung der Kirche Geschmacksurteile maßgeblich sind.

Zur Auswertung von Gruppendiskussionen hat Bohnsack die *Dokumentarische Methode* (vgl. Bohnsack 2000; 2003; Bohnsack u. a. 2013) entwickelt, wobei er wiederum an Karl Mannheim anschließt. Der Kerngedanke dabei ist die Unterscheidung von immanentem Sinn und Dokumentsinn. Die Analyse des Dokumentsinns zielt auf das, was sich vom soziokulturellen Entstehungszusammenhang in den Gesprächen manifestiert, d. h. was über das situationsimmanente Verstehen hinausgeht. Gruppendiskussionen können jedoch auch mit anderen rekonstruktiven Verfahren, wie z. B. mit der objektiven Hermeneutik, ausgewertet werden.

Die Analyse der Gruppe als soziale Größe

Nach den Fokusgruppen und dem Gruppendiskussionsverfahren nach Bohnsack, das auf die im Gespräch der Gruppe zum Ausdruck kommenden kollektiven Orientierungen zielt, möchten wir noch eine weitere Perspektive auf Gruppendiskussionen erläutern, die unseres Erachtens in der Methodendiskussion zu kurz kommt. Man kann die Gruppe auch als eigene soziale Größe in den Blick nehmen. Dazu soll zunächst einmal die Frage geklärt werden: Was ist soziologisch unter einer Gruppe zu verstehen? Es geht also um die *„Soziologie der Gruppe"*.

In der Systemtheorie werden drei Systemebenen unterschieden: nämlich Interaktion, Organisation und Gesellschaft. Hartmann Tyrell (1983a) hat vorgeschlagen, zwischen Interaktion und Organisation Gruppe als weitere Ebene einzuführen und *Gruppe als soziale Größe sui generis*, also eigener Art, zu verstehen.[17] In Anschluss

---

17 Familie versteht Tyrell (1983b) als besonderen Typ von Gruppe. Entsprechend können auch Familien als Gruppen untersucht werden, wobei allerdings einige Aspekte be-

daran kann man Gruppen in Hinblick auf die ihnen eigene spezifische Struktur, Identität und Praktiken analysieren. Definiert wird „Gruppe" als „ein soziales System, dessen Sinnzusammenhang durch unmittelbare und diffuse Mitgliederbeziehungen sowie durch relative Dauerhaftigkeit bestimmt ist" (Neidhardt 1979: 642). Mit der *Dauerhaftigkeit* der Mitgliederbeziehungen verbunden ist ein spezifisches „Grenzbildungsprinzip" (vgl. Tyrell 1983a: 77). Das bedeutet, für Gruppen geht es immer darum, *Zugehörigkeit* und *Nicht-Zugehörigkeit* und damit auch das *Verhältnis von Innen und Außen* zu bestimmen. Gruppen konstituieren ihre Identität immer auch durch *Abgrenzung*.

Das zweite Moment, durch das die Sozialform der Gruppe bestimmt ist, ist die *Diffusität der Mitgliederbeziehungen*. „Diffuse Sozialbeziehungen" sind dadurch gekennzeichnet, dass sie auf die ganze Person bezogen und an ganz konkrete Personen gebunden sind; in ihnen ist alles (potentiell) thematisierbar und die Personen sind nicht austauschbar. Diffuse Sozialbeziehungen sind zu unterscheiden von Rollenbeziehungen, die funktional spezifiziert sind; dort ist jeweils nur ein Aspekt der Akteure (z. B. in der Kundenrolle) von Bedeutung.

Wenn man nun Gruppendiskussionen mit natürlichen Gruppen durchführt, kann man auf dieser Basis die spezifische Struktur, die Identität und die Geschichte der Gruppe sowie interaktive Praktiken und Routinen untersuchen: Wie werden in der Gruppe und nach außen Grenzen gezogen und welche Vorstellungen von „Zugehörigkeit" (des Einzelnen) und „Zusammengehörigkeit" aller in der Gruppe werden entwickelt?

„Gruppe" ist soziologisch als eine soziale Einheit eigener Art zu begreifen, die durch unmittelbare, diffuse Mitgliederbeziehungen und durch eine relative Dauerhaftigkeit bestimmt ist. Für Gruppen sind Zugehörigkeit und Zusammengehörigkeit und damit verbunden das Verhältnis von Innen und Außen wesentlich.

Auf der Basis von Gruppendiskussionen können die spezifische Struktur, die Identität und interaktive Praktiken der Herstellung, Aufrechterhaltung und Bestätigung der Gruppenidentität und der Gruppenzugehörigkeit analysiert werden.

---

rücksichtigt werden müssen. Aus Platzgründen können wir in diesem Lehrbuch leider nicht auf Familiengespräche und familiengeschichtliches Erzählen eingehen (vgl. dazu insbesondere Hildenbrand 1990, 1999).

Die Analyse von Gruppen als soziale Größe auf der Basis von Gruppendiskussionen soll an einem Beispiel veranschaulicht werden. Es handelt sich um eine – ebenfalls im Rahmen der KMU IV erhobene – Gruppendiskussion mit einer Jugendgruppe in einer evangelischen Gemeinde in einer Großstadt, und zwar in einem Stadtteil mit einem hohen Anteil armer und migrantischer Bevölkerung (vgl. Sammet 2006c: 78-86). Die Mehrzahl der Gruppenmitglieder hat mindestens ein ausländisches Elternteil. Die beiden Jugendleiter waren 20 und 22 Jahre alt, die anderen Mitglieder 16 oder 17 Jahre. Zur Kirche als institutionalisierter Religion bestand eine biographische Distanz: Viele Gruppenmitglieder waren nicht getauft und konfirmiert. Sogar die beiden Jugendleiter waren erst im vorangegangenen Sommer getauft worden. Für den Verlauf des Gesprächs waren zwei Momente kennzeichnend: Zum einen fand es an einem Tag statt, an dem die Gruppe gerade mit der Renovierung des Gruppenraums beschäftigt war. Die Mitglieder fanden sich in einer Arbeitspause zusammen und nahmen in der Diskussion immer wieder Bezug auf ihre Renovierungsarbeit. Zum anderen war das Gespräch in einer bestimmten Weise strukturiert: Verallgemeinerungen und Theoretisierungen wie auch Bezüge auf den Glauben wurden zumeist durch die Gruppenleiter vorgenommen, diese wurden jedoch auch immer wieder in ihrer Autorität durch die Jugendlichen herausgefordert.

Bei der Frage, was für sie im Leben wichtig sei, war „Glück" ein Schlüsselbegriff, den die Gruppe differenziert zu fassen versuchte. „Glück" war für sie zum einen in Momenten der Selbstverwirklichung und Freiheit erlebbar, was mit einem aktiven Umweltbezug verbunden war, in dem Sinne, dass man sich eine Aufgabe zu eigen machen kann. Einer der Jugendleiter sagt z. B.:

Ich glaub es ist ganz wichtig dabei, dass es ähm dass man die Sache, die, sei es irgend irgendwie Schule oder Arbeit oder so was, dass man das zu seinem Glück macht, so. Weil wenn man die ähm .. äh das gefunden hat, was einem wirklich Spaß macht, und das zum Beruf macht, dann ist es nur cool, das ist es .. /Rico: (leise) Ja./ Ich glaub, das ist wichtig.

„Glück" bedeutet, eine Kongruenz zwischen Person und Arbeit, zwischen persönlicher Identität und Alltag herstellen zu können. Insofern ist „Glück" gleichbedeutend mit „Sinn". In den Beschreibungen des einen Jugendleiters bleibt uneindeutig, wie das „Glück" erreicht werden kann: Zum einen erscheint es als eine der Person zugeschriebene Leistung, da man etwas dafür tun muss, zum anderen ist man darauf angewiesen, etwas zu „finden". Dem „Glück" haftet also auch ein Moment der Kontingenz an. Zentral ist jedoch das Moment der Selbstverwirklichung, als Freiheit von Zwang. Dementsprechend ist „Glück" ein Gegenbegriff zu Heteronomie.

Als ein zur Freizeit gehörender Bereich, in dem „Glück" erfahren werden kann, wurde ganz beiläufig (und von den Gruppenleitern fast unbemerkt) auch die Gruppe erwähnt:

Rico: Dass man einfach glücklich ist aus den Dingen, die man selbst macht, und .. /(Seufzen)/ Die ?man schon?
Dustin: So wie ich zum Beispiel schon stolz bin, wenn wir unten den Raum fertig gestrichen haben. Ich hab vorher in meinem Leben noch nie so was gemacht.

Die Gruppe erscheint als Ort, an dem Erfolge der eigenen Arbeit vergegenständlicht sichtbar werden. Kurz darauf kommt die Gruppe noch einmal auf die Renovierungsarbeit zu sprechen. Dabei wird deutlich, dass ihre Bedeutung für die Jugendlichen auch aus der Dynamik der Beziehung zu den Gruppenleitern entspringt. Auf die Nachfrage der Interviewerin

I: Würdet ihr denn oder könntet ihr irgend ne .. ne Szene oder ne Situation beschreiben, wo ihr sagt, das das war 'n Moment, das darum ging's mir oder genau so muss es sein?

erläutert einer der Jungen:

Dustin: Wir ham da auch'n Moment, also .. ich meine ich weiß nicht, ob das jetzt passt ..
Rico: Was denn?
Dustin: Wo wir uns zum Beispiel unten über auch über die Gestaltung gestritten haben, wie wir jetzt den Raum machen wollten, und dann sahen die beiden, also Rico und Ben [die Jugendleiter, d. Verf.], sahen dann irgendwie ziemlich schlecht aus, weil äh dann wussten die auf einmal nicht mehr, was sie sagen sollten, ham sich die ganze Zeit nur noch wiederholt, während wir halt die besseren Argumente hatten.

Die Glückserfahrung besteht also nicht nur darin, einen Raum selbst gestalten und auf das vollendete Werk stolz sein zu können, sondern vor allem darin, dass die Jugendlichen sich in der Gruppe gegen die Autorität der Gruppenleiter durchsetzen konnten. Insofern verschafft die Gruppe eine Gegenerfahrung zum fremdbestimmten Alltag in Schule und Arbeit, wo man sich ständig Autoritätspersonen unterwerfen und in Routinen einfügen muss. Die Gruppe bietet für ihre Mitglieder einen Raum, der Gemeinschaftserfahrungen ermöglicht.

Die Nutzung von Gruppendiskussionen zur Analyse von Gruppen als eigener sozialer Größe, ihrer Konstruktion der Gruppenidentität und damit von Zugehörigkeit und Zusammengehörigkeit erscheint gerade im Kontext der religionssoziologischen Forschung eine aufschlussreiche Perspektivenerweiterung zu sein, da in der Religion Gruppen bzw. Gemeinschaften (oder „Sekten" im Sinne von Troeltsch, vgl. Kapitel 1.2.3) eine wichtige Sozialgestalt bzw. Form der Organisierung darstellen.

2.4.5 Beobachtungsverfahren

Neben der Befragung ist die Beobachtung das wichtigste Erhebungsinstrument der qualitativen Sozialforschung. Unter Beobachtung ist die methodisch kontrollierte und systematische Erfassung von Verhalten in bestimmten Räumen bzw. Kontexten zu verstehen – mit allen damit verbundenen sinnlich wahrnehmbaren Eindrücken (wie Geräuschen, Gerüchen usw.). Dazu gehören auch verbale Daten als Teil der beobachteten Situation. Meist ist in Zusammenhang mit qualitativen Beobachtungen von „teilnehmender Beobachtung" die Rede. Allerdings ist je nach beobachteter Situation und Fragestellung auch eine Nichtteilnahme des Beobachters an der Situation möglich, jeweils in offener oder verdeckter Weise. Bei verdeckten Beobachtungen sind natürlich Fragen der Forschungsethik berührt (siehe Kapitel 2.3.3).

Die Unterscheidung von Teilnahme vs. Nichtteilnahme fällt oft mit einer anderen Unterscheidung zusammen, die mit der Länge der Beobachtung zusammenhängt: In manchen Studien werden Lebenswelten oder Milieus über einen längeren Zeitraum beobachtet – das wären dann ethnographische Studien –, andere nehmen in einer mikroanalytischen Perspektive kurze flüchtige Situationen bzw. Interaktionen in den Blick. Die Übergänge zwischen den verschiedenen Formen sind fließend.

Ethnographische Forschung als „Befremdung der eigenen Kultur"

Für ethnographische Forschungen haben Klaus Amann und Stefan Hirschauer ein Forschungsprogramm formuliert, dessen Prinzipien man teilweise auch auf andere Typen von Beobachtung übertragen kann. Daher soll es kurz skizziert werden.

Ausgangspunkt der Autoren ist, dass die kulturelle Fremdheit bei der Erforschung unbekannter Kulturen oder Subkulturen in der ethnologischen (früher: völkerkundlichen) Forschung auf die soziologische Erforschung unserer eigenen Gesellschaft übertragen und verallgemeinert wird. Amann und Hirschauer heben darauf ab, dass die Welten, die wir selbst bewohnen, uns unbekannt sind bzw. bei der Forschung als unbekannt betrachtet werden sollten. Das heißt (in Anschluss an Alfred Schütz), dass Bereiche unserer Alltagserfahrung *ethnographisch zum Unbekannten gemacht* werden müssen, das Vertraute und als selbstverständlich Hingenommene solle zu einem „frag-würdigen Gegenstand" gemacht werden:

2.4 Erhebungsverfahren in der qualitativen Religionsforschung

> „Das weitgehend Vertraute wird dann betrachtet *als sei es fremd*, es wird nicht nachvollziehend verstanden, sondern methodisch ‚*befremdet*': es wird auf Distanz zum Beobachter gebracht" (Amann/Hirschauer 1997:12, Hervorhebungen im Original)

Diese *methodische Befremdung* ist in der ethnographischen Beobachtung mit einer in das Feld eingebetteten, also *teilnehmenden Beobachterposition* verbunden. Amann und Hirschauer zufolge geschieht dies mittels einer „soziale(n) Form der Integration von Fremden in eine Lokalität" (Amann/Hirschauer 1997: 17). Dass man am Geschehen teilnimmt und einbezogen wird, wird nicht als die Beobachtung „verzerrender", also methodischer Mangel, sondern als ein zentrales Prinzip des Erkenntnisprozesses begriffen. Dabei kommt es darauf an, dass man sich in einer Beobachterrolle einrichten kann, die auf der einen Seite für das Feld akzeptabel ist, die aber auf der anderen Seite von Handlungsanforderungen möglichst entlastet ist. Die Erhebung von Daten und die soziologische Analyse sind dabei nicht prinzipiell voneinander getrennt:

> „Es geht um den zeitgleichen, aufmerksamen und mit Aufzeichnungen unterstützten Mitvollzug einer, eigene kulturelle Ordnungen konstituierenden, lokalen Praxis und ihre distanzierende Reflexion" (Amann/Hirschauer 1997: 21).

Während der Datenerhebung geht es also zugleich um *Teilnahme* und *Distanz*, um die Objektivierung der in der Situation mitvollzogenen Praxis. In den Worten der Autoren: Man muss das „Erfahrung-Machen methodisieren" (Amann/Hirschauer 1997: 27). Dafür ist es notwendig, spezialisierte Beobachtungskompetenzen zu erlernen und einzuüben.

In Hinblick auf die *Kontaktaufnahme* ist zu überlegen, wie man sich selbst im Feld positionieren möchte. Das bedeutet: Wie führt man sich bei der Kontaktaufnahme ein, wie stellt man sich im Interesse der Forschung bzw. der Fragestellung dar? Knoblauch nennt als eine besonders effektive Position in der ethnographischen Feldforschung die „Lehrlingsrolle" als unwissender Neuling (Knoblauch 2003: 84ff.), da sie das Erlernen der Innenperspektive der Beteiligten im praktischen Vollzug ermögliche, was die leibliche Dimension mit einschließe:

> „Diese Teilnahme an Lehr- und Lernsituationen ist deswegen von besonderem Wert, weil in diesen Prozessen die Wissensbestände und körperlichen Befindlichkeiten explizit werden, die später routinisiert und habitualisiert zum unausgesprochenen Alltagswissen werden." (Knoblauch 2003: 84).

Dies bezieht sich natürlich auf Forschungen, die mit einem längeren Aufenthalt im Feld verbunden sind. Bei einer solchen teilnehmenden Beobachtung mit längeren

Feldphasen stellt sich in besonderem Maße das Problem bzw. die Aufgabe der Positionierung, wobei eine Balance zwischen der teilnehmenden Rolle im Feld und der distanzierten Beobachtung gefunden werden muss. Das bedeutet, neben dem Zugang zum Feld müssen auch Lösungen gefunden werden für einen zeitweisen Rückzug, damit Beobachtungsnotizen niedergeschrieben werden können, wie auch für den endgültigen Abschied aus dem Feld.

In der qualitativen Sozialforschung gibt es jedoch nicht nur die teilnehmende Beobachtung als Ethnographie von Milieus, Organisationen, Gruppen usw., die auf längeren Feldaufenthalten basiert. Daneben ist noch eine andere Form von Beobachtungen zu nennen, die mit einem eher kurzfristigen, punktuellen Aufenthalt im Feld verbunden ist. Es handelt sich um die *Beobachtung von Interaktionen*, also einfachen sozialen Systemen (Luhmann). Interaktionen zeichnen sich durch Flüchtigkeit aus; das wirft die Frage auf, wie man sie einfangen kann. Die Zugangsproblematik stellt sich daher bei Interaktionen in spezifischer Weise. Woher weiß man, wann sie stattfinden, und kann dafür sorgen, dass man dabei ist und sie in irgendeiner Weise fixieren kann, sei es technisch durch eine Aufnahme oder persönlich durch ein Protokoll? Man muss also an Orten anwesend sein, an denen die interessierenden Interaktionen stattfinden können.

Dabei stellt sich wiederum das Problem, dass Interaktionen anfällig für Störungen bei Anwesenheit Dritter sind. Indem man beobachtet und als Beobachter wahrgenommen wird, wird man Teil des Interaktionssystems. Für dieses Problem gibt es verschiedene Lösungen: zum einen kann man versuchen, durch Blicke, Gesten, durch die eigene Positionierung im Raum eine „sozial akzeptable Form des Sich-unsichtbar-Machens" (Wolff 2000a: 341) zu erreichen, z. B. durch die von Goffman erwähnte „höfliche Gleichgültigkeit". Zum anderen kann man in manchen Situationen auf institutionalisierte Beobachterrollen zurückgreifen, z. B. als Praktikanten. Weitere Beispiele für handlungsentlastete Teilnahmerollen wären etwa Cafébesucher, die sich legitimerweise umschauen, die beobachten und sich Notizen machen können, ebenso wie auch Studierende in Vorlesungen. Bei öffentlichen religiösen Veranstaltungen richten die Besucher genauso wie wissenschaftliche Beobachter ihre Aufmerksamkeit auf religiöse Rituale oder Predigten; allerdings ist meist ein unmittelbares Niederschreiben von Notizen nicht möglich. Daher muss es dann gleich in Anschluss nachgeholt werden. Sehr nützlich für das Niederschreiben von Beobachtungsnotizen in der beobachteten Situation selbst sind moderne Mobiltelefone mit einer Schreibfunktion. Den Beobachtern wird in der Situation unterstellt, dass sie eine SMS schreiben. Vor allem im Falle einer verdeckten Beobachtung ist eine solche Legitimierung des Protokollierens von großem Vorteil.

Ethnographische Forschungen: Gemeinde- und Milieustudien

Die Beobachtung von Lebenswelten wurde zuerst von Forschern der Chicago School entwickelt, für die der direkte Kontakt mit den Stadtbewohnern in ihrer natürlichen Umwelt wichtig war (vgl. Neckel 1997). In diesem Kontext entstanden die so genannten *Community Studies*, die die *kollektive Lebenswirklichkeit sozialer Gruppen* ethnographisch untersuchten. Loic Wacquant setzte diese Tradition in den 1990er Jahren fort, als er in den schwarzen Armenvierteln Chicagos Studien in Boxclubs durchführte und selbst zum Boxer wurde (Wacquant 2003).

In der angelsächsischen Religionsforschung spielen Community Studies heute noch eine wichtige Rolle; in Deutschland dagegen werden solche Studien eher selten durchgeführt. Bei ethnographischen Gemeindestudien verbringen die Forscher eine längere Zeit in der jeweiligen Stadt bzw. dem Viertel. Sie teilen den Alltag mit den Bewohnern und erheben mit verschiedenen Verfahren umfangreiches Datenmaterial zu den unterschiedlichsten Themen.

Eine Gemeinde-Studie, die eine religionssoziologischen Perspektive einnahm, soll kurz vorgestellt werden. Diese Studie wurde in Großbritannien von Elisabeth Olson verantwortet und wesentlich von Giselle Vincett durchgeführt (vgl. Vincett/Olson 2012; Olson/Vincett 2013). Das Forschungsinteresse zielte auf die Religiosität von jungen Menschen in Stadtvierteln, die von sozialer Deprivation bestimmt sind. In Deutschland würde man von sozialer Benachteiligung bzw. sozialen Brennpunkten sprechen. Dafür wurden zwei „Neighbourhoods" ausgewählt, das eine in East Manchester und das andere in South Glasgow. Dort wurden viele Interviews mit verschiedenen Akteuren geführt: mit benachteiligten jungen Leuten, aber auch mit kommunalen Dienstleistern, Sozialarbeitern, religiösen Führern und Nachbarschaftsältesten. Vor allem aber wurden teilnehmende Beobachtungen durchgeführt. Teilweise „hingen" die Forscher schlicht an verschiedenen Orten herum, wie sie es selbst bezeichnen („hanging out", vgl. Olson/Vincett 2013: 5). Sie boten aber auch Fotografie- und Videokurse in einem Kulturzentrum an, um eine quasi „offizielle" Teilnahmerolle im Feld zu haben. Daraus entstanden von den Kursteilnehmern hergestellte Filme und Ausstellungen über die Nachbarschaft.

Das Leben in diesen Neighbourhoods ist stark von Unsicherheit und der Erfahrung von Gewalt bestimmt, d. h. religionssoziologisch gesprochen: Die dort lebenden Menschen sind den Kontingenzen des Lebens in besonderem Maße ausgesetzt. Die Autorinnen fassen zusammen:

> „Taken together, the lives of young people in areas of deprivation are often shaped by economic and social stresses, and young people are likely to have experienced various types of loss and instability that are less likely to be experienced by their middle class peers." (Vincett/Olson 2012: 199)

Entsprechend waren die Interviews stark von den Themen Verlust, Krankheit und Tod bestimmt, wobei die Interviewees erwähnten, dass sie sonst über diese Themen nicht redeten. In der Studie ging es um die privaten religiösen oder spirituellen Praktiken und Glaubensüberzeugungen, mit denen die erwähnten Erfahrungen bearbeitet werden. Die Forscherinnen zeigen, wie der Ort, das benachteiligte Viertel und die dort herrschenden Lebensbedingungen, religiöse Inhalte und religiöse Praktiken bestimmt: Einerseits gab es für die jungen Leute so etwas wie heilige Orte, an denen sie sich sicher und getröstet fühlten, wie Kirchengebäude oder Friedhöfe. Auch glaubten manche der jungen Leute an Schutzengel oder hatten persönliche religiöse Praktiken ausgebildet. Auf der anderen Seite hatten sie wenig institutionelle religiöse Anbindung, da der traditionelle Gottesdienst auch in Großbritannien sehr an den Mittelschichten orientiert ist und daher andere Milieus wenig anspricht. Die Forscherinnen beobachteten auch das Aufgeben des Glaubens an Gott aufgrund von besonders einschneidenden biographischen Erfahrungen, wie dem Suizid der Mutter.

In der religionssoziologischen Forschung werden ethnographische Studien nicht nur für Gemeindestudien genutzt. Sie sind auch ein ausgezeichneter Zugang, wenn es um die Erforschung religiöser Organisationen und Institutionen, von Gruppen und Gemeinschaften geht. Dies können beispielsweise christliche Orden, Moscheen verschiedener Träger, Jugendgruppen, spirituelle Gemeinschaften oder esoterische Kommunen mit alternativen Lebensformen und vieles andere mehr sein In solchen Studien geht es darum, Einblicke in den Alltag und die kollektiven Sinnordnungen dieser Gruppen zu bekommen.

Mikroanalytische Beobachtung von Interaktionen

Eine weitere Forschungsperspektive der sozialwissenschaftlichen Beobachtung, die Neckel (1997) als die „zweite Chicago School" bezeichnet und die auf die Arbeiten von Soziologen wie Howard Becker, Anselm Strauss und Erving Goffman zurückgeht, soll im Folgenden erläutert werden. Gegenstand der Forschung sind bei diesem Vorgehen nicht mehr Milieus und Gemeinden bzw. Gemeinschaften, sondern einzelne *Interaktionen* und *soziale Situationen*, wobei „die Konstruktionsleistungen, die jeder einzelne Akteur in seinen alltäglichen Interaktionen erbringt" (Neckel 1997: 77), rekonstruiert werden. Die Perspektive ist dabei eine *mikrologische*; das Forschungsinteresse ist auf die *subjektive Fundierung* und *interaktive Herstellung sozialer Ordnung* gerichtet. Welche Strategien verfolgen Akteure mit welchem Effekt in Interaktionen, wie reagieren andere Akteure darauf? Dabei geht es um verbale Aspekte von Interaktionen, aber auch um die Performanz, also um körperliche Momente, wie Mimik, Gestik, Blicke, räumliche Positionierungen usw. Besonders interessant für entsprechende Forschungen sind Situationen, in denen ein

Aushandlungs- und Abstimmungsbedarf besteht. Fast schon paradigmatisch sind in diesem Zusammenhang Studien zum Verhalten in Fahrstühlen (vgl. Hirschauer 1999): Wie gelangt man in Fahrstühle hinein und wie wieder hinaus? Wie verteilen sich Personen im engen Raum und wie richten sie ihre Blicke aus?

In Hinblick auf Religion kann in einer mikroanalytischen Perspektive untersucht werden, wie Religion bzw. genauer: als religiös identifizierte Akteure im öffentlichen Raum wahrgenommen werden und wie auf sie reagiert wird. Es können auch religiöse Handlungen, z. B. Rituale oder Zeremonien, in den Blick genommen werden. Dann wäre die Frage, wie der religiöse Charakter einer Situation markiert und inszeniert wird. Es geht dann um das, was Knoblauch als „Doing Religion" (Knoblauch 2003: 150) bezeichnet. Wie wird der religiöse Charakter von Handlungen zum Ausdruck gebracht? Wie wird angezeigt bzw. erzeugt, dass es sich um etwas „Heiliges" handelt? Welche Attribute und Objekte werden dazu genutzt? Das kann eine bestimmte Kleidung sein, aber auch Objekte, Kulissen, räumliche Anordnungen und Positionierungen, akustische Begleiterscheinungen (z. B. Musik), der Einsatz von Lichtquellen usw. können diese Funktion erfüllen. Aufschlussreich ist darüber hinaus die Performanz in der Szene: Wie wird der Körper eingesetzt? Dazu gehören Mimik, Gestik, Bewegung im Raum, Sprachmelodie usw. Was machen die religiösen Spezialisten, was das Publikum? Wie verhalten sich andere Beteiligte?

Die Beobachtung ist in diesem Fall darauf ausgerichtet zu rekonstruieren, wie von den Beteiligten Religion als eine soziale Realität gemeinsam hervorgebracht wird und wie das für die Handelnden erkennbar wird. Bei einer solchen Beobachtung wird in manchen Fällen auf *Videoaufzeichnungen* (vgl. Kapitel 2.4.6) zurückgegriffen. Dieses Vorgehen hat in den letzten Jahren immer mehr Verbreitung gefunden.

Dabei lassen sich allerdings einige Schwierigkeiten ausmachen: Eine Videoaufnahme ist technisch aufwendig, und die Beobachtung wird als solche für die Beobachtenden erkennbar; zudem muss man in den meisten Fällen das Einverständnis der Aufgenommenen einholen (vgl. Kapitel 2.3.3 zur Forschungsethik). Die Konservierung der Beobachtung durch Protokolle ist weniger auffällig und aufwendig; sie muss allerdings eingeübt werden.

Beobachtungsprotokolle

Da man bei Beobachtungen keine Aufnahmegeräte benutzt (bzw. nur in bestimmten Fällen), ist man darauf angewiesen, genaue und detaillierte Protokolle zu verfassen. Dies sollte möglichst zeitnah geschehen, am besten in der Situation selbst, wenn man es unbeobachtet tun kann oder es mit der Situation vereinbar ist (wie z. B. in einem Hörsaal oder einem Café). Sonst sollte man sich unmittelbar nach der Situation zurückziehen und seine Erinnerungen so detailliert wie möglich niederschreiben. Je länger man wartet, desto mehr Details gehen verloren.

In Beobachtungsprotokollen ist es ganz wesentlich, dass verschiedene Arten von Notizen unterschieden werden: Beobachtungsnotizen (die eigentlichen empirischen Notizen), methodische Notizen (dazu gehört auch die Methoden- und Rollenreflexion) sowie theoretische Notizen. Die *Beobachtungsnotizen* stellen die Grundlage der empirischen Analysen dar; sie müssen detailliert, deskriptiv, wortgetreu und mit einer „naturalistischen" Einstellung formuliert werden (vgl. Brüsemeister 2000: 97). Dabei muss das empirische Material als solches erkennbar bleiben, damit Daten und ihre Interpretation auch später noch zu unterscheiden sind. Beim Niederschreiben folgt man der Abfolge der Ereignisse in ihrer zeitlichen Struktur, von ihrem Beginn bis zu ihrem Abschluss. Außerdem notiert man alle Details der Situation: Merkmale der Beteiligten (wie Kleidung, Aussehen usw.), ihre Verteilung und Bewegung im Raum, Geräusche, Gerüche usw.

Die *methodischen Notizen* dienen zur Reflexion des methodischen Vorgehens, sie betreffen seine Gegenstandsangemessenheit (vgl. Brüsemeister 2000: 98). Man hält die Rahmenbedingungen und die Durchführung der Beobachtung fest, also: Wer hat wann wo was wie beobachtet? Außerdem werden Vor- und Nachteile des gewählten Vorgehens notiert und die eigene Rolle als Forscherin in der Situation reflektiert. Die *theoretischen Notizen* enthalten erste theoretisierende Interpretationen, die das Beobachtete in Hinblick auf die Forschungsfrage verdichten, zusammenfassen und Konzepte formulieren. Dabei entfernt man sich von der naturalistisch gehaltenen Beschreibung und denkt in Begriffen und abstrakteren Konzepten. Die theoretischen Notizen sind ein erster Schritt zur Entwicklung einer Theorie.

Es ist von entscheidender Bedeutung, dass man Beobachtungen, methodische und theoretischen Notizen deutlich voneinander trennt. Diese Trennung kann auf unterschiedliche Art und Weise umgesetzt werden, z. B. als verschiedene Spalten in einer Tabelle oder durch unterschiedliche Schrifttypen in einem Fließtext. Man kann sie in jeweils unterschiedliche Absätze setzen oder auch die Theoretisierungen in Klammern oder Fußnoten setzen.

2.4.6 Videoanalyse

Videoaufzeichnungen finden in den letzten Jahren zunehmend Verbreitung in der qualitativen Sozialforschung. An dieser Stelle können wir nicht detailliert auf ihre Erhebung und insbesondere ihre aufwändigere Auswertung eingehen. Jedoch wollen wir zumindest einen groben Überblick darüber geben, wie Videoaufzeichnungen in der qualitativen bzw. rekonstruktiven Religionsforschung genutzt werden können. Mit Videoanalyse meinen wir ganz allgemein die *Analyse von visuellen Daten*, und zwar in Form bewegter Bilder, also Bildfolgen. In einem ersten Schritt kann man

Aufnahmen, die für den Zweck der Forschung hergestellt wurden, von Filmen unterscheiden, die unabhängig von der Forschung produziert wurden.
Im ersten Fall, also bei der *Nutzung von für die Forschung hergestellten Videoaufnahmen*, handelt es sich um ein Erhebungsverfahren. Es wird daher auch von „*Videographie*" gesprochen. Videoaufnahmen können z. b. im Rahmen von ethnographischen Studien oder zur Untersuchung von Interaktionsordnungen genutzt werden. Bei der Konversationsanalyse kann man auch von *Videointeraktionsanalyse* (vgl. Knoblauch 2011) sprechen, da – wie bei allen hier diskutierten Formen – nicht nur visuelle Daten, sondern auch Sprache und andere auditiven Eindrücke in die Auswertung einbezogen werden.

Dies hat gegenüber Beobachtungsprotokollen den Vorteil, dass man technisch – also registrierend – konservierte Daten (vgl. Bergmann 1985) vorliegen hat, d. h. nicht vorinterpretierte Daten, die man sich bei der Auswertung beliebig oft anschauen kann. Man kann vor- und zurückspulen, Bilderfolgen in Zeitlupe oder mit Zoom ansehen oder auch Bilder einfrieren. Gegenüber reinen Audio-Aufnahmen haben Videoaufnahmen den Vorteil, dass man auf visuelle Daten zurückgreifen kann, also Mimik, Gestik, Körperformationen, Kleidung, das Verhältnis der Körper zueinander, Bewegungen im Raum, aber auch die räumlichen Verhältnisse selbst, die Ausgestaltung der Räume, in denen eine Interaktion oder ein Ereignis situiert ist, mit in die Analyse einbeziehen kann. Insbesondere kann man mit Videoanalysen das Zusammenspiel von Sprache, Handeln, Ausdruck, Interaktion auf der einen Seite und dem Raum oder Artefakten (also Gegenständen, Kleidung usw.) auf der anderen unter die Lupe nehmen.

Daher ist die Videoanalyse für die Untersuchung religiöser Handlungen und Kulte ein besonders vielversprechender Zugang. Man kann damit die Ausgestaltung des Raums und seine Markierung als sakral untersuchen, die Ausstattung, die Position und die Bewegungen des Predigers und die Verteilung des Publikums im Raum, die Aktivitäten aller Beteiligten und ihr Zusammenspiel. Durch die Videoaufnahme steht eine große Menge unterschiedlicher Informationen zu einer Situation zur Verfügung, die man ihrem Zusammenwirken und ihrer Gestaltbildung analysieren kann. Diese Vielzahl von Informationen macht allerdings auch die Transkription um einiges aufwändiger als bei einer Audioaufnahme. Diese Transkription ist jedoch ein wichtiger Schritt, um das Material in Daten zu überführen, um es zu strukturieren und die Informationen, die ausgewertet werden sollen, zu sichern.

Bei Videoaufnahmen sind noch andere Aspekte zu bedenken. Zunächst muss man definieren, welche Situation bzw. welche Situationen einen interessieren. Dann muss man sicherstellen, dass man diese Situation auch aufnehmen kann. Das heißt auf der einen Seite, dass man technische Vorkehrungen treffen muss, also ein Aufnahmegerät besorgen und einen für die Aufnahme geeigneten Ort oder mehrere geeignete Orte auswählen muss, um das Geschehen möglichst gut in den Blick zu bekommen und zugleich durch die Aufnahme nicht zu stören. Auf der anderen Seite muss man auf jeden Fall eine Erlaubnis zur Aufnahme einholen. Dies gilt in besonderem Maße, da man mit Videoaufzeichnungen Körper und Gesichter aufnimmt, die Personen dadurch (anders als bei Audioaufnahmen und -transkripten) nicht bzw. so einfach zu maskieren sind. Ein „informed consent" (vgl. Hopf 2000, vgl. Kapitel 2.3.3) ist also – zumindest bei den im Zentrum der Aufnahme stehenden Personen – unabdingbar.

Dass eine solche Zustimmung zur Aufnahme nicht immer zu erhalten ist, gilt besonders für das Feld der Religion. Schnettler schildert einen solchen Fall aus einem Projekt zu Zukunftsvisionen. Dabei wurde Uriella, eine in einem Schwarzwalddorf wirkende Prophetin der „Gemeinschaft Fiat Lux" untersucht. Den Forschern wurde nicht erlaubt, an den einmal im Monat stattfindenden Volltrance-Visionen teilzunehmen oder diese Visionen aufzunehmen. Ihnen wurde aber eine Videoaufnahme einer solchen Vision zur Verfügung gestellt, anhand der sie untersuchen konnten, wie durch die Performanz der Prophetin zum Ausdruck gebracht wurde, wie „schwierig und anstrengend es ist, Sprachrohr zu sein" (Schnettler 2011: 188), und durch welche Merkmale die Außeralltäglichkeit der Kommunikation und die Transzendenzerfahrung markiert wurden.

Das zeigt, dass auch Aufnahmen, die man nicht selbst hergestellt hat, zur Analyse geeignet sind. Allerdings kann man als Forscher nicht immer einschätzen, wie das Material ausgewählt wurde, in welchem Kontext es steht und in welchem Umfang es ediert wurde. Im Allgemeinen ist für die Videoanalyse, die zur Untersuchung von Ereignissen, Situationen, Interaktionen usw. genutzt wird, eine vom Forscher selbst vorgenommene Aufnahme „natürlicher" Daten zu bevorzugen.

In manchen Fällen werden Probanden jedoch auch gebeten, selbst Aufnahmen für die Forschung herzustellen. Das gilt zum Beispiel für im privaten Raum angesiedelte Situationen und Interaktionen, wie etwa Tischgespräche. In diesem Fall ist sicherzustellen, dass die Kamera an einer Position aufgebaut ist, von der aus die Situation erfasst werden kann. Ein anderes Problem ist, dass die Kamera in der Situation stören kann und von den Beteiligten nicht „vergessen" oder übersehen wird, so dass man keine „natürlichen" Interaktionen erhebt.

Für manche Forschungsfragestellungen kann man auf Aufnahmen zurückgreifen, die man nicht selbst erstellt hat und die dennoch einer registrierenden Konservierung zumindest nahe kommen. Im Bereich der Religionsforschung wären das etwa Übertragungen von Gottesdiensten oder anderen Veranstaltungen, z. B. Gedenkfeiern. Man könnte auch an Fernsehdiskussionen denken. Auch solches Material ist dazu geeignet, Situationen, Ereignisse und Interaktionen mit rekonstruktiven, z. B. konversationsanalytischen Methoden zu untersuchen.

Davon zu unterscheiden sind *Videoaufnahmen, die von ihren Autoren ediert und künstlerisch bearbeitet* wurden. Dazu gehört ein sehr breites Spektrum von Material: Es reicht von Amateurvideos bis hin zu professionell produzierten Filmen. Zu den Amateurvideos zählen auch Filme, die im Auftrag von Forschern hergestellt wurden. In den Erziehungswissenschaften werden z. B. immer wieder Jugendliche gebeten, Videos herzustellen. Analysiert wird dann, wie sich die Jugendlichen in Szene setzen. Wichtig ist dabei, dass diese Aufnahmen mit einer soziologischen Fragestellung ausgewertet werden. Das heißt, es geht nicht um ästhetische Aspekte. Ein weiteres Beispiel dafür ist die oben erwähnte britische Studie von Giselle Vincett und Elisabeth Olson (Olson/Vincett 2013) über Jugendliche in benachteiligten Stadtteilen in Manchester und Glasgow. Die Forscherinnen haben in einem Kulturzentrum Videokurse angeboten, in deren Rahmen die Jugendlichen Filme über ihr Viertel produziert haben. Dies sind Filme, die im Rahmen einer ethnographischen bzw. action research hergestellt wurden, also in einem Forschungskontext entstanden sind.

Es können aber auch Filme soziologisch analysiert werden, die unabhängig von der durchgeführten Forschungsstudie entstanden sind. Dies können Filme unterschiedlicher Länge sein, von kurzen Clips bis hin zu Spiel- und Dokumentarfilmen (vgl. Gärtner/Sammet 2003).

2.5 Durchführung eines Forschungsprojekts: ein Beispiel

In diesem Abschnitt soll beispielhaft vorgeführt werden, wie man in der qualitativen Religionsforschung vorgeht. Ausführlicher werden wir dabei das oben erwähnte sequenzanalytische Verfahren präsentieren. Doch zunächst soll gezeigt werden, wie man eine Fragestellung entwickelt und das dazu passende Datenmaterial auswählt. Zu diesem Zweck greifen wir nicht auf ein umfangreiches Forschungsprojekt mit komplexeren Sampling-Strategien zurück, sondern auf eine kleine Untersuchung, die von der Autorin gemeinsam mit Christel Gärtner zunächst für einen Tagungsvortrag und darauf aufbauend für einen Aufsatz in einem Sammelband unternommen wurde (Sammet/Gärtner 2012). Die Studie ist im Umfang und Aufwand etwa einer studentischen Abschlussarbeit vergleichbar.

Die Formulierung der Fragestellung und Fallauswahl

Die Tagung mit dem Titel „Körper, Kult und Konfession" wurde maßgeblich von der Sektion „Soziologie des Körpers und des Sports" in der Deutschen Gesellschaft für Soziologie (DGS) im Herbst 2010 in Frankfurt am Main durchgeführt. In der Tagungsankündigung wurde auf vermeintliche Ähnlichkeiten und Affinitäten von Sport und Religion hingewiesen. Solche Vergleiche und Analogieschlüsse sind im Alltag sehr verbreitet, aber auch in der Wissenschaft begegnet man ihnen häufiger. Die Vergleiche und Anleihen sind meistens auf den Fußball bezogen. Dies kann sich so äußern, dass Parallelen zwischen Fußball und Religion gezogen werden oder Fußball *als* Religion betrachtet wird. Dabei werden Begriffe wie Ritual, Kult, kollektive Effervenszenz, Mythen, Symbole, Glaubensauffassung, auch magische Praktiken und Aberglauben verwendet, die allesamt als universale religiöse Kommunikationsformen betrachtet werden. In soziologischen Analysen ist dann von Ersatz-, Diesseits-, Quasi-, fragmentierter, impliziter oder Pseudoreligion (wie z. B. bei Weis 1995; Martínez 2002: 31; Ziemann 2009: 150f.) die Rede.[18]

Angesichts dieser Entdifferenzierungen war das Anliegen des Vortrags, die Logiken von Religion und Fußball zu untersuchen. Besonders aufschlussreich erschien in diesem Zusammenhang die Frage, wie Religion und Sport auf ein Ereignis reagieren, das in religionssoziologischer Perspektive die spezifische Herausforderung der Religion darstellt. Es sollte erkundet werden, welche Bezugnahmen die Aktualisierung der „Krise des Todes" (Oevermann 2001: 314-321) im Fußball hervorbringt. Dabei haben die Autorinnen sich auf ein Ereignis bezogen, das im Herbst 2009 einen Schock nicht nur in der Öffentlichkeit des Fußballs ausgelöst und weitgehend Ratlosigkeit hinterlassen hat: der Tod des Hannoveraner Torwarts Robert Enke, der sich am 10. November 2009 das Leben nahm. An diesem Ereignis interessierten die kommunikativen Bezugnahmen von Religion und Fußball. Metatheoretischer Hintergrund waren systemtheoretische Überlegungen zum Verhältnis von Religion und Sport bzw. Fußball, die jeweils als zwei getrennte Systeme, die aber gleichwohl miteinander kommunizieren und aufeinander verweisen, konzipiert worden sind.

Konkret wurden die Trauerfeiern in den Blick genommen, die in der Zeit unmittelbar nach dem Tod Robert Enkes stattgefunden haben, und die Predigt der

---

18 Klein und Schmidt-Lux (2006) unterscheiden in Hinblick auf den Leistungssport, insbesondere den Fußball, explizite Religion als „Religion im bzw. beim Fußball" einerseits von „Religion am Fußball" andererseits, die sie in Anlehnung an den Durkheimschen Religionsbegriff als „implizite Religion" verstehen. Implizite Religion bzw. „Religion am Fußball" sei zu beobachten, 1. wenn Fußball mit Gemeinschaftserfahrung, also „kollektiver Effervenszenz" einhergehe, 2. wenn quasi „heiliges Wissen" damit verbunden sei (z. B. in Form von Mythen, Zeichen und Gesängen von Vereinen) und 3. wenn Rituale und magische Praktiken involviert seien.

2.5 Durchführung eines Forschungsprojekts: ein Beispiel

damaligen Landesbischöfin von Hannover Margot Käßmann in einer Kirche sowie die Ansprache des damaligen DFB-Präsidenten Theo Zwanziger im Rahmen der Trauerfeier im Stadion in Hannover analysiert.[19] Die Analysen zielten einerseits darauf, wie im Sport auf tradierte religiöse Praktiken, Rituale, Symbole und Semantiken zurückgegriffen wird, um das Geschehen zu bewältigen. Andererseits wurde herausgearbeitet, wie in der Kirche und insbesondere von der Bischöfin auf Symbole, Praktiken und Semantiken des Sports Bezug genommen wird. Es ging also um wechselseitige Anschlüsse, Rekurse und Anleihen.

Die Ergebnisse der Analysen der Predigt der Bischöfin sollen knapp skizziert werden, um daran anschließend anhand der Ansprache des Fußballfunktionärs vorzuführen, was man sich unter einem sequenzanalytischen Vorgehen vorzustellen hat. An Käßmanns Predigt interessierte vor allem, ob und in welcher Weise sie religiös auf das Ereignis reagiert und in welcher Weise sie den Sport thematisiert bzw. auf Symbole, Rituale, Semantiken des Sports Bezug nimmt. Wie spricht also eine Vertreterin der Kirche in der Kirche über Sport, hier den Fußball?

Zusammengefasst lässt sich zu Käßmanns Predigt festhalten, dass durch die Religion in verschiedener Hinsicht Kontrasthorizonte eröffnet werden. Religion stellt dem Sport andere Wertorientierungen entgegen: Statt Leistung sollen Liebe und Nachsicht gegenüber Schwächen zum Zuge kommen; der Verzweiflung und Einsamkeit in der Depression und Trauer wird das Versprechen des Aufgehobenseins in Gott entgegen gestellt; angesichts des Todes wird die Hoffnung auf bzw. der Glaube an ein jenseitiges Leben formuliert. Kirchen werden als Orte angeboten, in denen in der Trauer die Routinen des Alltags durchbrochen werden können und das Nicht-Verstehen artikuliert werden kann. Dabei wird auf Texte der christlichen Überlieferung (den Psalm 23) zurückgegriffen, die mit Hymnen des Fußballs (die Lieder „You will never walk alone" und „Fußball ist unser Leben") in Verbindung gesetzt werden und diese kritisieren oder religiös re-interpretieren. Konkret wird das Versprechen und das wechselseitige Sich-Zusprechen der Fans im Lied „You'll never walk alone", das Käßmann am Anfang der Predigt in der deutschen Übersetzung zitiert hatte, in die religiöse Botschaft des 23. Psalms („Der Herr ist mein Hirte ...") übersetzt. Während in der Fußballhymne der versprochene Begleiter ungenannt bleibt, wird in der Kirche die Begleitung durch Gott verkündigt. Es handelt sich also – was nicht erstaunen lässt – um religiöse Kommunikation (vgl. Krech 2011: 243f.; Sammet 2006b).

---

19 Die Ansprachen waren im Internet veröffentlicht worden. Sie sind dort immer noch zu finden: http://www.ekd.de/predigten/kaessmann/091111_kaessmann_hannover.html und Deutscher Fußball-Bund (2009). Zwanziger: „Fußball ist nicht alles". Link: http://www.dfb.de/news/de/d-nationalmannschaft/zwanziger-fussball-ist-nicht-alles/20756.html (letzter Zugriff am 12.6. 2014)

Soweit zur Traueransprache Margot Käßmanns, die eine religiöse Bearbeitung des Ereignisses darstellt. Wie reagiert nun der Sport auf den Tod eines wichtigen Akteurs und die dadurch hereinbrechende Krise?

Am Sonntag, dem 15. November 2009, fand eine Trauerfeier im Stadion von Hannover 96, statt, dem Fußballverein, bei dem Robert Enke gespielt hatte. In Anwesenheit von Familienangehörigen, der Fußballnationalmannschaft und von zehntausenden Fans hielten mehrere Funktionsträger kurze Trauerreden, darunter der damalige Präsident des Deutschen Fußball-Bundes, Theo Zwanziger. Anhand dieser Ansprache möchten wir das sequenzanalytische Vorgehen der Objektiven Hermeneutik zumindest ansatzweise verdeutlichen. In der Box werden noch einmal kurz die wesentlichen *Prinzipien und Verfahrensschritte* in Erinnerung gerufen.

Prinzipien und Verfahren bei der Sequenzanalyse:
- Analyse des objektiven und nicht des subjektiv-intentional repräsentierten Sinnes
- Sequentielle Interpretation, d. h. Sinneinheit für Sinneinheit
- Rekonstruktion der Selektivität des Falles
- Aufbau eines inneren Kontextes durch die sequentielle Analyse, Heranziehen von allgemeinem Welt- und Regelwissen; der konkrete äußere Kontext ist bei der Interpretation auszublenden.
- Wörtlichkeit und Totalität der Interpretation: Nur der Text, aber jedes darin enthaltene Element wird interpretiert.
- Sparsamkeitsregel: Beschränkung auf die Lesarten, die ohne größere Zusatzannahmen mit dem Text kompatibel sind
- Gedankenexperimenteller Entwurf von Lesarten
- Gedankenexperimentelle Kontextvariation

Da die Predigt von Margot Käßmann zeitlich vor der Ansprache Zwanzigers lag und sie im Forschungsprozess auch vorher rekonstruiert wurde, könnte man sie als inneren Kontext verstehen. Aber wir möchten den Beginn der Rede Theo Zwanzigers zunächst ohne diesen inneren Kontext auslegen, weil hier eine neue Sequenz eröffnet wird. Das bedeutet: Wir nähern uns interpretierend dem Text, ohne zu wissen, wer hier worüber spricht. Dadurch kann sein objektiver Sinn rekonstruiert werden, und alltagsweltliche Abkürzungsverfahren, die auf dem vermeintlichen Kontextwissen beruhen, werden ausgeschaltet. Da es um den im Text zum Ausdruck kommenden Sinn und nicht um die Intentionen und Motivationen des Sprechers bzw. Autors gehen soll, der rekonstruierte Sinn also nicht dem Sprecher als Person zugeschrieben wird, werden wir in der Analyse nicht Theo Zwanziger als Autor benennen, sondern vom „Text", „Protokoll", „Redner" oder „Sprecher" reden. Auf diese Weise soll eine analytische Distanz hergestellt werden.[20]

Analyse des Protokollbeginns: Die Adressierung

Das vorliegende Protokoll beginnt folgendermaßen:

> *Liebe Frau Enke, liebe Familienangehörige, liebe Trauergemeinde! Liebe Fans von Hannover 96!*

In dieser Sequenz werden mehrere Personen bzw. Personengruppen adressiert, beginnend mit einer Person, nämlich einer Frau Enke. Die Adressierung mit „Liebe ..." ist einerseits informell und Intimität herstellend (vergleicht man es mit der Alternative „Sehr geehrte ..."). Zugleich wird Distanz gewahrt, denn Frau Enke wird nicht mit Vornamen angesprochen. An dieser Stelle können mehrere Lesarten zur Art des Textes formuliert werden: Es könnte so ein Brief oder eine schriftliche Mitteilung eröffnet werden, aber auch eine mehr oder weniger feierliche Ansprache. In jedem Fall wird den Angesprochenen eine Botschaft oder ein Anliegen vermittelt.

Der Fortgang „liebe Familienangehörige" erweitert Frau Enke um ihre Familie (das sollte aufgrund der Sparsamkeitsregel angenommen werden; die Annahme, dass es sich um die Angehörigen einer anderen Familie handelt, ist sehr voraussetzungsvoll). Durch diese Erweiterung wird die zuerst genannte Frau Enke zugleich als ein besonderes Mitglied dieser Familie hervorgehoben.

Der weitere Fortgang macht die Sequenz zu einer Aufzählung von Adressaten, die immer umfassender werden. Es wird ein Kollektiv genannt, das näher bestimmt ist durch Trauer. Die Trauergemeinde kann sich um Frau Enke und ihre Familienangehörigen anordnen, mit den zuerst genannten im Zentrum. Allen gemeinsam ist dabei die Trauer. Die Trauergemeinde kann auch – was jedoch unwahrscheinlicher

---

20 Es soll in der Analyse ja nicht darum gehen, den subjektiven Sinn zu rekonstruieren, sondern die im Text zum Ausdruck kommende Logik. Die Ansprache Zwanzigers wurde für die Analyse u. a. deshalb ausgewählt, weil sie beim ersten Hören den Eindruck einer sehr gelungenen Bearbeitung der Ereignisse hervorrief. Die Sequenzanalyse zielt auf darunter liegende Sinnschichten. Daher besteht immer die Tendenz (oder auch die Gefahr), dass die Sprechenden (im Falle einer Interaktionsanalyse: die Interagierenden) „vorgeführt" werden, da die Analyse immer mehr „weiß" als die unmittelbar Beteiligten. Dies muss bei der Analyse und ihrer Darstellung berücksichtigt werden.

ist – neben Frau Enke und ihrer Familie stehen. Unwahrscheinlich ist dies, weil es sonst nicht sinnvoll erscheint, dass Frau Enke zuerst genannt wurde.

Festgehalten werden kann, dass die adressierten Personen in dieser Auflistung immer zahlreicher und die Gruppen unbestimmter werden. Es ist klar zu definieren, wer Frau Enke ist und wer zur Familie gehört, wobei man höchstens über den Verwandtschaftsgrad diskutieren könnte. Die Trauergemeinde ist umfassender: Sie umfasst alle bei einer Trauerfeier oder Bestattung Anwesenden, die sich mit der Trauer identifizieren – also nicht die aus professionellen Gründen Anwesenden, wie Bestatter, Beerdigungsunternehmer oder Fotografen. Die Auflistung der Adressaten wird mit einem Ausrufezeichen beendet, daran anschließend jedoch fortgesetzt mit „Liebe Fans von Hannover 96!". Interessant ist hier, dass eine weitere Gruppe angesprochen wird, obwohl sie doch der Trauergemeinde subsumiert werden könnte. Damit wird diese Gruppe von der Trauergemeinde abgegrenzt und besonders hervorgehoben. Das kann bedeuten, dass diese Gruppe vom Sprecher in besonderer Weise angesprochen wird, dass es ihm um diese Gruppe geht, während er die anderen Adressaten vor allem aus Höflichkeit anspricht. Das wäre eine erste Strukturhypothese zum Text. Das Protokoll geht folgendermaßen weiter:

Ich danke Euch, dass Ihr da seid.
Wir sind gekommen, um Abschied zu nehmen von Robert Enke.

Hier wird ein Dank ausgesprochen. Das ist erklärungsbedürftig, denn eine Trauergemeinde kommt aus eigenem Antrieb, nämlich um ihre Trauer zum Ausdruck zu bringen und mit anderen zu teilen, den Verstorbenen zu würdigen und Trost zu suchen. Dafür muss also kein Dank ausgesprochen werden. Die Hinterbliebenen könnten für die Anteilnahme, für Trost und Unterstützung danken. Aber ein Hinterbliebener oder dem Toten Nahestehender würde nicht distanziert Frau Enke und die Familienangehörigen ansprechen. Wenn man nicht annimmt, dass sich der Sprecher als Hinterbliebener versteht, stellt sich die Frage, warum er für die Anwesenheit dankt. Es muss ihm auch noch oder vorrangig um einen anderen Zweck gehen, bei dem man für die Anwesenheit danken kann bzw. muss.

An der Formulierung ist zu sehen, dass der Dank aller Wahrscheinlichkeit nach den Fans gilt, denn die Anrede ist nicht in einer Höflichkeitsform, sondern in der zweiten Person Plural formuliert: „Euch". Ihnen stellt sich der Redner als jemand gegenüber, der einen Dank ausspricht, im eigenen Namen oder im Namen der Familie. In einem anderen Kontext als einer Trauerfeier kann den Fans für ihre Anwesenheit gedankt werden, wenn sie beispielsweise durch ihre Anwesenheit ihre Mannschaft bei einem Spiel unterstützen. Wenn hier ein Sportfunktionär spricht (was ja tatsächlich der Fall ist, was wir aber als Wissen ausblenden), dann würde dieses Verständnis von Fan-Unterstützung auf den außersportlichen Fall der Trauer übertragen. Es wäre also ein der Funktion, jedoch nicht der Situation angemessenes Handeln. Mit diesen Überlegungen haben wir methodisch eine Kontextvariation vorgenommen, also einen zum Text passenden Kontext entworfen.

Im folgenden Satz wird der Anlass benannt, zu dem sich die angesprochenen Personen bzw. Gruppen versammelt haben und aufgrund dessen der Redner spricht. Dabei bezieht er sich in ein „Wir" ein, denn er spricht nun in der ersten Person Plural. Die Feststellung des Anlasses ist formelhaft formuliert und greift ein Element der kommunikativen Gattung „Traueransprache" auf. Dadurch wird zugleich erläutert, warum die Fans von Hannover 96 als Teil bzw. neben der Trauergemeinde anwesend sind.

An dieser Stelle kann man als gesichert festhalten, dass wir es mit einer Traueransprache zu tun haben, und der Verstorbene wird mit Namen genannt. Dadurch erscheint auch als gerechtfertigt, dass Frau Enke als erste Adressatin genannt wurde.

Der Umgang mit Tod und Trauer in der Traueransprache

Ein Verfahrensschritt der Objektiven Hermeneutik verlangt, dass man Überlegungen zum möglichen Fortgang anstellt. Wenn man von der Traueransprache als kommunikativer Gattung ausgeht, können im weiteren Fortgang verschiedene Elemente erwartet werden: Der Sprecher bringt seine Trauer zum Ausdruck, würdigt den Verstorbenen als besondere Person und spricht den Hinterbliebenen seine Anteilnahme aus.

Im Prinzip setzt man die Analyse so extensiv, kleinteilig und detailliert fort, bis man eine Fallstruktur formulieren kann. Das können wir hier aus Platzgründen nicht tun. Der gesamte Text der Ansprache wurde im Wintersemester 2012/13 in einem Master-Seminar an der Universität Bielefeld[21] noch einmal sequentiell analysiert; dafür wurden drei Sitzungen, also sechs Stunden benötigt. Die folgenden Passagen sollen hier nur zusammenfassend präsentiert werden, um einen Überblick über den ganzen, etwa zweiseitigen Text zu vermitteln. Das Protokoll geht folgendermaßen weiter:

Die Bilder dieser Woche, dieser Tage stehen vor unseren Augen, vor Euren und auch vor meinen: Diese unfassbare Nachricht am Dienstagabend, noch nicht wissend, was ist passiert. Es nicht fassen können.
Am nächsten Tag die Gespräche mit unseren Nationalspielern: Wie geht es weiter? Was können wir tun? – Jungs, ich bin stolz auf Euch.

---

21 Ich danke allen Teilnehmenden für ihre engagierte Beteiligung bei der Interpretation (KS).

Es gibt die Zeit, die wir brauchen, der Trauer, um dies alles zu verkraften.
Die Pressekonferenz am Nachmittag. Meinen großen Respekt, liebe Frau Enke, für das, was Sie glaubten, für Ihren Mann und, ich denke, auch für uns tun zu können.
Die Bilder aus den Medien, die uns betroffen machten, von der Unfallstelle. Das Mitgefühl für alle, die unbeteiligt doch beteiligt waren: die Lokomotivführer, die Rettungskräfte, die Polizei. Alle, die ihren Dienst leisten mussten.
Und dann am Abend die Trauerfeier hier in Hannover. Die Spontaneität der Menschen in dieser Stadt, der Fans von Hannover 96, der Fans von Robert Enke. Danke an Euch!
Diese Bilder verändern sich. Sie werden mal stärker und verblassen. Die Zeit wird vergehen. Das Leben wird wieder seinen Anfang nehmen.

In diesen Zeilen lässt der Redner die vergangene Woche Revue passieren und bringt dabei eine Reihe von emotionalen Reaktionen zum Ausdruck: Fassungslosigkeit angesichts der Todesnachricht, Stolz auf die Reaktionen der Nationalspieler, Respekt gegenüber der Witwe, Mitgefühl mit denen, die mit den unmittelbaren Folgen des Suizids professionell umgehen mussten, und wiederum Dankbarkeit gegenüber den Fans. Dabei wechselt mehrmals die Adressierung seiner Rede. Die Witwe Theresa Enke und die Nationalspieler werden unmittelbar angesprochen, letztere in einem paternalistischen Gestus eines sich väterlich gebenden Sprechers, der ihnen bescheinigt, dass ihre Art des Umgangs mit dem Ereignis vorbildhaft war. Damit wird ausgedrückt, dass sie ihrem Status als Nationalspieler nicht nur durch ihre Leistung, sondern auch allgemein-menschlich als Vorbild gerecht werden. Indem sie sich Zeit für die Trauer nehmen, für die Bewältigung des Nicht-Fassbaren den Alltag unterbrechen und so das nicht Funktionieren-Können eingestehen, bewähren sie sich als Menschen.

Die Respektbekundung gegenüber der Witwe misslingt. Denn im Protokoll steht nicht, dass die Witwe faktisch etwas Bewundernswertes getan hat, also „was Sie für uns getan haben". Vielmehr wird auf ihre Intention („was sie glaubten") abgehoben, die jedoch nur als Versuch thematisiert wird („tun zu können"). Durch diese Relativierung wird der Versuch als nicht gelungen dargestellt. Sie war demnach irrtümlicherweise der Ansicht, etwas tun zu können, tatsächlich war sie nicht dazu in der Lage. Das kann an ihrer Unfähigkeit gelegen haben, was jedoch eine grobe Unhöflichkeit des Sprechers ihr gegenüber wäre. Daher muss diese Unfähigkeit durch die Situation unmittelbar nach dem Tod ihres Mannes und die Umstände dieses Todes begründet sein. Damit ihre Intention ernst genommen würde, müsste der Text eigentlich formulieren: „Was Sie für uns tun wollten …" bzw. „zu tun bereit waren". An dieser Stelle wird die von der Objektiven Hermeneutik betonte Differenz von subjektiv intentional repräsentiertem und objektivem Sinn deutlich. Den Rückblick auf die vergangenen Tage schließt der Sprecher mit einem Ausblick auf die Zukunft ab, in der die Normalität des Alltags wiederkehren wird. Die Beschreibung des Prozesses ist allerdings widersprüchlich: Zunächst wird eine Pendelbewegung („werden mal stärker und verblassen"), daran anschließend ein linearer Prozess („Die Zeit wird vergehen.") und schließlich eine zirkuläre Bewegung („Das Leben wird wieder seinen Anfang nehmen.") skizziert. Vom Leben kann zwar allgemein gesagt werden, dass es wieder einen Anfang nimmt, wenn z. B. aus Kompost Blumen wachsen, doch dies ist dann ein anderes Leben. Oder es könnte von Menschen, die an Wiedergeburt glauben, gesagt werden – die prinzipiell mögliche Lesart, dass es hier um Wiedergeburt geht, soll jedoch aus Sparsamkeitsgründen ausgeschlossen werden. Auf jeden Fall ist es im Kontext einer Trauerfeier nur ein geringer Trost, dass ein neues Leben beginnen wird, weil diese Situation von der Trauer um einen Verstorbenen, also einem unwiederbringlichen Verlust, bestimmt ist.

Die Logik des Sports

Dass etwas wieder seinen Anfang nimmt, kann von einer Sache gesagt werden, die immer wieder beginnt. Dies trifft in besonderem Maße auf den Sport zu. Hier gilt: „Neues Spiel, neues Glück" und „Nach dem Spiel ist vor dem Spiel". Man kann davon ausgehen, dass man eine neue Chance haben wird, auch wenn man gerade ein Spiel verloren hat oder sogar abgestiegen ist. In dieser Formulierung wird also die Logik des Fußballs auf das Leben im Allgemeinen übertragen. Der Sprecher fährt fort:

Aber vor mir und vor meinen Augen stehen auch zwei Sätze, gesprochen von Bischöfen der Evangelischen Kirche. Der eine, am Mittwochabend von Bischöfin Käßmann: „Fußball ist nicht alles."

Gegen das antizipierte Verblassen der Erinnerung stellt der Sprecher zwei Sätze, die ihm in der aktuellen Situation der Trauer und des Nicht-Begreifens bedeutsam erscheinen. Dabei rekurriert er explizit auf religiöse Autoritäten und hochrangige Vertreter der Organisation Kirche, nämlich auf zwei Bischöfe der evangelischen Kirche. Den ersten Satz entnimmt er der Predigt Käßmanns, das bedeutet, unsere Interpretation dieser Predigt könnten wir an dieser Stelle als inneren Kontext in die Analyse einbeziehen.

Fußball, meine Damen und Herren, liebe Trauergemeinde, darf nicht alles sein. Das Leben, das uns geschenkt ist, ist vielfältig. Es ist interessant. Es ist lebenswert. Wir können auch auf das, was wir tun, ein Stück stolz sein. Wir können etwas leisten. Aber wir erfüllen uns immer nur in der Vielfalt und in der Gemeinschaft.

Fußball darf nicht alles sein, liebe Eltern, wenn Ihr daran denkt, ob Eure Kinder einmal Nationalspieler werden könnten. Denkt nicht nur an den Schein, an das, was sich dort zeigt, über die Medien verbreitet. Denkt auch an das, was im Menschen ist, an Zweifeln und an Schwächen. Fußball ist nicht alles.

Zunächst zitiert das Protokoll Käßmann mit dem Satz: „Fußball ist nicht alles." Dieser Satz, der eine Beschreibung oder Behauptung sein kann, der in religiösem Kontext Trost oder Versprechen bedeuten kann, wird hier in einen Appell verwandelt: „Fußball darf nicht alles sein." Anstatt eine Selbstbeschränkung des Fußballs konkret zu benennen oder einen Kontrasthorizont zu eröffnen, belässt es der Text bei einem diffusen Rekurs auf „das Leben", das „vielfältig", „interessant" und „lebenswert" sei. Er greift damit zwar implizit den Gedanken aus Käßmanns Predigt auf, dass „Leiden, Schmerz, Krankheit, Ausweglosigkeit und Tod" zum Leben gehörten, er wendet ihn jedoch positiv und macht die Vielfalt des Lebens inhaltlich beliebig. Und er bezieht sich unmittelbar anschließend affirmierend auf das Leistungsprinzip, das er in „Gemeinschaft" und „Vielfalt" einbettet und von diesen abhängig macht. Aus Käßmanns Formel leitet der Text – nun an einen konkreten Adressaten, nämlich die Eltern jugendlicher Fußballer, gerichtet – den Appell ab, das eigene Handeln zu überprüfen und dem Leistungsprinzip widersprechende Momente zu berücksichtigen, nämlich Zweifel und Schwächen. Festzuhalten ist, dass die Eltern außerhalb des Sports verortet sind. Die Verantwortung für die Kontrolle der Risiken des Sports für junge Menschen bzw. für die Beschränkung seines Anspruchs schreibt der Sport sich nicht selbst zu, sondern wird an andere Instanzen außerhalb des Systems delegiert. Der Sport beschränkt sich also auch in dieser außeralltäglichen, krisenhaften Situation nicht selbst. Das bedeutet: Der Text folgt konsequent der Logik des Sports mit der systemspezifischen Unterscheidung von Leistung/Nicht-Leistung.[22]

---

22 Systemtheoretischen Bestimmungen des Sports zufolge ist dies der Code des Systems Sport. Demnach gehe es im Sport nicht um die Erbringung von Leistungen im Sinne einer Verwendbarkeit außerhalb des Systems, sondern „der Sport ist reines Leisten ohne externe Referenz, erschöpft sich darin, unaufhörlich Leistung zu notieren, sie zu vergleichen und sie zu reproduzieren" (Stichweh 1995:26).

Moralkommunikation

Im Protokoll geht es folgendermaßen weiter:

> *Aber, meine Damen und Herren, es gibt auch den anderen Satz. Vor dreieinhalb Jahren begann die Weltmeisterschaft mit einem Gottesdienst in München. Damals, die Sonne begann genauso wie hier den Nebel und den Regen zu verdrängen, sprach Bischof Huber: „Fußball ist ein starkes Stück Leben." Ja, Fußball kann ein starkes Stück Leben sein. Wenn wir nicht nur wie Besessene hinter Höchstleistungen herjagen. Wir dürfen uns anstrengen, ja, aber nicht um jeden Preis. Denn, so formulierte er damals, den wirklichen Siegerpreis werden wir auf Erden nicht empfangen. Wir müssen uns dieses Preises würdig erweisen.*
> *Ein wenig mehr – nach diesen schlimmen Tagen – an die Würde des Menschen zu denken, in seiner Vielfalt, nicht nur in seiner Stärke, sondern auch in seiner Schwäche, empfinde ich als Auftrag dieses an sich sinnlosen Sterbens.*
> *Wir alle sind dazu aufgerufen, liebe Trauergemeinde, unser Leben wieder zu gestalten, aber einen Sinn nicht nur in überbordendem Ehrgeiz zu finden. Maß, Balance, Werte wie Fairplay und Respekt sind gefragt. In allen Bereichen des Systems Fußball. Bei den Funktionären, beim DFB, bei den Verbänden, den Klubs, bei mir, aber auch bei Euch, liebe Fans.*
> *Ihr könnt unglaublich viel dazu tun, wenn Ihr bereit seid, aufzustehen gegen Böses, wenn Ihr bereit seid, Euch zu zeigen, wenn Unrecht geschieht, wenn Ihr bereit seid, das Kartell der Tabuisierer und Verschweiger einer Gesellschaft, die insoweit nicht menschlich sein kann, zu brechen.*
> *Ihr könnt mithelfen, mit Eurem ganz persönlichen Engagement.*
> *Ich denke, so wie ich Euch hier in Hannover kennen gelernt habe und viele Fans in den Bundesligastadien, aber auch auf den Plätzen des Amateurfußballs kenne.*

Dem eigenen Appell, sich zu besinnen, wird im Protokoll ein anderes Bischofszitat entgegengehalten, das Wolfgang Hubers Predigt in einem Gottesdienst im Vorfeld der Weltmeisterschaft 2006 entnommen ist. Hubers Botschaft „Fußball ist ein starkes Stück Leben" wird hier dahingehend interpretiert, dass der Fußball mit gewissem Recht den Anspruch erhebt, ein zentraler Bestandteil des Lebens zu sein, unter der Bedingung, dass man sich dabei Begrenzungen unterwerfe. Diese geforderten Einschränkungen des Leistungsprinzips begründet der Text zwar mit Bezug auf Religion, indem wiederum Huber zitiert wird. Huber war es in seiner

Predigt darum gegangen, dass bei aller Anstrengung und Leistung der Sieg (wie auch der religiöse Glaube) nicht planbar ist, sondern unverfügbar bleibt.[23]

Im Protokoll wird die Glaubensaussage der Predigt moralisch gewendet. Es folgt entsprechend eine ganze Reihe von Appellen, die sich auf das Denken, auf die Einstellung zum Leben und das Handeln beziehen. Der Redner spricht ganz allgemein vom „Leben", das wieder gestaltet werden solle, und kommt dann über Werte („Fairplay" und „Respekt") auf den Fußball zurück. Für das Handeln fordert er „persönliches Engagement", dem er eine weit über den Sport hinausreichende gesellschaftliche, politische und – als Kampf gegen „Böses" – religiöse Bedeutung verleiht. Trotz seiner Rekurse auf Bischofspredigten und die partielle Aufnahme religiöser Semantik bleibt der Text konsequent immanent, also Kommunikation über Religion (vgl. Sammet 2006b), und in seinen Appellen Moralkommunikation.[24] Das Protokoll schließt folgendermaßen:

Ein Stück mehr Menschlichkeit, ein Stück mehr Zivilcourage, ein Stück mehr Bekenntnis zur Würde des Menschen, des Nächsten, des anderen, das wird Robert Enke gerecht.
Ich bedanke mich für Eure Aufmerksamkeit.

Am Ende wiederholt der Sprecher seine moralischen Appelle und schreibt sie als Vermächtnis Robert Enke zu. Seine Ansprache beendet er rituell mit einer Formel, die bei öffentlichen Reden gebräuchlich ist, aber nicht in der Religion, wo man sich nicht für Aufmerksamkeit bedanken muss, da nicht die eigene Botschaft, sondern die transzendenter Instanzen verkündigt wird. In einer Traueransprache wirkt diese Form der rituellen Beendigung deplatziert, da die Aufmerksamkeit nicht dem Redner, sondern dem Verstorbenen, den er würdigt, gebührt. Entsprechend ist der Dank nicht auf die Aufmerksamkeit an sich, sondern auf das Hören der moralischen und sportpolitischen Appelle bezogen.

Resümee

Die Analysen – das soll als *Fazit* festgehalten werden – konnten zeigen, dass der Fußball, auch wenn er religiöse Praktiken und Semantiken aufgreift, nicht religiös

---

[23] Das Leistungsprinzip steht – das wird in der Analyse deutlich – in Gegensatz zum Religionssystem, das sich an der Leitdifferenz von Transzendenz und Immanenz (vgl. Kapitel 1.2.1) orientiert, während der Sport auf „konsequenzenloses Diesseitserleben" (Bette 2010: 117) zielt.

[24] Aufgrund des Appellcharakters der Rede kann die Hypothese formuliert werden, dass über das Moment des Trauerns hinaus keine Konsequenzen für das System Fußball folgen werden.

2.5 Durchführung eines Forschungsprojekts: ein Beispiel

wird. Die Ansprache Theo Zwanzigers war die eines Sportfunktionärs; sie folgte der Logik des Sports. Deutlich wird, dass der Sprecher zwar in Reaktion auf das Ereignis, das ihn offensichtlich erschüttert hat, die Kritik am Leistungsprinzip aufnimmt, dass er als Sportfunktionär aber letztlich nicht davon abrücken kann. Entsprechend wird eine Einschränkung des Leistungsgedankens in die Verantwortung der Familie delegiert. Der Sprecher könnte im Kontext einer Trauerfeier zwar auch als religiöser Mensch reden, also religiös kommunizieren, dazu bedürfte es jedoch einer kommunikativen Rahmung. Er könnte dies als Privatperson tun und würde dann seine Funktion im Sport von seinem persönlichen Glauben abgrenzen. Würde er als Sportfunktionär religiös kommunizieren, hätte man es mit einer Entdifferenzierung bzw. einer immanenten Sakralisierung (Krech 2011: 249; vgl. Abschnitt 1.2.1) zu tun.

Margot Käßmann hatte bei der Trauerandacht zugleich als Kirchenfunktionärin und als Seelsorgerin gesprochen. Sie konnte sich bei der Deutung des Geschehens nicht nur religiöser Sprache bedienen, sondern religiös sprechen und sich auf die Unterscheidung von Immanenz und Transzendenz beziehen. Wenn der Sportfunktionär vereinzelt auf religiöse Semantik rekurriert, indem er auf die Autorität von Bischofsworten verweist, wird die Unvereinbarkeit der jeweils spezifischen Logiken von Religion und Sport deutlich. Da die Bischofszitate auf den Fußball bezogen werden, verlieren sie ihren transzendenten Bezug und werden in moralische Appelle transformiert.

Der erwähnte Vortrag und der darauf aufbauende Aufsatz (Sammet/Gärtner 2012) basieren auf den gerade vorgestellten Analysen, von denen aus verallgemeinernde Aussagen zu den Logiken von Religion und Sport formuliert werden konnten. Wenn man die Forschung weiter ausbauen wollte, könnte man ausgehend von diesen Analysen weitere Vergleiche anstellen, indem man andere Ansprachen und Predigten hinzuzieht. Eine Möglichkeit wäre, weitere Predigten zu untersuchen, die im Kontext des Sports gehalten wurden, wie z. B. die im analysierten Protokoll erwähnte Predigt Wolfgang Hubers zu Beginn der Fußballweltmeisterschaft 2006 in Deutschland. Einen anderen Vergleichshorizont würden Trauerreden eröffnen, die von anderen Akteuren im Bereich des Sports gehalten wurden. Man könnte anfangen mit den weiteren Trauerreden bei dieser Trauerfeier: den Ansprachen der anderen Fußballfunktionäre (wie des Präsidenten des Vereins Hannover 96) und die der anwesenden Politiker. Diese Analysen würden auf einer minimalen Kontrastierung basieren. Man könnte auch stärker kontrastieren, indem man Trauerreden von außerhalb des Sports heranzieht, also zum Beispiel Traueransprachen für Politiker oder für Künstler.

Quantitative Methoden der Religionsforschung 3

3.1 Das quantitative Paradigma: Methodologische Hintergründe und Forschungsprinzipien

Damit man verstehen kann, in welcher Weise quantitative Methoden Religion und Religiosität analysieren und welche Fragestellungen diese Methoden verfolgen, ist es notwendig, zunächst einige zentrale Paradigmen dieses Forschungszugangs kurz zu skizzieren. Allgemein liegt dem quantitativ ausgerichteten Vorgehen das Interesse zugrunde, soziale Tatbestände durch die Nutzung passenden Datenmaterials in ihrer Breite und für das zu untersuchende Kollektiv (Gesellschaft, Nation, soziale Gruppe, Gemeinde) zu *beschreiben* und dann zu *erklären*. Dies unterscheidet sich wissenschaftstheoretisch von der Grundlage der qualitativen Forschung, die weitgehend auf das (Sinn-)Verstehen von sozialen Tatbeständen ausgerichtet ist. Anders als dort wird anhand von (prozentualen und relationalen) Verteilungen sowie Korrespondenzen zwischen „Variablen" auf überzufällige Phänomene geschlossen.[25] Damit sind quantitative Methoden in vielerlei Hinsicht den Zugängen der Naturwissenschaften verbunden und versuchen, durch diese Abstraktion intersubjektives, überprüfbares Wissen zu schaffen.

Allerdings ist das Denken quantitativer Religionsforschung nicht allein und ausschließlich auf kausale Erklärungen ausgerichtet. Auch *Typologien* von Gruppen und die Verdichtung von Information (Dimensionsanalyse) zählen zu ihrem Vorgehen, wenn es die bearbeitete Fragestellung erfordert. Sucht man zum Beispiel nach der Vielfalt der Kirchenmitglieder oder der Konfessionslosen, dann sind Typologien ein geeignetes Vorgehen. Will man wissen, warum Menschen aus der

---

[25] Überzufällig ist eine Verteilung, welche von einem Ergebnis abweicht, das aufgrund reinen Zufalls zustande kommt. Solche Befunde geben in der Regel Hinweise auf systematische Abweichungen von einer Zufallsverteilung, die dann als Ergebnisse mit Bedeutung interpretiert werden. Dies gilt insbesondere für Zusammenhangsergebnisse.

Kirche austreten, dann sind kausal erklärende Vorgehen die richtige Wahl. Damit greifen quantitative Verfahren auf ein breites Spektrum an statistischen Methoden zurück. Diese stellen neben den erhobenen Daten ihre Auswertungsgrundlage dar.

Nun erscheint es gelegentlich bei einem Blick in die Massenmedien so, als sei bereits die Darstellung von *Häufigkeiten* (Deskription) das Zentrum der quantitativen Forschung zu Religion. Dieser Anschein trügt allerdings. Deskriptive Befunde und deren Präsentation sind für eine wissenschaftliche Arbeit nur eine – wenn auch eine wichtige – Zwischenstufe des Forschungsprozesses. So erlauben Aussagen zur Zahl der Konfessionslosen und Prozentuierungen der Deutschen hinsichtlich ihres Glaubens an Engel, Gott oder eine höhere Macht zwar bereits Einsichten in die religiöse Situation der deutschen Gesellschaft, aufschlussreicher sind aber in der Regel Vergleiche über die Zeit (Analyse von Entwicklungen) oder zwischen spezifischen Untersuchungsgruppen, Erklärungen und Typologien. So ist es ja vor allem interessant, warum gerade eine bestimmte Gruppe von Menschen an Gott glaubt (und andere nicht). Auch kann der Vergleich zwischen unterschiedlichen aus der Kirche Ausgetretenen bereits erheblich weiterhelfen, will man die Gründe für den Austritt aus einer christlichen Kirche bestimmen. Ist zum Beispiel die Prozentzahl der aus der Kirche ausgetretenen Jugendlichen bis 29 Jahren wesentlich größer als vergleichbare Prozentzahlen in anderen Altersstufen (oder auch in der Gesamtbevölkerung), dann deutet dies bereits auf gewisse generationale Abbruchsprozesse hin.

Grundlegend ist für das deskriptive ebenso wie für das erklärende Vorgehen das Ziel, *verallgemeinerbare Aussagen* über die Gesellschaft oder zumindest über eine Gruppe innerhalb der Gesellschaft zu gewinnen. Die Aussagen sollen nicht auf die untersuchten Personen beschränkt sein. Dieses Ziel wird in der Umfrageforschung über die statistische *Repräsentativität* abgesichert. Sie ist Ausdruck für die gültige Abbildung einer Gesamtheit durch eine Teilstichprobe. Die Repräsentativität einer Stichprobe ist entscheidend, denn nur so ist es zulässig, von der spezifischen Untersuchungsgruppe auf eine Gesamtheit zu verallgemeinern (z. B. von einer Jugendstichprobe zwischen 15 und 29 Jahren auf die Gesamtheit der deutschen Jugendlichen oder „der deutschen Jugend"). Zudem ist auch nur so festzustellen, wie sich die Bedeutung von Religion in Gesellschaften wandelt. Das gleiche Kriterium der Abbildung kann aber auch an statistische Grunddaten angelegt werden, die prozessproduziert – also nicht über Umfragen, sondern durch Zählungen (z. B. in den Sonntagsgottesdiensten) – gewonnen werden. Auch sie müssen an der Gesamtheit, über die sie eine Aussage ermöglichen sollen, geprüft werden.

In der Regel werden die Daten mittlerweile über Fragebögen erhoben. Diese weisen ein standardisiertes Layout auf, das mit gleichen Anreizen (Fragen) und Antwortvorgaben für alle Interviewten arbeitet. So soll zwischen den verschiedenen

3.1 Das quantitative Paradigma

Befragten eine Vergleichbarkeit und die Transformation der eigentlich verbalen Ergebnisse in *Zahlen* ermöglicht werden. Daneben können – wie bereits angesprochen – auch statistische Grunddaten oder prozessproduzierte Daten (Statistiken der Kirchen, Zählungen von Gottesdienstbesuchern und verschiedenen, zum Beispiel rituellen Handlungen in der Kirche) zugrunde gelegt werden. Aber auch Texte und Interviews können als Datengrundlage quantitativer Analysen dienen. Entscheidend ist hier, dass man sich noch in der Phase der *Datenerhebung* befindet, die von der Datenauswertung zu unterscheiden ist. Als Verbindung dient der Prozess der Transformation des noch verbal erhobenen Wissens in Zahlen.

Die Datenauswertung versucht, unter Nutzung von *statistischen Verfahren* die auf unterschiedliche Weise erhobenen Daten auszuwerten. Deren Ausdifferenzierung in den letzten Jahrzehnten hat die Erkenntnismöglichkeiten der quantitativen Sozialforschung merklich gesteigert. Nichtsdestoweniger sind die zentralen Ergebnisse empirischer Sozialforschung aber keinesfalls die in diesem Zusammenhang produzierten Statistiken. Die erhobenen Zahlen sind nun quasi nur das Rohmaterial und liegen als Datenbasis den wirklich inhaltlich ausgerichteten Analysen zugrunde. Auf sie und aus der Theorie abgeleiteten Fragestellungen aufbauend werden erst die Ergebnisse gewonnen. Das bedeutet: Notwendig ist die *Interpretation* der Zahlen durch die Forscher, durch die sie erst zu sozialwissenschaftlichen Ergebnisse werden.

> Ziel der quantitativen Religionsforschung ist nicht die bloße Erstellung von Statistiken, sondern die Interpretation der statistischen Analysen vor dem Hintergrund (religions-)soziologischer Theorien.

In der Regel werden im Vorfeld von Untersuchungen *Hypothesen* formuliert, die als eine potentielle Antwort auf die gestellten Fragen möglich wären. Die Hypothesen werden dann anhand des empirischen Materials überprüft und mit der Realität konfrontiert. Sie können entweder bestätigt oder verworfen werden. Zwei wissenschaftstheoretische Prinzipien stehen hier im Hintergrund: zum einen das deduktiv-nomologische Modell, nach dem ausgehend von aus Theorien abgeleiteten Gesetzesaussagen geprüft wird, inwieweit sich kontrastierende Fälle finden lassen, die zu einer *Falsifikation* der aufgestellten These führen[26]; zum anderen

---

26 Dieses Denken ist angelehnt an die Überlegungen des kritischen Rationalismus von Karl Popper. Er rät dazu, möglichst mutige Hypothesen zu formulieren, die sich dann an der empirischen Realität beweisen müssen oder durch Gegenbelege untergehen und damit eine Neuformulierung von Hypothesen erzwingen.

das induktiv-statistische Modell, das ähnlich lautet, aber Aussagen anhand von Wahrscheinlichkeiten differenziert. Typische induktiv-statistische Aussagen wären, dass 70 Prozent der Deutschen religiös sind oder religiöse Menschen mit einer Wahrscheinlichkeit von 80 Prozent den Gottesdienst besuchen. Ihr Vorgehen ist dabei dem deduktiv-nomologischen Vorgehen (mit seiner Prüfung einer aus der Theorie abgeleiteten, grundsätzliche Gültigkeit beanspruchenden Gesetzesaussage) sehr ähnlich, außer dass eine restriktive Ablehnung-Annahme-Entscheidung nicht vorgenommen wird.

Hier auch ein Hinweis zum *Hypothesentest*: Hypothesen besitzen den Vorzug, die sich zumeist schnell in die Breite entwickelnden Fragestellungen (gerade in Dissertationen oder Abschlussarbeiten) wieder auf ein überschaubares und auch bearbeitbares Maß zurückzuschrauben. Anders gesagt: Die Festlegung auf eine oder wenige Hypothesen verhindert eine unklare und dann auch ausufernde Bearbeitung einer Idee. Damit meint aber Hypothesentest nicht zwingend, was leider auch vorkommt, ein relativ eindimensionales Abprüfen von extrem beengten Aussagen unter Ausblendung des Kontextes. Jede Forschungshypothese sollte im Rahmen möglicher Drittvariablen (also Einflussfaktoren, die nicht in der Hypothese genannt werden) und unter Bezug auf eine oder mehrere Theorien getestet werden.

> Die zentralen Grundlagen des quantitativen Paradigmas der Sozialforschung sind (1) Erklärungen, (2) verallgemeinerbare Aussagen, (3) Repräsentativität, (4) das Prinzip der Falsifikation und (5) ein statistisches Vorgehen.

Zentral für die quantitative Sozialforschung ist die Produktion von weiterverwertbaren Einheiten. Dies sind *Zahlen*, die über den Prozess der Messung erhoben werden. Unter *Messung* versteht man die Zuweisung von Zahlen zu sozialen Aussagen. Bei der Messung folgt man dem Gedanken der bereits skizzierten Abbildungstheorie und geht davon aus, dass soziale Tatbestände in Zahlen transformierbar sind. Dies ist notwendig, um mit statistischen Methoden weiterarbeiten zu können. Erst durch den Vorgang des Messens entstehen überhaupt quantitative Daten. In der Messung werden die Regeln der Transformation von Phänomenen in Zahlen festgelegt. Dabei handelt es sich meist um Merkmale, die einem Objekt bzw. Subjekt – oder einfach auch *Merkmalsträger* – zugeordnet sind. Ein Merkmalsträger vereint viele Merkmale auf sich (z. B. Religiosität, sozialer Status, Einkommen, Familienstand usw.). Wie aber bereits in der Einleitung erwähnt, sind *Daten* mehr als nur die Zahlen, wie sie in der quantitativen Forschung zur Abbildung und Zusammenfassung der erfassten Information dienen. Daten sind jegliche mit wissenschaftlichen Verfahren produzierte Analysegrundlagen (z. B. auch transkribierte Interviews, Videoaufnahmen, Bilder). Auf jeden Fall dienen sie später als Grundlage der Auswertung und Interpretation.

Nun mag man sagen, dass Religiosität nicht zu messen ist. Dies wird von manchem Kritiker dieser Forschungsrichtung auf Einstellungen und Mentalitäten allgemein erweitert. Dem ist entgegenzuhalten, dass man durch ein möglichst kontrolliertes Verfahren eine beurteilbare Annäherung an eine latente Variable (Religiosität) vornimmt.[27] Nicht mehr und nicht weniger. Gerade die Kategorisierung und der Vergleich mit anderen Ergebnissen gibt aber überhaupt erst die Möglichkeit, die existierenden sozialen Konstrukte zumindest einzugrenzen. Und dies ist ja schon mehr als eine subjektive (nur eine Position einnehmende und zudem durch die soziale Herkunft des Beobachtenden geprägte) Alltagswahrnehmung.

Das wesentliche Produkt der Messung ist die *Variable*. „Variablen sind nichts anderes als die symbolische Repräsentation von Merkmalsdimensionen" (Gehring/Weins 2004) und können mehrere Ausprägungen annehmen (Kromrey 1990: 103). Sie reduzieren die Komplexität des Forschungsgegenstandes auf ausgesuchte Eigenschaften oder Merkmale. So wird zum Beispiel in einer Umfrage nicht der Bürger in all seinen Eigenschaften, sondern nur hinsichtlich seiner Einstellung zur Kirche oder mit Blick auf seine persönliche Religiosität betrachtet. Gleichzeitig ist dieser Bürger Träger verschiedener Einzeleigenschaften, die dann in der Folge in unterschiedlicher Weise zueinander in Beziehung gesetzt werden können. Er kann also Eigenschaften wie häufiges Bibellesen, eine ablehnende Haltung gegenüber Mitgliedern anderer Religionen, hohe persönliche Religiosität oder einen häufigen Gottesdienstbesuch aufweisen. Die Interpretation liegt nun beim Forscher. Sie könnte im vorliegenden Fall möglicherweise genauso in eine Interpretation dieser Personen als von „mainline-Kirchen" entfernten „Fundamentalisten" münden wie auch hochidentifizierte Mitglieder einer religiösen Gemeinschaft beschreiben, die in einem starken Konkurrenzkampf gegenüber anderen Kirchen stehen.

Allgemein kann man anhand ihrer Verwendung drei Gruppen von Variablen unterscheiden: Die *abhängigen Variablen* (beeinflusste Merkmale) erfassen das zu erklärende Phänomen, das *Explanandum* (z. B. den Gottesdienstbesuch). Die *unabhängigen Variablen* (beeinflussende Merkmale) sind all diejenigen Faktoren, die zur Erklärung herangezogen werden und somit das *Explanans* bilden (z.B die

---

27 Als „latente Variable" werden inhaltliche Einheiten – zumeist Einstellungen – verstanden, welche nicht direkt messbar sind, aber doch einen inhaltlichen Gehalt aufweisen. Zu nennen ist neben Religiosität zum Beispiel auch das Phänomen rechtsextremer Haltungen oder Ethnozentrismus.

persönliche Religiosität, das Institutionenvertrauen, das Alter). Mit den *Kontextvariablen* werden die Randbedingungen erfasst, die den Grad der Gleichheit der Fälle bestimmen und nicht zu den beiden ersten Gruppen gehören. Sie dienen in kausalen Analysen zur Kontrolle der Beziehungen zwischen unabhängiger und abhängiger Variable. Die Entscheidung, zu welchem Typus eine Variable zählt, ist alleine von der Fragestellung abhängig. So kann Religiosität eine abhängige Variable sein, wenn man fragt, ob sozioökonomischer Wohlstand zu Säkularisierung führt. Gleichzeitig kann sie als unabhängige Variable auftreten, wenn die Frage darauf zielt, ob Religiosität zu Fundamentalismus und Konflikthandlungen führt. Und auch als Kontextvariable ist sie denkbar, kann sie doch den Zusammenhang zwischen dem Wert politischer Freiheit und dem Wahlverhalten moderieren.

> Der Prozess der Messung, also der Zuweisung von Zahlenwerten zu bestimmten Eigenschaften, mündet in Variablen und Daten. Sie stellen die Grundlage für später durchzuführende Untersuchungen und Berechnungen dar. Gleichzeitig sind die produzierten Zahlen nicht ein Wert an sich, sondern immer nur die „Statthalter" für die dahinter liegenden inhaltlichen Aussagen.

Für die angestrebten „Berechnungen" sind die Variablen die Erhebungsgrundlage, entscheidend sind aber die Werte, die sich dort abbilden – also die Daten. Wir haben bereits darauf hingewiesen, dass eine Variable verschiedene Merkmalsausprägungen annehmen kann. So differiert die Variable des Gottesdienstbesuchs hinsichtlich ihrer Ausprägungen von „gar nicht" bis „jeden Tag". In der Regel wird man aber für die Antwortvorgaben nur eine begrenzte Zahl von Möglichkeiten ansetzen, sonst würde die Beantwortung zu lange dauern – und auch nur begrenzt vergleichbar sein. Diese Ausprägungen werden anhand von *Indikatoren* gemessen. Variablen und Indikatoren sind nicht identisch (Friedrichs 1973: 86). Beziehen sich Variablen auf die Definition einer zu erfassenden Tatsache (Gottesdienstbesuch) und ihre Explikation (Zahl der Gottesdienstbesuche), so beziehen sich die Indikatoren auf den Bereich der Operationalisierung des Messkonstrukts (Gottesdienstbesuch an einem alltäglichen Sonntag ohne Sonderfeiertage). Indikatoren können nun unterschiedliche Ausprägungen annehmen, diese repräsentieren die Antworten auf den Indikator (wöchentlich, monatlich, fünf Mal im Jahr, nie). Über den Indikator Gottesdienstbesuch besteht nun die Möglichkeit, Aussagen darüber zu treffen, ob eine Person religiös ist oder eben nicht. Dies setzt aber die theoretische

Vorannahme voraus, dass der Indikator Gottesdienstbesuch auch Aussagekraft für persönliche Religiosität besitzt.

Ein *Datum* beschreibt also genau diese Zuordnung einer Zahl zu einer Aussage über eine Einheit (das kann auf der Mikroebene die Person oder auf der Makroebene ein Land sein). Damit wird auch deutlich, dass einige grundlegende Unterschiede zwischen Daten existieren. Sie sind „Container" von Information, die aufgrund der Zuweisung von Zahlen eine vermittelte und konzentrierte Form annimmt. Dies bedeutet auch, dass Daten und ihre bloße Darstellung für sich noch keine Aussagen machen. Sie sind die Grundlage für eine Weiterarbeit, aber noch nicht das Ergebnis der Forschung. Aussagen werden erst durch die *Interpretationen* des Forschers produziert. Daher ist es notwendig, die in Daten transformierten Informationen wieder zurückzuführen und die über Daten geleisteten „Verkettungen" der Information für den sozialwissenschaftlich interessierten Betrachter sichtbar zu machen. Dabei ist es am besten, wenn der interpretierende Forscher gut über den Produktionsprozess der Daten Bescheid weiß, wird doch dort die Grundlage für die Verlässlichkeit der darauf basierenden Analyseergebnisse gelegt.

Es wurde implizit bereits angesprochen, soll aber als expliziter Nutzen der in der quantitativen Forschung so wichtigen *Standardisierung* der eingehenden Ergebnisse hervorgehoben werden: Durch diese Standardisierung werden vielfältige *Vergleiche* zwischen Gruppen und Indikatoren ermöglicht. So befördert es die Erkenntnis über religiöse Tatbestände wesentlich, wenn ich weiß, inwieweit sich der Gottesdienstbesuch zwischen Menschen unterschiedlichen Alters unterscheidet. Ebenfalls bedeutsam ist in diesem Zusammenhang, ob die Häufigkeit des Gottesdienstbesuchs in allen Altersgruppen in gleicher Weise mit der religiösen Sozialisation zusammenhängt, diese aber eben von Generation zu Generation an Verbreitung verloren hat.

> Die Standardisierung des Untersuchungsmaterials – sei es vorher durch vorgegebene Kategorisierungen, sei es nachher durch eine Ordnung der Antworten zu Kategorien – ermöglicht Vergleiche und Abschätzungen, welche häufig einen wesentlichen Erkenntnisfortschritt zur Folge haben.

Wie bereits angesprochen gibt es zwei größere Kategorien von Daten. Das eine sind sogenannte prozessproduzierte Daten, das andere Umfragedaten. Hier schließt sich eine zweite Unterscheidung an, die sich zu gewissen Teilen überschneidet. So werden üblicherweise Individualdaten von Aggregatdaten, die Kollektivmerkmale abbilden, unterschieden. Individualdaten beziehen sich auf einzelne Menschen und ermöglichen, zumeist über ihren Vergleich, Gruppenaussagen oder Beziehungsaussagen, etwa in der Form, dass religiöse Menschen öfter in den Gottesdienst gehen. Dies sollte nicht falsch verstanden werden: Individualdaten werden bei größeren Befragungen in der Soziologie auch mit Blick auf die Gesellschaft – also ein Kollektiv – analysiert. Dies geschieht durch Blick auf die zusammengefassten Ergebnisse. Gleichwohl liegen sie ja – aufgrund der Erhebung der einzelnen Individuen für sich – in differenzierter Form vor und erlauben sogenannte Disaggregierungen. Diese ermöglichen eine Analyse einzelner Gruppen in der gesamten Stichprobe, wie zum Beispiel der unter 29jährigen oder der Konfessionslosen (zum Beispiel im Vergleich zu den Konfessionsmitgliedern).

Diese Disaggregation ist bei prozessproduzierten Daten gelegentlich auch möglich, da sie aber zumeist gleich in zusammengefasster Form verfügbar gemacht werden, ist es eher nicht die Regel. Gerade auf größere Einheiten zugeordnete Strukturdaten (Quoten der Mitglieder von Religionen in einem Gebiet, Eheschließungsquote, Wohlstandsquote) lassen solche Disaggregierungen nicht zu. Damit kommt die Differenzierung zwischen *Mikro- und Makroebene* ins Blickfeld. Diese Unterscheidung besitzt auch einen gewissen Einfluss auf die zu verwendenden Auswertungsverfahren.

3.1.1 Aggregatdatenanalyse

Die Verwendung von *Strukturdaten* benötigt keine speziellen Erhebungstechniken, aber eine große Sorgfalt. *Ziel* der Analyse von Strukturdaten ist es, Aussagen über generelle Entwicklungen und die Herausarbeitung von Gesetzmäßigkeiten bzw. verallgemeinerbaren Zusammenhangsmustern treffen zu können. Typische Aussagen beziehen sich darauf, dass in Gebieten, in denen ein hoher Wohlstand (zum Beispiel gemessen durch das verfügbare Bruttosozialprodukt pro Kopf oder das mittlere Haushaltseinkommen) herrscht, ein geringerer Gottesdienstbesuch pro Einwohner zu messen ist.

Strukturdaten liegen dem Forscher zumeist in bereits vollständiger Form vor, überwiegend in einer aggregierten Form. Zu den Strukturdaten zählen Aussagen der Statistischen Bundesämter, von Organisationen oder von Einheiten, die Daten für Forschungszwecke zusammenstellen (z. B. das Zentralarchiv für empirische Sozialforschung in Köln). Strukturdaten besitzen den Vorteil, dass oftmals aufwändige Erhebungen (z. B. Volkszählung, Mikrozensus) bereits abgeschlossen sind und zudem die Budgets von Forschungsvorhaben maßgeblich durch die Verwendung dieser Daten entlastet werden. Ein Nachteil der Verwendung der Strukturdaten ist die Unkenntnis über eben den Teilprozess der Datengenerierung. Man weiß einfach nicht exakt, wie die entsprechenden Daten zustande gekommen sind und muss sich auf die vorliegenden Daten verlassen. Hierbei helfen zweifelsohne Zertifizierungen sowie ein transparenter und öffentlicher Zugang zu den Daten, die es der Scientific Community ermöglichen, diese zu überprüfen. Nichtsdestotrotz bleibt dem einzelnen Forscher nicht viel anderes übrig, als auf die Validität und Reliabilität der zu Analysezwecken *übernommenen Daten* zu vertrauen oder aber eine größere Zahl eigener Tests bezüglich ihrer Validität (Richtigkeit) und Reliabilität (Verlässlichkeit) durchführen.

Die behandelten Strukturdaten werden in der Analyse überwiegend als sogenannte *Aggregatdaten* behandelt. Sie haben aufgrund der zunehmenden Sammlung statistischer Grunddaten in den letzten Jahrzehnten für die Religionssoziologie erheblich an Potential gewonnen. Aggregatdatenanalyse beschäftigt sich gezielt mit der Analyse von Beziehungen auf der Ebene von Kollektiven (Achen/Shively 1995; Schmidt 1995). Zur Definition: Unter Aggregatdaten versteht man *numerische Abbildungen von makrogesellschaftlichen Prozessen*, also kollektive Merkmale. Sie können sowohl als *eigenständige globale Merkmale* – z. B. Institutionentyp des Landes, Verhältnis von Kirche und Staat in der Verfassung, konkrete Ereignisse (z. B. Missbrauchsskandale) – als auch als *konstruierte strukturelle Merkmale* – z. B. als Aggregation von individuellen Merkmalen (Arbeitslosenrate, Migrationsrate, Anzahl der Gottesdienstbesucher aus Kirchenstatistik) – bzw. als Resultat von aggregierten Umfragedaten, d. h. als analytische Merkmale, existieren (Diekmann 2004: 106; Maier/Rattinger 2000: 10-11).

Globale Aggregatdaten werden nicht als zusammengefasst, sondern als Einheiten an sich verstanden. Sie sind üblicherweise auf der Makro- oder Gesellschaftsebene angesiedelt und daher prinzipiell nicht disaggregierbar. Der zweite Typus, die *Strukturdaten*, werden aus individuellen Merkmalen aggregiert. Für die Durchführung von Aggregatdatenanalysen ist es allerdings per se gleichgültig, welche der auf Kollektivmerkmalen beruhenden Aggregatdaten man verwendet, da sie einheitlich auf der Ebene einer übergeordneten Makroeinheit untersucht werden. Sie beziehen sich dann konkret auf die kollektive Ebene der Gesellschaft, ohne unmittelbare Festlegung der Größe der analysierten Untersuchungseinheiten (Engel 1998: 19).

Die Aggregatdatenanalyse verzahnt Strukturdaten, die auf der Ebene von übergeordneten Einheiten (Aggregaten) vorliegen, miteinander. Die so erzielten Aussagen stellen Beziehungen zwischen Phänomenen und ihren Rahmenbedingungen her. Ziel der Aggregatdatenanalyse ist es, verallgemeinerbare Zusammenhangsmuster auf der Makroebene herauszuarbeiten.

Bereits angesprochen wurde, dass es das *Ziel* der Aggregatdatenanalyse ist, Gesetzmäßigkeiten bzw. verallgemeinerbare Zusammenhangsmuster herauszuarbeiten. Nehmen wir das Beispiel des Bezuges zwischen hohem Wohlstand (gemessen durch das verfügbare Bruttosozialprodukt pro Kopf) und dem geringeren Gottesdienstbesuch auf, dann kann daraus der theoretisch weiter reichende Schluss gezogen werden, dass die Rahmenbedingung Wohlstand – entsprechend bestimmten Annahmen der Säkularisierungstheorie (Norris/Inglehart 2004) – religiöse Vitalität, gemessen am Indikator Gottesdienstbesuch, ungünstig beeinträchtigt.

Deutlich wird, dass es sich dabei um eine Aussage auf der Ebene der Gesellschaft handelt. Wenn man aus diesem Ergebnis ableiten würde, dass wohlhabendere Menschen schlechtere Gottesdienstbesucher seien, würde man einen ökologischen Fehlschluss[28] begehen, also zu Unrecht von einem globalen Zusammenhang auf einen individuellen schließen. So könnten ja in Gebieten gleichzeitig große Gruppen reicher Personen und große Gruppen von Gottesdienstverweigerern nebeneinander existieren und das Ergebnis erzeugen – aber eben nicht dieselben Personen umfassen. Erst wenn auf der Ebene der Personen (also in Umfragedaten) entsprechende Beziehungen vorliegen, besteht ein individueller Zusammenhang. Solche Beziehungen sind nur über Individualdaten aus Umfragen überprüfbar. Nicht, dass man diese Vermutung aus den Ergebnissen nicht ableiten könnte, aber Aggregatdatenanalysen beziehen sich zuerst einmal allein auf die Verbindung von Rahmenbedingungen – und damit unterliegt die abgeleitete Vermutung der Gefahr des ökologischen Fehlschlusses. Für die Gültigkeit der obigen Annahme muss auch eine Beziehung auf der Individualebene vorliegen, was übrigens in diesem Fall so ist.

Dafür sind Nachvollziehbarkeit und eine für die Rezipienten transparente Dokumentation der verwendeten Daten und Datenquellen genauso unabdingbar wie eine Kontrolle auf Zuverlässigkeit und Richtigkeit des verwendeten Datenmaterials. In der quantitativen Forschung werden die auf diese Weise akquirierten Daten mit statistischen Methoden ausgewertet und bearbeitet. Dies beinhaltet Verfahren der (ökologischen) Regression[29] (King 1997) in gleicher Weise wie Verfahren der Typisierung. Wird in dem zuerst genannten Zugang das klassische statistische Verfahren der Regressionsanalyse mit der Einschränkung auf aggregierte Merkmale benutzt, wird beim zweiten Zugang versucht, Muster anhand der Ordnung von Informationen vorzunehmen.

---

28 Der Begriff ökologischer Fehlschluss bezeichnet den Fehler, den man begeht, wenn man aus einer Beziehung zwischen Rahmenbedingungen zu Unrecht auf Beziehungen auf der Ebene der Individuen schließt.
29 Eine ökologische Regression ist eine Regressionsanalyse (kausalanalytisches Verfahren zur Prüfung des Einflusses mehrerer unabhängiger Variablen auf eine abhängige Variable), die ausschließlich Aggregat- oder Strukturdaten verwendet.

Der Hintergrund für Regressionsanalysen ist, dass Beziehungen zwischen zwei Variablen immer der Gefahr unterliegen, dass man einen dritten, möglicherweise intervenierenden, Erklärungsfaktor übersehen haben könnte. Dieses Risiko, welches vor allem durch ein gutes und durchdachtes Forschungs- und Variablenauswahldesign zu bearbeiten ist, wird als *Drittvariablenproblem* bezeichnet. So kann es eben sein, dass die Haltung zu Mitgliedern anderer Religionen zwar positiv mit dem Besuch von Gemeindeveranstaltungen zusammenhängt, sich dahinter aber die selektive Besuchspraxis von höher gebildeten und besonders kommunikativen Personen als wahre Erklärung verbirgt. Oder dass der Zusammenhang ein Effekt der Altersstruktur ist, nach der sich die Besucher zusammensetzen. Dies ist am besten statistisch zu kontrollieren. Häufig beschränken sich Aggregatdatenanalysen aber auch allein auf den eher deskriptiven Vergleich von Ergebnissen zwischen unterschiedlichen Regionen oder Ländern.

Typische *Quellen* für Aggregat- und Strukturdaten sind statistische Landesämter, Kommunen sowie Kirchenämter, die häufig über statistische Abteilungen verfügen. Auf der internationalen Ebene haben sich die Datenressourcen der OECD, der UNO oder der ILO bewährt. Einen guten Fundus liefern die Datensammlungen der United Nations in den Human Development Reports (http://hdr.undp.org/en), die über das Internet frei verfügbar sind. Daten zur Religiosität sind in den meisten dieser Quellen zu finden. Über lange Zeit ebenfalls breite Verwendung fand die World Christian Encyclopedia (Barrett 2001). Wie die oben angesprochenen Quellen neueren Datums sind noch die im Internet verfügbaren CIA-Reports zu verschiedenen Ländern nutzbar. Allerdings gilt es bei allen erwähnten Quellen Kontrollen und Plausibilitätsprüfungen vorzunehmen, da doch gelegentlich bei bestimmten Indikatoren – gerade, wenn sie weltweit aus unsicheren Quellen zusammengestellt sind – nicht unwesentliche Abweichungen (und auch Fehleinschätzungen) zwischen ihnen auftreten können.

3.1.2 Umfragedatenanalyse

Umfragedaten sind *Individualdaten*, die über die Befragung einzelner Personen erhoben werden. Durch eine standardisierte Erfassung der Antworten der Individuen ist es aber in der Regel das Ziel – und dies unterscheidet die sozialwissenschaftliche Individualdatenanalyse auch von stärker psychologisch angelegten Untersuchungen (bzw. auch Experimenten) – *Aussagen über Kollektive* oder soziale Gruppen zu treffen. Die die Erhebung durchführenden Institutionen bzw. Forscherinnen gehen davon aus, dass sie tatsächlich zutreffende Antworten zu Merkmalen der Person erhalten, und übertragen diese in einen Datensatz. Häufig dienen die Erhebungen als Grundlage für Aggregatdaten und werden in den Sozialwissenschaften auch so genutzt. Für jede Form von Umfragedaten gilt allerdings, dass sich das Augenmerk weniger auf einzelne Handlungen oder Einstellungen der Personen richtet, vielmehr haben sie das Ziel, deren strukturelle Verbindungen zu anderen Merkmalen aufzuzeigen und daraus systematische Schlüsse über die Gesellschaft zu ermöglichen.

Typische Fragen sind folgende: Wie steht es um das Verhältnis von Kirchlichkeit und persönlicher Religiosität? Ein Zugang ist die simple Frage: Kann man auch religiös sein, ohne Mitglied der Kirche zu sein? Immerhin 80 % der Deutschen beantworten die letzte Aussage mit „ja". Kann daraus auf eine starke Differenzierung zwischen Kirchlichkeit und subjektiver Religiosität – wie sie zum Beispiel seitens individualisierungstheoretischer Ansätze der Religionssoziologie vermutet wird – geschlossen werden? Andere Ergebnisse sprechen dagegen. So besteht gleichzeitig zwischen dem Gottesdienstbesuch oder dem Vertrauen in die Institution Kirche auf der einen und Aussagen über persönliche Religiosität auf der anderen Seite ein hoher statistischer Zusammenhang. Mehrheitlich gehen Personen, die sich selbst als religiös einschätzen, wenigstens gelegentlich (aber zumeist sogar relativ regelmäßig) auch in den Sonntagsgottesdienst. Entsprechend diesen Ergebnissen scheint dann eine Abkopplung subjektiver Religiosität von christlicher Kirchlichkeit – wenn wir davon ausgehen, dass wir diese Befragung in Deutschland und damit im christlichen Mehrheitsraum durchgeführt haben – real nicht gegeben zu sein. Dies zeigt auch, dass man sich Forschungsfragen möglichst auf mehreren Wegen nähern sollte, um belastbare und gesicherte Ergebnisse zu erhalten.

> Die Umfrageforschung zielt in ihrem Kern auf Aussagen über Gesamtheiten oder Kollektive. Dabei verwendet sie die Individuen als Grundeinheit, was ihr interne Differenzierungen zwischen sozialen Gruppen ermöglicht. Sie ist in der Regel standardisiert, ermöglicht dadurch Vergleiche und arbeitet hierfür mit vorher limitierten Antwortvorgaben.

3.1.3 Umfrageforschung: Repräsentativität und Stichprobenauswahl

Das Ziel, Aussagen über Kollektive treffen zu können, wird in der Umfrageforschung über die statistische *Repräsentativität* abgesichert. Sie ist Ausdruck für die *gültige Abbildung einer Gesamtheit durch eine Teilstichprobe*. Die Repräsentativität einer

3.1 Das quantitative Paradigma

Stichprobe für eine bestimmte Zielgruppe ist entscheidend, denn nur so ist es zulässig, von der spezifischen Untersuchungsgruppe auf eine Gesamtheit zu verallgemeinern. Will man etwas über Kirchenmitglieder aussagen, so muss die Stichprobe für diese repräsentativ sein. Dabei muss betont werden, dass nicht die Größe der Stichproben über Repräsentativität oder nicht entscheidet. Ob die Stichprobe aus 1000 oder 10000 Befragten besteht, ist aufgrund statistischer Prinzipien für die Aussagekraft über eine Gesamtheit nur von begrenzter Bedeutsamkeit. Generell geht man in der Statistik davon aus, dass mit einer Stichprobe von 1000 Befragten bereits hinreichend der mögliche Fehler einer systematischen Abweichung bzw. eines fehlerhaften Schlusses von der Stichprobe auf die Gesamtheit kontrolliert und in einem erträglichen Rahmen gehalten werden kann. Für die Repräsentativität entscheidend ist vielmehr, dass jedes Mitglied einer Grundgesamtheit die gleiche und ehrliche Chance hat, in die Stichprobe zu kommen. Diese Zufälligkeit der Auswahl oder Stichprobenziehung ist der beste Schutz für die Gewährleistung einer repräsentativen Stichprobe (vgl. Engel u. a. 2012). Kann man die gesamte Grundeinheit, zum Beispiel alle Teilnehmer einer Lehrveranstaltung oder alle Schüler einer Altersstufe untersuchen, so kann die Stichprobengröße gezwungenermaßen auch geringer ausfallen, ohne dass damit aber die Repräsentativität gestört ist. Schließlich hatten hier alle Teilnehmer der Grundgesamtheit, über die man dann Aussagen trifft (dies sollte dann nicht über alle Schüler sein), die Möglichkeit in die Stichprobe zu gelangen bzw. man hat die Grundgesamtheit befragt. Im letzten Fall benötigt man keine Repräsentativität mehr, hat man doch die Gruppe an sich.

Entsprechend bedeutet der Hinweis auf eine *Zufallsstichprobe* nicht etwa etwas Negatives, sondern kennzeichnet ein Qualitätsmerkmal einer Stichprobe. Allerdings funktioniert dies erst wirklich gut bei den angesprochenen 1000 Befragten. Hauptproblem für repräsentative Stichproben ist damit die Gefahr, dass eben nicht alle Personen der Grundgesamtheit die Möglichkeit haben, in diese zu gelangen. Für solch einen Fall typisch war zum Beispiel die nicht zu 100 Prozent vorhandene Abdeckung der ostdeutschen Bürger 1990 mit Telefonen, die entsprechend nicht allen die Chance eröffnete, in Telefonumfragen – mittlerweile ein Standardinstrument der politischen Meinungsforschung – in die Stichprobe zu gelangen. Aber selbst wenn Ausfälle passieren, was in keiner Umfrage zu vermeiden ist, so gefährden diese nicht zwingend die Repräsentativität einer Stichprobe – sind sie eben auch zufällig. Erst wenn Ausfälle aus bestimmten Gründen systematisch ausfallen, sorgen sie für Fehler. Dies wäre zum Beispiel der Fall, wenn man sich die Frage nach der Beziehung zwischen verschiedenen Religionen stellt, aber aufgrund eines vorherigen Zwischenfalls eine bestimmte Religionsgruppe systematisch an dieser Befragung (weil sie zum Beispiel Nachteile erwartet) nicht teilnimmt.

> Repräsentativität entsteht durch die Chance aller Mitglieder einer zu untersuchenden Gesamtheit in eine Stichprobe zu gelangen, üblicherweise verbunden mit einer Mindeststichprobengröße von ungefähr 1000 Befragten.

Aber auch *spezifische Stichproben* und *Quotenstichproben* sind in der Umfrageforschung verbreitet. So ist es gerade bei begrenzten Mitteln oft nicht möglich, das Kriterium der Repräsentativität aufrecht zu erhalten. Wählt man dann die Stichprobe gezielt kontrastierend aus, kann man immer noch über Vergleiche und Beziehungsuntersuchungen interessante und interpretierbare Aussagen über religiöse Phänomene erhalten. So können auch innerhalb nicht-repräsentativer Designs Verknüpfungen zwischen Austrittsneigung oder Konversionswunsch und bestimmten sozialen oder psychologischen Aspekten von Personen gezogen werden. Eine gewisse Vorsicht ist dann hinsichtlich ihrer breiteren Übertragbarkeit auf die Gesellschaft geboten. Gerade in Bezug auf die Testung von Instrumenten der Erhebung individueller Religiosität oder Spiritualität ist es auch sinnvoll, diese erst einmal in kleineren Untersuchungseinheiten zu prüfen. So wurde die von Stefan Huber (2003) entwickelte Skala zur Messung der Zentralität von Religiosität zuerst in Studien an Studierenden getestet, bevor sie in der Folge modifiziert und überarbeitet auf größere Zusammenhänge angewendet wurde, wie zum Beispiel den weltweit angelegten Bertelsmann Religionsmonitor.

Aufgrund der mittlerweile hohen Relevanz der Umfrageforschung für die moderne quantitative Forschung zu Religion wird auf deren Vorgehen im Folgenden noch gesondert eingegangen. Insgesamt kann aber gesagt werden, dass sie gerade mit Blick auf Religiosität als ein Phänomen, das viele subjektive, emotionale und affektive Aspekte des Individuums umfasst, enorm an Bedeutung gewonnen hat und nicht mehr mit der im statistischen Sektor früher dominierenden Kirchensoziologie zu vergleichen ist.

3.2 Konzeptualisierung quantitativer Religionsforschung

3.2.1 Anfänge der quantitativen Forschung zu Religion und die Frage nach der Messbarkeit von Religiosität

Eine zentrale Fragestellung, mit der sich die sozialwissenschaftliche Religionsforschung immer wieder konfrontiert sieht, ist das Problem, inwieweit ein auf den ersten Blick so wenig greifbares Phänomen wie Religiosität überhaupt statistisch erfasst werden kann. Scheint es noch möglich, Religionen und ihnen zugeordnete Handlungen anhand der durch Menschen vollzogenen Praktiken zu beobachten und so vielleicht auch noch ihre Mitglieder und deren Verhältnis zu ihrer Religion in den Blick nehmen, so erscheint dies bei so etwas Subjektivem wie persönlicher Religiosität schwierig bis aussichtslos. Dieses Argument brachte Thomas Luckmann (1991) dazu, Zweifel an der Verlässlichkeit der Kirchensoziologie zu äußern und deren „Blindheit" für die subjektiven Phänomene als strukturelles Problem der Forschung zu Religion überhaupt und speziell der Religionssoziologie anzuprangern. Die „unsichtbare Religion" des Individuums bleibe bei der kirchensoziologischen Forschung, wie sie gerade die Anhänger der Säkularisierungstheorie verfolgen, fast unausweichlich außerhalb des Blickfeldes. Doch ist die Lage für die quantitative Forschung zu Religion wirklich so ungünstig und aussichtslos?

An dieser Stelle lohnt es sich nun, einen Schritt zurückzutreten und bei den Anfängen der empirischen Erforschung von Religion einzusetzen. Quantitative Zugänge zur Erforschung von Religion haben eine lange Tradition. Schon 1868 legte Alexander von Oettingen eine sogenannte *Moralstatistik* vor. Sie sollte mittels Kennzahlen religiöser Praktiken Auskunft über die Sittlichkeit seiner Zeit geben. Ziel damals wie heute war es, einen möglichst breiten – und wenn möglich repräsentativen – Überblick über die Verteilung und Ausgestaltung von Kirchlichkeit und Religiosität in der Gesellschaft oder über einzelne Gesellschaften hinaus zu geben. Aufgrund der noch begrenzten methodischen Möglichkeiten mussten sich von Oettingen und diejenigen, die sich in seine Tradition stellten, auf die sichtbaren und leicht zugänglichen Phänomene des Religiösen beschränken. Gleichzeitig wiesen schon die damals erhobenen Zahlen zu Taufverhalten und Kirchgang über bloße institutionelle Repräsentationen hinaus und gaben Hinweise auf die Verankerung der Religion – hier noch zumeist des Christentums – in der Bevölkerung.

Im Umfeld des Aufkommens der Sozialwissenschaften Ende des 19. Jahrhunderts kam es zu einem damit verbundenen Anstieg des Interesses an belastbarem Zahlenmaterial. Dies war unter anderem auch dem steigenden Vertrauen in ein naturwissenschaftlich geprägtes Denken und die dort verwendeten Methoden geschuldet. Folge war die kontinuierliche Zunahme der Sammlung und Verfügbarkeit statistischen Materials. Insbesondere den Kirchenstatistiken kam dabei eine nicht geringe Bedeutung zu. Sie lagen bereits seit längerer Zeit vor, konnten aber erst zu diesem Zeitpunkt über die Funktion lokaler Informationssammlung hinaus für systematische Analysen verwendet werden.

> Die Basis der quantitativen Religionsforschung liegt in Kirchenstatistiken und war lange Zeit mehrheitlich auf Erhebungsformen ausgerichtet, die mit Aggregatdaten arbeiteten. Erst relativ spät, mit Etablierung der Umfrageforschung, rückten auch verstärkt Aspekte der persönlichen Religiosität in den Blick der Forschung.

Zu den Markierungspunkten dieser Form der Beschäftigung mit Religion zählt sicherlich die Etablierung von Klassifikationen in der *Sozialgeographie*, die vornehmlich mit den Namen Le Bras und Steinmetz verbunden ist (siehe Knoblauch 1999: 83). Zur gleichen Zeit lässt sich ein vermehrtes Interesse an sozialen Daten beobachten. So beruhen die Arbeiten Durkheims zu großen Teilen auf einer Betrachtung von Selbstmordraten und verwandten statistischen Grunddaten der sozialen Rahmenbedingungen (Arbeitslosigkeit, Alter, Wohnregion, usw.), die er überwiegend „sekundär" zusammentrug.[30] Im Vordergrund der Datensammlung stand die Erfassung von Mitgliedschaften und überprüfbaren religiösen Praktiken. Durch ihre Verknüpfung mit (sozialgeographischen) regionalen Gegebenheiten und sozialen Grundinformationen (Zugehörigkeit zur Arbeiterschaft oder Bürgertum, soziale Lage, Konfession oder auch Geschlecht) konnten erste Zusammenhangsannahmen formuliert werden. Nach der im vorangegangenen Kapitel vorgestellten Unterscheidung handelte es sich hier weitgehend um Aggregatdatenanalysen. Auch Max Webers Überlegungen zur protestantischen Ethik greifen zu wesentlichen Teilen auf solche Daten und Beobachtungen zurück und stellen Bezüge zwischen sozialen oder ökonomischen und religiösen Rahmenbedingungen her.

Es erscheint wenig überraschend, dass sich die ersten statistischen Erhebungen auf in der Gesellschaft deutlich erkennbare Verhaltensweisen konzentrierten. Dies brachte dem quantitativen Zweig der Religionssoziologie (teilweise bis heute) den Ruf einer *Kirchensoziologie* ein, die den Blick auf Religion unzulässigerweise auf das „oberflächlich" erfassbare Verhalten (noch dazu mit einem christlichen Bias versehen) reduziere. Selbst in neueren Einführungsbüchern (siehe Knoblauch

---

30 Sekundär erhobene Daten unterscheidet von primär erhobenen Daten, dass erstere schon vorliegen und von anderen Forschern, gegebenenfalls auch mit anderem Ziel, erhoben wurden, während Primärdaten vom Forscher selbst erhoben werden.

1999: 85) wird dieses Argument zu einer gewissen Diskreditierung quantitativer Religionsforschung im Allgemeinen herangezogen. Die zentrale Kritik an der oben skizzierten Form der quantitativen Erfassung von Religion wurde mit dem Aufkommen der Differenzierung von Kirchlichkeit und subjektiver Religiosität im Kontext des Luckmann'schen Werkes zur „Unsichtbaren Religion" formuliert (in der deutschen Fassung Luckmann 1991). Der Hauptkritikpunkt liegt in der vermeintlichen Ignoranz quantitativer Zugänge gegenüber den auf der subjektiven Ebene angesiedelten Phänomenen der Religiosität und religiöser Erfahrung. Gerade diesen individuellen Ausprägungen von Religiosität werde die Arbeit mit Kirchenstatistiken, aber auch – so die häufige Erweiterung des Argumentes – die Umfrageforschung mit ihrem standardisierten Instrumentarium nicht gerecht.

Diese Kritik trifft in jüngerer Zeit jedoch kaum noch zu. Zwar wird die klassische Analyse der Kirchenstatistik weiterhin praktiziert, das Gros der quantitativen Analysen in der Religionssoziologie bezieht sich allerdings auf Daten standardisierter Umfragen, welche die Individuen zu Wort kommen lassen. Die Einführung der (bereits im vorangegangenen Kapitel erwähnten) *Umfrageforschung*, die in den 1940er Jahren in den USA ihren Anfang nahm, hatte einen deutlichen Umbruch (nicht nur) in der religionssoziologischen Forschung zur Folge. Sie führte zu einer außerordentlichen Ausweitung der Verfügbarkeit und der Nutzung statistischen Datenmaterials. Zugleich öffnete sie den Blick auch auf die Einstellungen, Wertorientierungen und Praktiken von Individuen, die in den früheren Untersuchungen nicht behandelt werden konnten.

Die Umfragedaten beschränken sich nun keineswegs mehr auf die Betrachtung der Institution Kirche oder allein auf Handlungen. Vielmehr werden die Individuen nun hinsichtlich vieler – teilweise sehr persönlicher – Aspekte ihrer Religiosität befragt. Das oben skizzierte Argument einer Kritik der Beschränkung auf eine „Kirchensoziologie" sticht dann nur noch begrenzt, sind es doch weniger die Handlungen als die religiösen Selbstkonzepte, die im Fokus der Umfrageforschung stehen. Sowohl der Glauben aus der Sicht der Gläubigen als auch Selbsteinschätzungen subjektiver Religiosität oder die Bestimmung dessen, was für jemanden überhaupt Religion ist, können so relativ zuverlässig bestimmt werden. Dabei wird sowohl auf subjektive Hintergründe wie auch auf die individuellen objektiven Rahmenbedingungen Wert gelegt – Aspekte, die gezwungenermaßen in der Aggregatdatenanalyse nicht berücksichtigt werden konnten. Man könnte es so formulieren: Untersucht die Kirchensoziologie den Bestand institutionalisierter, sichtbarer Religiosität, dann fragt die Umfrageforschung nach religiösen Überzeugungen und Einstellungen. Auch versucht sie gelegentlich, direkt zu erkunden, warum jemand religiös ist und welche Auswirkungen dies auf andere Bereiche seines Lebens, aber auch sein religiöses Verhalten besitzt.

> Moderne quantitative Religionssoziologie ist nicht mit der ursprünglichen Kirchensoziologie (und ihrer methodisch bedingten Konzentration auf kirchliche Praktiken) vergleichbar und erfasst über die Befragung von Individuen auch subjektive Einstellungen und Verhaltensbegründungen. Dies schließt auch alternative Formen von Religiosität mit ein, die nur in Fragen formuliert werden müssen.

Selbst das Folgeargument, dass auf diese Weise der Fokus auf einem eher traditionalen Verständnis von Religion liegt, kann in großen Teilen entkräftet werden. So trifft es einerseits sicher zu, dass aufgrund der notwendigen Kategorisierung von Antwortvorgaben zu Religiosität diese oft im Bereich eines eher traditionellen oder in Europa christlichen Verständnisses von Religiosität verbleiben. Zum einen spiegelt dies aber auch eine Realität wieder, nach der die Individuen handeln, zum anderen ist es ja prinzipiell möglich, alternative und neue Formen der Religiosität abzufragen. Dies geschieht bereits mit Fragen zur Spiritualität, zur Zen-Meditation und zu anderen Formen alternativer Religiosität. Wenn überhaupt, dann besteht eher ein Problem auf der Ebene der theoretischen Fassung alternativer Möglichkeiten von Religiosität. Hat man diese identifiziert, so sind sie ohne weiteres in Umfragen abfragbar. Auf diese Weise ist möglich, Informationen sowohl über Individuen als auch über spezifisch abgrenzbare *soziale Gruppen* zu identifizieren. Differenzierungen sind also nicht nur zwischen den Mitgliedern einzelner Religionsgruppen, Kirchen und Denominationen möglich, sondern auch zwischen Protagonisten unterschiedlicher religiöser Lebensstile. So können in einem ersten Schritt individualistisch Religiöse von religiös Indifferenten und traditionell Gläubigen unterschieden werden. Diese drei Gruppen können in der Folge zum Beispiel hinsichtlich ihres Wahlverhaltens, ihrer Haltung zu Homosexualität und ihres Glaubens an ein Leben nach dem Tod untersucht und verglichen werden.

> Wichtige Ziele und Nutzen quantitativer Forschung zu Religion sind Aussagen über Gesamtheiten, aber vor allem auch die Möglichkeit zu Vergleichen zwischen sozialen Gruppen. Letzteres soll vor allem durch die Standardisierung von Fragen und Antwortvorgaben erreicht werden. Prozesse der Standardisierung sollen dabei helfen, ein höheres Maß der Objektivierung und Vergleichbarkeit zu erreichen.

Damit öffnet sich auch das Untersuchungsfeld für eine systematisch *vergleichende Analyse*. Diese ist innerhalb einer Region, aber auch länder-, regionen- und kulturvergleichend möglich. Die Zunahme internationaler Vergleichsumfragen (International Social Survey Programme, European Values Surveys oder Bertelsmann Religionsmonitor) bietet eine immer breitere Grundlage für entsprechende Studien. Die Möglichkeit des Vergleichs eröffnet zahlreiche Wege der Erweiterung der Aussagekraft durchgeführter statistischer Analysen. Genau genommen leben die standardisierten Umfragen immer von der Vergleichbarkeit von Gruppen und Personen. Darauf zielt im Prinzip auch überhaupt das Vorgehen der Informationsreduktion durch vorherige Einschränkung der Antwortvorgaben. In der internationalen vergleichenden Analyse wird dies zum Prinzip und der zentralen Basis des Erkenntnisgewinns gemacht.

Der Nutzen dieses Vorgehens, das wesentlich auf das *Ziel einer Gesellschaftsbetrachtung* ausgerichtet ist, wird bei der Analyse offener Fragen aus Umfrageprojekten deutlich. Auch dort muss – eben um den Vergleich und damit eine Deutung zu ermöglichen – eine Standardisierung vorgenommen werden. Diese erfolgt im Falle von vorher offenen Fragen erst im Nachgang und ist daher besonders aufwändig. So müssen die vielfach variierenden Antworten durch den Forscher selbst kategorisiert und geordnet werden. Üblicherweise wird man offene Fragen in standardisierten Befragungen weitgehend vermeiden und aufgrund bestehender Kenntnisse und Theorien bereits vorab Kategorisierungen in den Antwortvorgaben vornehmen. Hier wird nun auch deutlich, warum standardisierte Umfrageprojekte eher zu den Theorie testenden Verfahren zu zählen sind. In jedem Fall müssen die ermittelten Aussagen in ihrer Endfassung so weit wie möglich generalisierbar sein und damit auch einen Zugewinn für die Konstruktion, Überprüfung und die Fortentwicklung von sozialwissenschaftlichen Theorien mit sich bringen.

Kommen wir noch einmal auf die anfangs des Absatzes skizzierte Kritik zurück. Hier sind noch zwei weitere Aspekte, die diese in Teilen widerlegen, zu berücksichtigen, die bei der statistischen Analyse oft aus dem Blick geraten: Zum einen bietet die *Standardisierung* einen gewissen Schutz des Individuums, ermöglicht sie doch oft Antworten in einer gewissen Anonymität. Dies ist besonders dann gegeben, wenn es sich nicht um face-to-face-Befragungen handelt. So wird Prozessen *sozialer Erwünschtheit*, also dass man sein Antwortverhalten an vermuteten gesellschaftlichen Normen oder aber den vermuteten Erwartungen des Interviewers ausrichtet, zumindest teilweise entgegengewirkt. Zum anderen erlaubt die Umfrageforschung den Einbezug anderer religiöser Phänomene oder auch Formen religiöser Praxis, religiösen Denkens und religiöser Ausdrucksformen. Das schließt ausdrücklich Formen mit ein, die heute oft unter dem Label Spiritualität verhandelt werden. Selbst wenn es in der Erfassung dieser auf religiöse Erfahrungen zielenden und stark subjektiven Phänomene Begrenzungen gibt, ist sie nicht generell unmöglich.

Voraussetzung ist allerdings eine kategoriale Definition dieser Phänomene und eine möglichst zuverlässige Abbildung des „latenten Phänomens" im Fragebogen.[31]

Dabei muss man sich bewusst sein, dass in Befragungen immer Deutungsprozesse der befragten Individuen einfließen. So ist der Schritt von der „wahren" Haltung zu deren Verbalisierung ein von vielen Möglichkeiten der Verzerrung bedrohter Weg. Nicht nur soziale Erwünschtheit, auch Verständnisprobleme oder falsche Selbsteinschätzungen können sich hier ausdrücken. Gleichzeitig hat die große Zahl der Befragten in der Regel auch eine die Abweichungen korrigierende Wirkung. Zudem unterliegen auch direkt auf Handlungen bezogene Beobachtungen letztendlich der Interpretation der Forscher – die wiederum variantenreich sein kann. Da auch viele qualitative Verfahren auf Befragungen basieren, was angesichts von Zielsetzungen auf stärker individuelle und persönliche Prozesse gar nicht anders möglich ist, befinden sich hier qualitative und quantitative Sozialforschung in zum Teil ähnlichen Problemlagen. Doch scheint es nicht zwingend hochproblematisch, den Aussagen der Befragten auch einfach einmal Glauben zu schenken und sie als substantiell für weitere Betrachtungen und Analysen anzusehen. Gelegentlich hat man keine anderen Möglichkeiten. Dass man dann Reflexionen über ihren Wirklichkeitsgehalt ausdrücklich einschließt, muss kein Fehler sein, denn so, wie jemand antwortet, so fühlt er sich auch – und so wird er im Zweifelsfall vermutlich auch handeln.

3.2.2 Formen der quantitativen Religionsforschung – Umfragedaten und was man damit machen kann

Entsprechend der oben dargestellten Entwicklung unterscheidet sich die moderne quantitative Religionssoziologie – auch aufgrund der erweiterten methodischen Möglichkeiten – mittlerweile deutlich von der frühen „Kirchensoziologie", die hauptsächlich auf sogenannten Aggregatdaten beruhte. Somit wurden auch Kritikpunkte an einer zu stark auf Kirche und dem Verhalten der Individuen ihr gegenüber aufgenommen und bearbeitet. Ähnliches gilt für den Hinweis auf eine christentumszentristische Forschung, die durch breiter angelegte Instrumente überwunden werden soll. Fragen nach alternativen Formen von Religiosität oder Spiritualität wurden in den letzten Jahren vermehrt in entsprechende Erhebungen

---

31 Gerade der Kritik an der fehlenden oder fehlerhaften Erfassung von alternativen Formen der Religiosität lässt sich entgegenhalten, dass deren suboptimale Erfassung kein Problem des Instrumentes der Umfrageforschung ist, sondern eher ein Problem der umfassenden Operationalisierung und Erhebung aller möglichen Formen alternativer Religiosität.

3.2 Konzeptualisierung quantitativer Religionsforschung

zu integrieren versucht. Voraussetzung hierfür war der bereits angesprochene Wandel in der zentralen Erhebungsform der sozialwissenschaftlichen Religionsforschung. So resultieren mittlerweile die quantitativen religionssoziologischen Ergebnisse mehrheitlich aus Umfragedaten. Sie dominieren in gewisser Hinsicht die religionssoziologische Diskussion im quantitativen oder statistischen Sektor. Im folgenden Abschnitt sollen nun deren Nützlichkeit, aber auch einige kritische Punkte bzw. Einschränkungen dieses Zugangs skizziert werden.

Statistische Daten, die durch Umfragen gewonnen wurden, enthalten, neben Informationen über religiöses Verhalten, Informationen über Einstellungen und *Wertorientierungen* der Befragten. Mittels Fragen nach dem Gottesglauben, nach der selbst eingeschätzten subjektiven Religiosität und einer Vielzahl anderer religiöser Einstellungen (z. B. zu Hölle, Himmel oder Astrologie) wird versucht, ein Bild von der Religiosität der Bevölkerung oder bestimmter Gruppen in ihr zu erhalten. Gerade Fragen nach dem Glauben an Gott oder zur Selbsteinschätzung subjektiver Religiosität zählen mittlerweile zu den Standardinstrumentarien der quantitativ arbeitenden Umfrageforschung.

Tabelle 3.1 Beispielfragen religionssoziologischer Umfragen

Dimension	Indikatorfragen
Religiöse Sozialisation	„Meine Eltern haben mich im Glauben erzogen." „Wenn Sie daran denken als sie 11 oder 12 Jahre alt waren. Wie oft gingen Sie damals in die Kirche?"
Spiritualität	„Einmal davon abgesehen, ob sie sich für religiös halten oder nicht, als wie spirituell würden Sie sich selbst bezeichnen?"
Gottesglaube	Antwortalternativen: „Ich glaube an einen persönlichen Gott" oder „Ich glaube an eine höhere Macht" oder „Ich weiß nicht, was ich glauben soll" oder „Ich glaube nicht wirklich an einen Gott oder eine höhere Macht" oder „Ich bin Atheist".
Gotteseinfluss	„Gott bestimmt mein Leben."
Religiöse Individualisierung	„Man kann auch ohne Kirche religiös sein."
Religion und Politik	„Religiöse Führer sollten Wahlen nicht beeinflussen." „Die Europäische Verfassung sollte einen expliziten Bezug auf Gott beinhalten."
Religion und Wissenschaft	„Wissenschaftliche Arbeit sollte durch religiöse Vorstellungen und Religion nicht behindert werden."
Subjektive Religiosität	„Würden Sie sich selbst als ... beschreiben?" – Spannbreite von sieben Antwortvorgaben: [extrem religiös] bis [komplett unreligiös].

Religiöse Konflikte	„Wenn man sich auf der Welt so umschaut, dann bringt Religion mehr Konflikt als Frieden."
Zusammensetzung der eigenen Religiosität	Antwortalternativen: „Ich bin religiös nach den Lehren meiner Kirche" oder „Ich bin religiös nach meinem eigenen Weg" oder „Ich kann nicht entscheiden, ob ich eine religiöse Person bin oder nicht" oder „Ich bin nicht religiös; ich habe damit nichts zu tun".
Außerchristliche oder alternative Formen von Religiosität	„Hellseher können die Zukunft voraussagen." „Ich glaube an die Vorhersagen der Astrologie." „Horoskope können den Lebenslauf beeinflussen."

Quelle: Zusammenstellung aus unterschiedlichen Quellen und Projekten; Pickel 2011.

Dabei ist es in der Umfrageforschung zentrales Ziel, Aussagen über die Gesamtbevölkerung oder gesellschaftliche Teilgruppen zu erreichen. Gleichzeitig sollen aber auch *systematische Beziehungen* zwischen Phänomenen herausgearbeitet werden. Ist es also in der Regel so, dass der Besuch des Konfirmandenunterrichts in der Jugend später zu einer festeren Kirchenbindung führt? Oder stimmt die These, dass sich überwiegend eine von kirchlichen Bindungen freie private Religiosität ausbildet? Es ist offensichtlich, dass man solche Aussagen nie für alle Menschen treffen kann. Gleichzeitig kann es aber sein, dass mehrheitlich entsprechende Wirkungen bestehen. So gibt es empirisch Menschen, die in der Tat keine Bindung an die Kirche für ihren persönlichen Glauben benötigen. Positive Korrelationen zwischen Gottesdienstbesuch und selbst geäußerter persönlicher Religiosität deuten aber darauf hin, dass dies nicht die Regel, sondern doch eher die Ausnahme ist. Beim Übergang zur *Operationalisierung* kommt der zuverlässigen Umsetzung der Forschungsfragen und Forschungskonzepte in konkrete Fragestellungen eine besondere Bedeutung zu. Tabelle 3.1 zeigt, wie dies hinsichtlich einiger Bereiche der Forschung zu Religion aussieht.

Es wird deutlich, dass zwischen den Indikatorfragen und den daraus entstehenden Indikatoren theoretisch fundierte Brückenannahmen notwendig sind. So geht man davon aus, dass eine Frage zum Gottesglauben durch die angesprochene Frage abgebildet wird – und dass die entsprechenden Antwortvorgaben erschöpfend für die möglichen Antworten sind. Gerade hier sind oft eine Zusammenarbeit mit qualitativen Sozialforschern oder selbst umgesetzte, offenere Formen der Datenerhebung, wie in Kapitel 2 geschildert sinnvoll, um den aufzuspannenden Raum der Antworten zu erschließen. Deutlich wird aber auch, dass die Erhebungsfragen weit über reine Kirchlichkeit und kirchenbezogene Verhaltensweisen hinausreichen.

3.2 Konzeptualisierung quantitativer Religionsforschung

> Die Umfrageforschung ermöglicht den Zugang zu Intentionen, Motiven und Verständnissen. Sie erweitert damit die Forschung zu Religion über die Betrachtung von – zumeist auf Kirchen und religiöse Praktiken bezogene – Handlungen hinaus hin zum religiösen (oder nicht-religiösen) Individuum.

Erstaunlicherweise hat trotz dieser stärker auf Intentionen und Emotionen zielenden Erhebungen die *Kritik* an der quantitativen Religionssoziologie in den letzten Jahren kaum abgenommen. Vielmehr wird nun verstärkt auf die Einschränkungen der standardisierten Erhebungsform *Umfrage* verwiesen. Diese sei nicht in der Lage, ein so komplexes und tiefgründiges Phänomen wie (persönliche) Religiosität angemessen zu erfassen und zu repräsentieren. Vor allem die – aus Gründen der Vergleichbarkeit notwendige – *Standardisierung* der Fragen unterdrücke die Komplexität individueller Religiosität und zwinge diese unzulässigerweise in „Schubladen", die gerade einem so individuellen Phänomen wie Religiosität nicht entsprächen.

Bitte sagen Sie uns, ob die folgenden Aussagen auf Sie zutreffen:	trifft voll zu	trifft eher zu	trifft eher nicht zu	trifft gar nicht zu
Ich wurde von meinen Eltern im Glauben erzogen.	❏	❏	❏	❏
Ich glaube an ein Leben nach dem Tod.	❏	❏	❏	❏
Ich denke, dass es wichtig ist, dass Kinder eine *christliche* Erziehung bekommen.	❏	❏	❏	❏
Ich denke, ich kenne mich mit religiösen Fragen gut aus.	❏	❏	❏	❏
Ich denke, Gott greift in unser Leben ein.	❏	❏	❏	❏
Ich weiß ziemlich gut, was in der Bibel steht.	❏	❏	❏	❏
Ich hatte Situationen, in denen ich das Gefühl hatte, mit Gott oder einer spirituellen Macht in Kontakt zu sein.	❏	❏	❏	❏

Abb. 3.1 Typische Erhebungsskala mit mehreren Erhebungsitems
Quelle: Projekt „Eine empirische Erhebung zum Evangelischen Kirchentag"

Zudem weise die aktuelle Umfrageforschung zu Religion eine deutliche *Dominanz christlichen Denkens* auf. Viele der gestellten Fragen seien gar nicht in der Lage, religiöse Überzeugungen nicht-christlicher Gruppen angemessen zu erfassen, weil sie dem Bezugsrahmen des Christentums entstammten und entsprechend durch ein säkularisierungstheoretisches Denken mitgeprägt seien.[32] Und für die Erfassung neuer, individueller Formen von Religiosität, wie z. B. außerkirchlicher Religiosität (Magie, Meditation, Astrologie, Spiritualismus), eigne sich der Zugang der Umfrageforschung gleich gar nicht. Zu guter Letzt seien Ergebnisse von Befragungen prinzipiell mit Vorsicht zu genießen, seien doch bei einem solch persönlichen Bereich wie Religion starke Effekte sozialer Erwünschtheit zu erwarten.

Einige der angeführten Argumente sind nicht durchweg zurückzuweisen. So bleiben komplexere individuelle Vorgänge, wie Erfahrungen oder die persönliche Auseinandersetzung mit Lebenskrisen durch Rückgriff auf religiöse Erklärungsmuster, häufig außerhalb der Reichweite von Fragebögen bzw. sind nur schwer zu erheben. Auch ist die Religionen übergreifende Erfassung von Religiosität in Hinblick auf die Vergleichbarkeit der ermittelten Werte diskutabel. Es ist in der Tat nicht durchweg eindeutig, inwieweit z. B. der Kirchgang oder der Glaube an Gott in nicht-christlichen Religionen eine vergleichbare Bedeutung wie im Christentum besitzen.

Jedoch ist es weniger das Ziel der Umfrageforschung, individuelle Erfahrungen zu erfassen. Vielmehr richtet die quantitative Umfrageforschung den Blick auf die *gesellschaftlichen* Ausprägungen und Gemeinsamkeiten des religiösen Handelns und Denkens. Weniger das Individuum als das Kollektiv ist der Bezugspunkt der Aussagen von Surveys. Dadurch können einerseits Beziehungen zwischen Lebenslagen, Sozialstruktur und religiösen Lebensstilen herausgearbeitet, andererseits repräsentative Aussagen über Gesellschaften, Gemeinschaften und Kulturen formuliert werden. Gegenüber der Verwendung von aggregiertem Datenmaterial, wie es in der klassischen Kirchenstatistik üblich war, besitzen Umfragedaten zudem den Vorzug, dass sie aufgrund der individuellen Verknüpfbarkeit von Merkmalen auch die Untersuchung von verschiedensten Untergruppen ermöglichen. Und auch Elemente außerkirchlicher Religiosität – ebenfalls oft Kritikpunkt seitens stärker dem Gedanken der Individualisierung zuneigender Wissenschaftler, die deren Nichtberücksichtigung beklagen – werden mittlerweile regelmäßig in Umfragen erhoben.

Zudem sind Aussagen zur Religiosität nicht auf Einzelfragen festgelegt. Aus dem Bereich der Religionspsychologie kommen Instrumente, die durch *Skalen* mit verschiedenen Items eine Dimension einkreisen. So werden theistische von pantheistischen Vorstellungen genauso unterschieden, wie Weltdeutungen aus-

---

32 Das zielt auf die Frage der interkulturellen Vergleichbarkeit, die innerhalb der Umfrageforschung unter dem Stichpunkt der Bedeutungsäquivalenz von Befragungen diskutiert wird.

differenziert werden können. Durch diese Instrumente, die auch innerhalb der Religionssoziologie an Bedeutung gewonnen haben, kann man psychische und individuelle Haltungen, Einstellungen und Werte mit größerer Stabilität erfassen (vgl. Henning/Murken/Nestler 2003; Huber 2012). Zudem öffnet man sich stärker psychischen Prozessen und Determinanten.

An diesem Punkt lässt sich das eigentliche Problem der umfragegestützten Religionssoziologie identifizieren – die Entwicklung der verwendeten *Instrumente*. So gibt es sicherlich noch Spielräume in der zuverlässigen Operationalisierung theoretischer Konzepte der Religionssoziologie. Dies gilt für die außerkirchlichen Formen der Religiosität in gleicher Weise wie für die Erfassung von Phänomenen der Spiritualität oder auch für das inhaltliche Verständnis von Religion beim Individuum. Allerdings sind hier inhaltlich keine festen Grenzen gesetzt. Die Probleme liegen eher in der Umsetzung und Formulierung der richtigen Fragen zur Erfassung der Phänomene sowie deren Abgrenzbarkeit in der Realität. Zudem ist man in der Umfrageforschung auf die Mitarbeit der Befragten angewiesen und nicht gefeit gegen Fehlangaben in einem persönlich so sensiblen Bereich. Doch Letzteres unterscheidet die quantitative Umfrageforschung nicht von der qualitativen Befragung. Selbst die Erhebung der Kontextfaktoren, welches für qualitative Zugänge eine wichtige Rolle spielt, ist auch in der quantitativen Forschung bedeutsam.

Ein Spezialproblem vergleichender – und hier speziell *kulturvergleichender – Umfrageforschung* ist die Frage nach der Äquivalenz der Fragestellungen hinsichtlich ihres Verständnisses in unterschiedlichen kulturellen Kontexten. So ist es für eine komparative Betrachtung notwendig, dass Fragen und ihre Beantwortung eine funktionale Äquivalenz aufweisen. Dies bedeutet nicht zwangsläufig Fragenäquivalenz, kann doch ein und dieselbe Formulierung in unterschiedlichen kulturellen Kontexten unterschiedlich verstanden und gedeutet werden. Funktionale Äquivalenz soll die Berücksichtigung einer Vergleichbarkeit im Inhalt gewährleisten. Gerade für den Bereich Religion ist diese funktionale Äquivalenz (Pickel 2009) aber besonders schwer zu bestimmen, unterscheiden sich doch verschiedene Religionen hinsichtlich ihrer Ethik und ihrer Vorschriften ganz erheblich voneinander. Derzeit existieren zwei Wege des Umgangs mit dieser – bereits von Joachim Wach (1958) behandelten – Problematik: erstens ein Festhalten an den gleichen Instrumenten verbunden mit einer reflexiven und informierten Interpretation der Daten und zweitens die Konstruktion von funktionalen Äquivalenten aus der Kenntnis der verschiedenen Religionen (Huber 2003; Religionsmonitor 2008). Das zweite Vorgehen benötigt große Fachkenntnis, erbringt aber die valideren Ergebnisse der Messung.

> Gerade die für die Forschung zu Religion besonders interessanten kulturvergleichenden Untersuchungen leiden unter dem Problem eingeschränkter funktionaler Äquivalenz der Fragestellungen. Diesem Problem begegnet man entweder durch ein reflektiertes Festhalten an den Fragen oder aber ihrer religionsspezifischen Formulierung.

Bei den meisten berechtigten Kritikpunkten an der religionssoziologisch ausgerichteten Umfrageforschung handelt es sich also eher um handwerkliche Probleme als um eine systematische Folge eines durch die Säkularisierung verstellten Blickes auf die richtige Erfassung von Religiosität. Notwendig ist daher eine kritische Betrachtung, Reflexion und Deutung von Instrumentarium und Ergebnissen. Gleichzeitig scheint es sehr wohl sehr gut möglich, belastbare Aussagen auch über tiefer begründete Religiosität sowie Spiritualität und nicht nur über Kirchlichkeit zu erzielen.

3.2.3 Das Messinstrumentarium von Glock als Ausgangspunkt der Analyse von Religiosität

Ein besonders anschlussfähiges Instrument der quantitativen Religionssoziologie stellt der Ansatz von Charles Glock (1962, 1969) dar. Ausgehend von Betrachtungen der bis dahin gängigen Erfassung von Religiosität in den Vereinigten Staaten, die sich durch eine hohe Konzept- und Indikatorenvariation sowie daraus resultierende widersprüchliche Forschungsergebnisse auszeichnete, kam Glock zu dem Schluss, dass Religiosität ein *multidimensionales Phänomen* darstelle, das auch entsprechend empirisch erfasst werden müsse: „Die einen messen Religiosität nach Gesichtspunkten der Gläubigkeit, andere nach Gesichtspunkten der regelmäßigen Teilnahme am kirchlichen Leben und andere nach Gesichtspunkten der säkularen Konsequenzen religiöser Überzeugungen" (Glock 1969: 154).

Voraussetzungen für eine solche dimensionale Analyse von Religiosität sind eine systematische Analyse der Einstellungen und auch der Bindungen zwischen den Dimensionen sowie die Schaffung einer operational nützlichen Definition von Religiosität und Religion. Dafür gilt es, die verschiedenen Formen zu erfassen, „in denen Menschen überhaupt religiös sein können" (Glock 1969: 150). Der Vorzug eines mehrdimensionalen Zugangs liegt in der Möglichkeit, verschiedene religiöse Kulturen der Welt einer empirischen Überprüfung unterziehen zu können und damit vergleichende Analysen von Religionen, religiösen Phänomenen, Religiosität und sozialen Bindungen an Religion durchzuführen.

Bei den fünf Dimensionen handelt es sich (1) um die Dimension der *religiösen Erfahrung*, die ein unmittelbares religiöses Erlebnis einfängt, (2) die Dimension der Praktiken und des *Rituals*, (3) die intellektuelle Dimension des *religiösen Wissens*[33], (4) die ideologische Dimension des *Glaubens* und – davon unterschieden – (5) die Dimension der *Konsequenzen* von Religiosität, die sich auf die säkularen Auswirkungen des Glaubens bezieht. Zwischen den verschiedenen Dimensionen bestehen Korrespondenzen und Wechselbeziehungen.

Die (ideologische) Dimension des Glaubens zerfällt in drei Unterdimensionen: (1) die Orthodoxie (Glaube an die Existenz und Natur eines göttlichen Wesens), (2) den Partikularismus (die Rolle des Menschen in Hinblick auf den Gotteswillen und der Glaube an bestimmte von Gott gesetzte Ziele und Inhalte) und (3) den Ethikalismus (das religiös begründete Verhalten der Menschen als Verwirklichung des göttlichen Zielwillens). Die rituelle Dimension zerfällt in die Subdimensionen *Devotion* und *Ritual*. Bezieht sich Devotion eher auf spontane und individuelle Formen von Handlungen in Bezug auf Gott (z. B. im Gebet), geht es im Ritual eher um den formellen Ablauf der kollektiven Handlungen in der Gemeinde (z. B. Gottesdienst, Schriftlesung, Fasten usw.). Die Dimension religiöser Erfahrung kann in das *Bedürfnis* nach einem letzten Sinn des Lebens, die subjektive *Erkenntnis* des Göttlichen sowie in *Vertrauen* oder *Furcht* gegenüber dem Göttlichen und seinen Entscheidungen unterteilt werden.

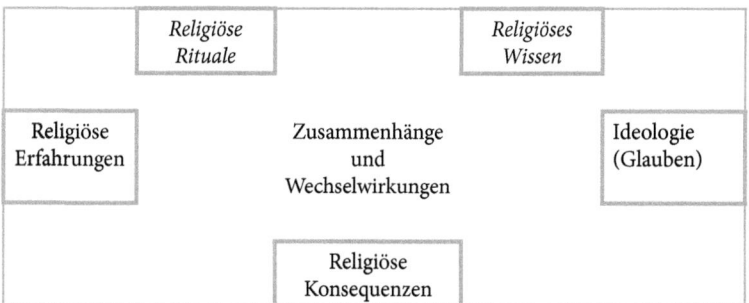

Abb. 3.2 Die Dimensionen der Religiosität nach Glock

Quelle: Eigene Zusammenstellung nach Glock (1969) und Huber (2003).

---

33 Die intellektuelle Dimension fehlte in dem ursprünglich vierdimensionalen Modell und wurde von Glock erst später hinzugefügt.

Die Überlegungen von Glock wurden in der Folgezeit wiederholt aufgegriffen und auch bei der empirischen Messung von Religiosität eingesetzt (Boos-Nünning 1972; Keczkes/Wolf 1996). Besonders herauszuheben ist die breit angelegte Aufarbeitung bei Stefan *Huber* (2003). Er diskutierte das ursprüngliche Konzept von Glock in Zusammenhang mit den Überlegungen von Allport (1954) und modifizierte es auf der Basis seiner Erkenntnisse aus verschiedenen empirischen Analysen. Insbesondere entfernte er die Dimension der religiösen Konsequenzen als nicht zu den anderen Dimensionen passend und differenzierte die Bereiche Devotion (individuelles Gebet) und Ritual (Gottesdienstbesuch) in eigenständige Oberdimensionen aus. Zudem ergänzte er die Betrachtungen Glocks durch eine Untersuchung des Einflusses der einheitsstiftenden Funktion theologischer Inhalte und Deutungsmuster auf Religiosität – also eine Unterteilung in Zentralität und Inhalt.[34] Aus Hubers Sicht ist es für ein tiefer gehendes Verständnis von Religiosität notwendig, sowohl den Inhalt als auch die *Zentralität* des Konzeptes Religiosität für das Alltagsleben jeweils für sich zu erfassen, wobei eine mehrdimensionale Erfassung des komplexen Phänomens Religiosität empirisch unumgänglich sei.

Tabelle 3.2 Messung der Religiosität im Religionsmonitor

Kerndimensionen	INHALTE	
	Allgemeine Intension der Kerndimensionen	Intensität spezifischer religiöser Themen
	Theistische Semantik / Pantheistische Semantik	
Intellekt	Interesse an religiösen Themen	Religiöse Reflexivität; religiöse Suche; Theodizee; spirituelle und religiöse Bücher
Ideologie (Glaube)	Glaube an Gott oder etwas Göttliches	Gottesbilder; Weltbilder; religiöser Pluralismus; Fundamentalismus
Öffentliche Praxis	Gottesdienst, Gemeinschaftsgebet, Tempelbesuch, spirituelle und religiöse Rituale	
Private Praxis	Gebet / Meditation	Pflichtgebet; Hausaltar
Erfahrung	Du-Erfahrung / Einheits-Erfahrung	Religiöse Gefühle

---

34 Zudem konnte Huber empirisch belegen, dass die Subdimension Partikularismus von der Subdimension Orthodoxie abhängig ist.

Konsequenzen	Allgemeine Alltagsrelevanz der Religion	Relevanz der Religion in Lebensbereichen (Partnerschaft, Arbeit)
ZENTRALITÄT	Summenindex zur Zentralität theistischer und pantheistischer Semantik	Religiöses und spirituelles Selbstkonzept

Quelle: Bertelsmann Religionsmonitor (Huber 2009).

2008 wurde Hubers neues Messkonzept im Bertelsmann Religionsmonitor (2009) in eine groß angelegte Befragung in 21 Ländern überführt. Die Kerndimensionen greifen dabei auf Hubers Aufteilung zurück, berücksichtigen aber auch die Konsequenzen-Dimension und die Zentralität von Religion für das Leben. Durch eine nach verschiedenen Religionen und Kulturen differenzierte Erfassung der Kerndimensionen soll dabei die Vergleichbarkeit und eine universelle Messbarkeit von Religiosität über die Schaffung funktionaler Äquivalenz gewährleistet werden.

3.3 Quantitative Religionsforschung zwischen Datenerhebung und Auswertung – Anlage und Durchführung eines quantitativen Forschungsprojektes

Am besten verständlich wird ein quantitatives Forschungsprojekt durch den Einblick in den Ablauf einer beispielhaften Studie. Im Folgenden soll anhand eines konkreten Forschungsprojektes das Vorgehen der quantitativen Religionsforschung näher illustriert werden. Stellt man sich den Ablaufprozess vor, dann reicht dieser von der Theorie über die Hypothesenbildung und Operationalisierung bis hin zur Auswertung. Dazwischen gibt es aber noch verschiedene weitere Schritte, die für ein erfolgreiches Forschungsprojekt handwerklich sauber durchgeführt werden müssen. Es ist dabei zu unterscheiden zwischen der eigenen Durchführung einer quantitativen Erhebung und der Analyse bereits vorliegender Daten sowie zwischen der Analyse von Aggregatdaten und von Umfragedaten.

3.3.1 Fragestellung

Ausgangspunkt der nun vorgestellten Beispielsforschung ist folgende Fragestellung: *Inwieweit birgt religiöse Pluralisierung in der deutschen Zuwanderungsgesellschaft ein mögliches Konfliktpotential für den gesellschaftlichen Zusammenhalt?*

Um oft notwendige Abweichungen skizzieren zu können, wird alternativ ein kleinformatiges Projekt hinzugezogen, das – sehr typisch für Abschlussarbeiten im Bereich der Religionspädagogik – anhand einer eigenen Untersuchung herauszubekommen versucht, welche Motive sich für den Besuch einer evangelischen Schule finden lassen.

3.3.2 Hypothesenformulierung, Konzeptspezifikation, Literaturanalyse

Im weiteren Verlauf der Auseinandersetzung mit der Forschungsfrage versucht man diese zu verdichten. Dies geschieht in quantitativen Forschungsprojekten zumeist mittels *Hypothesen*. Sie schärfen noch einmal die Fragestellung und können in der späteren Studie als Leitlinien verwendet werden. Diese Funktion ist nicht zu unterschätzen, werden doch in Abschlussarbeiten – zumeist weil man das Gefühl hat, dass man etwas Neues machen muss – die Fragestellungen zu breit oder zu unklar angelegt. Dies führt im weiteren Verlauf der Arbeit dann häufig zu Schwierigkeiten, dehnt sich doch der behandelte Bereich immer mehr aus. Es gilt die Regel: Eine Arbeit wird später immer breiter und umfangreicher als man denkt, eigentlich nie kürzer und schmaler. Für die Hypothesenbildung führt man die ersten Literaturanalysen durch und versucht das, was auf dem Forschungsgebiet bereits vorliegt, zur Kenntnis zu nehmen. Dadurch erhält man einen Einblick in das Forschungsfeld, aber auch Anregungen für Hypothesen und die Konzeption des ganzen Projektes. Auch bislang noch nicht so gut behandelte Bereiche der Fragestellung werden hier nun sichtbar. Im Rahmen der Konzeptspezifikation wird überlegt, wie und mit welchen methodischen Instrumenten man seiner Frage nun „zu Leibe rücken" will.

3.3.3 Forschungsdesign: Auswahl der Untersuchungsform und Operationalisierung

In einem zweiten Schritt gilt es, das *Datenmaterial* bzw. die *Untersuchungsform* selbst zu bestimmen. Geht man davon aus, dass ein Konfliktpotential durch religi-

3.3 Quantitative Religionsforschung – Datenerhebung und Auswertung 141

öse Pluralisierung weitgehend aufgrund subjektiv vorgenommener wechselseitiger Zuweisungen beruht, so rücken dann diesen Zuweisungen vorangehende Identifikationen des Selbst und des Anderen in den Blick der Forschung. Da es sich bei der Frage nach der Identifikation um eine Frage auf der Einstellungsebene handelt, bietet sich der Weg über die Analyse von *Umfragedaten* an. *Aggregatdaten* spielen hier nur eine nachgeordnete Rolle. Sie alleine reichen in diesem Fall nicht aus, die Fragestellung zu beantworten, gehören aber doch ergänzend zum Forschungsdesign. So ist es notwendig, das Ausmaß religiöser Pluralität darzustellen, um überhaupt die Ausgangslage der „religiösen Pluralisierung" bestimmen zu können. Da kann es hilfreich sein, über einen Blick auf die statistischen Grunddaten in Landesämtern oder Gemeinden einen Eindruck über den Grad an religiöser Pluralisierung zu erhalten. Statistiken des Bundesamtes oder Landesämter geben Information genau über diese Entwicklungen und können zur Einordnung der eigenen Daten dienen. Auch der Rückgriff auf zusammenfassende Publikationen, wie die alle zwei Jahre erscheinenden Datenreports des statistischen Bundesamtes, ist hier hilfreich.

Die ausgewählte Fragestellung ist nun allgemein auf die Bundesrepublik Deutschland bezogen und erfordert damit die Ziehung einer *Stichprobe*, die repräsentativ Auskunft über die Gesamtheit der Deutschen geben kann. Nun wäre es auch möglich, sich auf bestimmte Gebiete, zum Beispiel das Bundesland Hessen, zu beschränken. Dann müsste aber auch die Aussagekraft der späteren Aussagen an diese Stichprobe angepasst werden.

Thematische Alternativen: Nicht jede Forschungsfrage ist so breit gestellt. Für studentische Arbeiten oder auch Dissertationen rücken oftmals spezielle Gruppen in den Blick. So ist es zum Beispiel möglich, um Aussagen über die Motive des Besuchs des Deutschen Evangelischen Kirchentags zu erhalten, dort eine entsprechende Stichprobe zu ziehen. Diese ist dann allerdings wiederum, ganz wie im hier verwendeten Beispiel, in ihrem Bezug auf die Repräsentation der untersuchten Gesamtheit zu prüfen. Nimmt man sich vor, die Motive für den Besuch einer evangelischen Schule zu untersuchen, so wird man sich zumeist auf eine oder mehrere Schulklassen konzentrieren. Diese sind dann selten repräsentativ für die evangelischen Schulen, und manchmal nicht einmal für die Schule, aber durch die Ermittlung von Zusammenhängen und Vergleiche können trotzdem interessante Aussagen erzielt werden. Man sollte nur als Durchführender klar benennen, dass man keine repräsentative Stichprobe hatte, diese auch nicht das Ziel war und was das Ziel der eigenen Forschung ist.

Hat der Forscher sich für die Umfrage entschieden, dann stellt sich nun die Frage, wie er diese durchführt. Er muss entscheiden, ob er auf bereits erhobenes *Sekundärdatenmaterial* zurückgreifen kann oder gezwungen ist, selbst eine Erhebung durchzuführen. Existieren bereits erhobene Umfragen, so kann er im wissenschaftlichen Sektor häufig auf diese Daten zurückgreifen. Dies gilt für mehrere der derzeit durchgeführten regelmäßigen Umfragestudienprojekte, wie den Allbus (Allgemeine Bevölkerungsumfrage der Sozialwissenschaften), die Eurobarometer oder die World Value Surveys. Diese Datensätze, wie auch viele andere, sind bei der GESIS kostengünstig oder teilweise sogar für Studierende kostenlos zu erhalten.

> Vor Durchführung eines Forschungsprojektes ist ein Design festzulegen, in dem sowohl Entscheidungen über die zu untersuchende Stichprobe, über deren Korrespondenz zur Fragestellung und über den Bezug zu Theorien der Religionsforschung getroffen werden.

Ein Vorteil des Sekundärmaterials ist, dass eine aufwendige Erhebung vermieden werden kann und man repräsentatives und bereits geprüftes Datenmaterial für die eigenen Analysen zur Verfügung hat. Der Nachteil ist, dass die erhobenen Daten gegeben sind, also man die Fragestellungen wie die Antwortvorgaben so nehmen muss, wie sie vorliegen. Gerade bei Fragen nach religiöser Pluralisierung finden wir in früheren Erhebungen zum Schwerpunkt Religion nahezu keine Auskünfte jenseits der reinen Zugehörigkeit zu einer Religion. Und gelegentlich kommt es auch vor, dass die Fragen über die Zeit verändert wurden oder aber für Zusammenhangsanalysen eine der beiden Bezugsvariablen fehlt. Ist dies der Fall, dann besteht nur die Möglichkeit, die Fragestellung den Daten anzupassen, was zumeist die ungünstigere Variante ist, oder selbst eine entsprechende Erhebung durchzuführen. Dies ist dann aber mit den bereits angesprochenen Problemen des Kosten- und Ressourceneinsatzes verbunden.

> Für eigene Umfragen kommt der Konstruktion des Fragebogens größte Bedeutung zu. Neben der Operationalisierung der Forschungsfragen und deren Antwortvorgaben ist auf die Länge und Verständlichkeit des Fragebogens zu achten.

Hat man sich nun für eine Untersuchungsform entschieden, die einen eigenen Fragebogen erfordert, dann tritt an dieser Stelle nun die Konstruktion der Fragen ins Zentrum der Arbeit. Diese unterliegt vielfältigen Überlegungen, die hier nur kurz angesprochen werden können. Ausführlich finden sie sich in entsprechenden Lehrbüchern aufgeführt (Engel u. a. 2012; Jacob u. a. 2013). Bei diesem Prozess der

Operationalisierung werden die vorher angestellten Überlegungen in Fragebogenfragen überführt. Dabei können Fragen entweder direkt angegangen (Sind sie religiös erzogen worden? Sind sie religiös?) oder über Itembatterien umkreist und identifiziert werden. Letzteres ist bei sensiblen Themen (Fremdenfeindlichkeit, Islamophobie) genauso notwendig, wie bei unscharfen Phänomenen auf der Einstellungsebene.

Tabelle 3.3 Einzelfrage zur Haltung gegenüber religiösen Gruppen

Wie stehen Sie Mitgliedern der Glaubensgemeinschaft des Hinduismus gegenüber?
1. Habe eine sehr positive Haltung
2. Habe eine eher positive Haltung
3. Habe eine eher negative Haltung
4. Habe eine sehr negative Haltung
5. Kenne niemanden/habe keine Haltung

Verschiedene Grundprämissen sind hierbei zu beachten. Zu nennen ist das Vermeiden von Suggestivfragen oder nicht eindeutigen Fragen, aber auch die Abstimmung der Fragen aufeinander. Bei Suggestivfragen handelt es sich um Fragen, die ein bestimmtes Antwortverhalten nahe legen. Ein deutliches Beispiel wäre folgende Frage: *Fühlten auch Sie sich schon einmal von einem Muslim bedroht?* Damit wird das Antwortverhalten (möglicherweise) in eine Richtung gelenkt und gibt eben nicht die erhoffte neutrale Auskunft über Haltungen zur Bedrohungswahrnehmung von Muslimen durch andere Personen. Speziell der Terminus „auch" ist hier bedenklich.

Nicht eindeutig ist auch, wenn man nicht klar weiß, worauf die Aussage zielt. Zu vermeiden sind hier Fragen wie: *Haben Sie schon einmal einen Weihnachtsgottesdienst besucht und wie fanden Sie diesen?* Hier ist nicht klar, auf was sich das Interesse des Fragestellers bezieht. Diese Gefahr der Unklarheit kann aber auch ganz generell in einer nicht präzise gestellten Frageformulierung ihren Ausdruck finden. Generell sind also klare und eindeutige Fragen zu formulieren, die es dem Fragesteller ermöglichen, Aussagen über sein Erkenntnisobjekt zu erhalten.

Fragen sollten auch nicht zu umständlich und zu akademisch formuliert werden. Sie müssen für die Breite der zu Befragenden verständlich sein. Dies bedeutet auch, dass man latente Phänomene, die man untersuchen möchte, nicht mit ihren Fachbezeichnungen abfragt. So dürfte, als sehr deutliches Beispiel, die folgende Frage wenig erfolgversprechend sein: *Besitzen Sie Stereotype gegenüber Muslimen?* Gerade bei dieser Nachfrage kann es günstig sein, das zu untersuchende – latente –

Phänomen einzukreisen. Hier kommen oft die bereits angesprochenen Itemskalen zum Einsatz.

Die Fragenkonstruktion beinhaltet dabei vor allem auch die Entscheidung über die Antwortvorgaben und deren Kategorisierung. Die *Antwortvorgaben* sollten erschöpfend und klar voneinander abgegrenzt sein. Hier fällt auch die Entscheidung für offene oder geschlossene Antwortvorgaben. In der Regel sind offene Frageformulierungen zu vermeiden, nicht nur der Aufwand der nachträglichen Kategorisierung ist hoch, sondern man verschiebt zumeist nur das intellektuelle Entscheidungsproblem der Kategorisierung auf einen späteren Zeitpunkt und befördert zudem ein deutlich geringeres Antwortverhalten. Entsprechend ist es sinnvoll, bereits vorher entsprechende Entscheidungen vorzunehmen.

Dies beinhaltet auch die *Skalierung der Antwortvorgaben*. Verwendet man unterschiedliche Antwortvorgaben, die sich zwar unterscheiden, aber nicht in ein Verhältnis (z. B. mehr oder weniger) zueinander zu setzen sind, dann produziert man sogenannte *nominal skalierte* Daten. Kann man ein mehr oder weniger ausmachen, aber die Abstände zwischen den Antwortvorgaben sind unklar oder ungleich, dann sind die entstehenden Daten *ordinal skaliert*. Kann man aber die Abstände als gleich erachten (zum Beispiel beim Einkommen), dann erhält man metrische Daten. Dies ist für die spätere statistische Datenanalyse von Relevanz, kann man zum Beispiel nur mit metrischen Daten Mittelwerte berechnen oder höherwertige, multivariate Datenanalysen einsetzen. Typisch für den Versuch metrische Daten auch aus Einstellungen zu erzielen sind Antwortvorgaben, wie in Tabelle 3.3 Sie geben dem Befragten die Chance, sich selbst entsprechend einem (aus Sicht des Forschers hoffentlich) wahrgenommenen Kontinuums einzuordnen.

Auch die *Länge des Fragebogens* sollte man in seiner Konstruktion bedenken, hängt doch nicht nur das Antwortverhalten der Befragten nicht unwesentlich von dieser ab (je länger, desto mehr Verweigerungen). Gleichzeitig ist damit auch eine stetige Erhöhung der Kosten (Fragebogendruck), des Aufwandes (Fragebogenverteilung und Einsammlung) und der Dateneingabe verbunden. Die angemessene Fragebogenlänge ist abhängig von dem Ort, der Art und dem Zielpublikum der Befragung. Bei einer Befragung in Schulklassen sollte der Fragebogen zum Beispiel drei bis vier Doppelseiten wenn möglich nicht überschreiten, Umfragen mit Meinungsforschungsinstituten sind dagegen wesentlich länger.

3.3 Quantitative Religionsforschung – Datenerhebung und Auswertung

Wie steht es mit Kontakten und Erfahrungen zu anderen religiösen Gruppen?

Ich habe Kontakte zu…	keine	wenig	viele
Katholiken	☐	☐	☐
Angehörige Freikirchen	☐	☐	☐
Konfessionslosen	☐	☐	☐
Muslimen	☐	☐	☐
evangelikalen Christen	☐	☐	☐
Atheisten	☐	☐	☐

Abb. 3.3 Kontakterfahrungsfrage (mehrere Kategorien)

Bereits zu diesem frühen Zeitpunkt der Erhebung ist es günstig einen sogenannten *Codeplan* zu entwerfen, in welchem den Antwortvorgaben bereits Ziffern zugewiesen werden. Dabei wird der eindeutige Variablenname (V1_) zugewiesen und dann die entsprechende Ziffer (1-3) zugeordnet. Im vorliegenden Fall sähe dies wie in Abbildung 3.4 dargestellt aus. Viele Kontakte mit Mitgliedern der katholischen Kirche würden sich im Wert 3 der Variablen V1a ausdrücken, keine Kontakte mit evangelikalen Christen im Wert 1 für die Variable V1e.

Wie steht es mit Kontakten und Erfahrungen zu anderen religiösen Gruppen?

Ich habe Kontakte zu…	keine (1)	wenig (2)	viele (3)
Katholiken (V1a)	☐	☐	☐
Angehörige Freikirchen (V1b)	☐	☐	☐
Konfessionslosen (V1c)	☐	☐	☐
Muslimen (V1d)	☐	☐	☐
evangelikalen Christen (V1e)	☐	☐	☐
Atheisten (V1f)	☐	☐	☐

Abb. 3.4 Kontakterfahrungsfrage (mehrere Kategorien)

Aber auch bei der Entscheidung für Sekundäranalysen ist an dieser Stelle unter den vorhandenen Möglichkeiten zu wählen und die entsprechenden Fragen sind zu identifizieren, welche über das ausgewählte Thema Auskunft geben können. Allein ist hier die Auswahl naturgemäß begrenzt, wurden doch viele der Umfragen für andere Zwecke und Hypothesen konstruiert.

> Bei der Formulierung von Fragen sind Suggestivfragen, unklare oder zu akademische Frageformulierungen und unzureichende Antwortvorgaben zwingend zu vermeiden. Auch die Länge des Fragebogens und seine Angemessenheit für das Zielpublikum sind zu bedenken. Insgesamt kommt der Fragebogenkonstruktion in der Umfrageforschung eine große Bedeutung zu. Es gilt die Regel „Garbage in, Grabage out". Dies ist zu vermeiden.

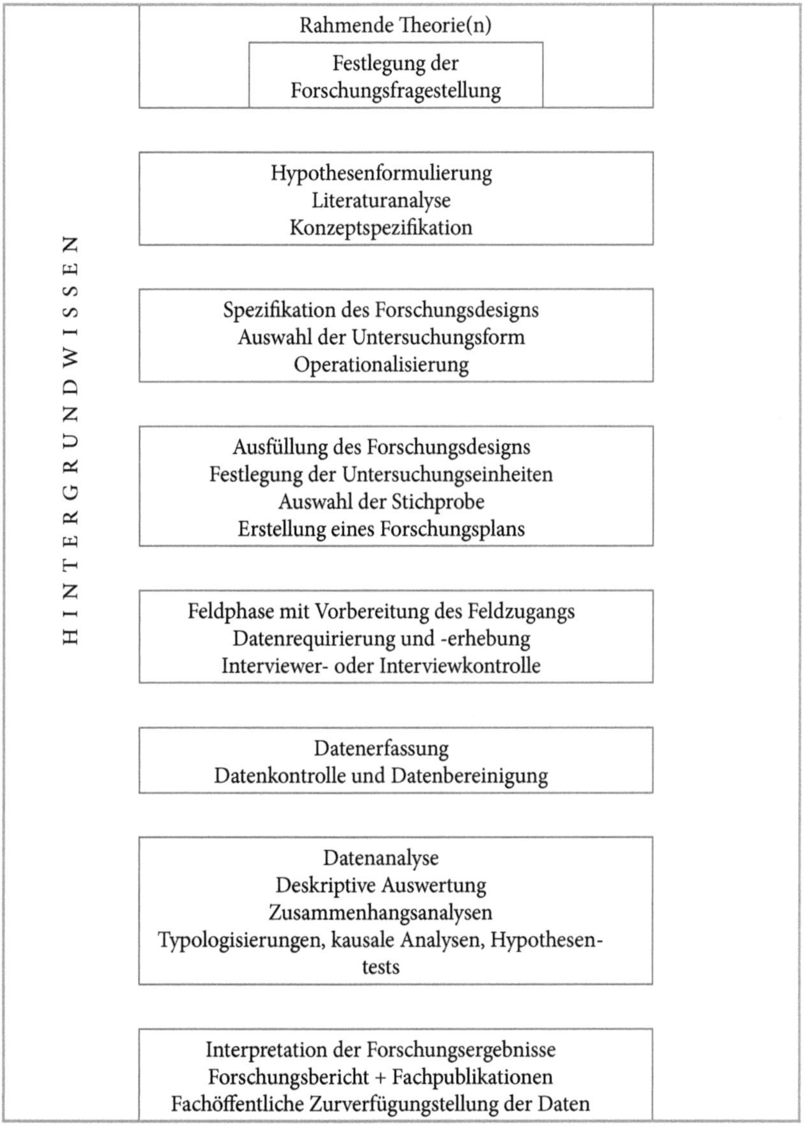

3.3 Quantitative Religionsforschung – Datenerhebung und Auswertung

HINTERGRUNDWISSEN

- Rahmende Theorie(n)
  - Festlegung der Forschungsfragestellung

- Hypothesenformulierung
  Literaturanalyse
  Konzeptspezifikation

- Spezifikation des Forschungsdesigns
  Auswahl der Untersuchungsform
  Operationalisierung

- Ausfüllung des Forschungsdesigns
  Festlegung der Untersuchungseinheiten
  Auswahl der Stichprobe
  Erstellung eines Forschungsplans

- Feldphase mit Vorbereitung des Feldzugangs
  Datenrequirierung und -erhebung
  Interviewer- oder Interviewkontrolle

- Datenerfassung
  Datenkontrolle und Datenbereinigung

- Datenanalyse
  Deskriptive Auswertung
  Zusammenhangsanalysen
  Typologisierungen, kausale Analysen, Hypothesentests

- Interpretation der Forschungsergebnisse
  Forschungsbericht + Fachpublikationen
  Fachöffentliche Zurverfügungstellung der Daten

Abb. 3.5 Ablaufprozess quantitativer Religionsforschung
Quelle: Lauth/Pickel/Pickel 2009 modifiziert nach Überlegungen der Autoren.

3.3.4 Forschungsdesign: Zugang, Datenmaterial und Stichprobe

Neben der Auswahl einer geeigneten Stichprobe ist auch das spezifische *Stichprobendesign* wichtig. Hat man bei einer Sekundärdatenanalyse hier keinen Einfluss, besitzt die Konzeption des Stichprobendesigns für eigene Befragungen dagegen erhebliche Bedeutung. Im Rahmen der Fragestellung nach religiöser Pluralisierung ist es zum Beispiel unabdingbar, Personen unterschiedlicher religiöser Zugehörigkeit zu befragen. Dies muss allerdings in solchen Größenordnungen geschehen, dass die statistischen Ergebnisse belastbar sind. Eine Schülerbefragung, in der letztlich nur ein Muslim und zwei orthodoxe Christen enthalten sind, kann kaum Aussagen zum religiösen Pluralismus zulassen. Dies wäre bei einer Fragestellung, die auf Stereotype gegenüber verschiedenen Religionen zielt, weniger relevant als bei Fragen zum Beispiel nach dem Glaubensverständnis. Das Problem liegt an dieser Stelle darin, dass verschiedene Gruppen eben auch in der Realität unterrepräsentiert sind. Bei einem Bevölkerungsanteil von zwei Prozent können bei 100 Befragten entsprechend in der Regel nicht mehr als zwei orthodoxe Christen per Zufallsverfahren in eine Stichprobe gelangen. Dies erweist sich bereits hinsichtlich dieser Gruppen in Großbefragungen als Problem, enthalten doch auch die bereits angesprochenen Sekundärdaten meist nur geringe Zahlen an Mitgliedern anderer Religionen.

Diesem Problem kann man allein durch eine Quotenstichprobe oder durch die systematische Erhöhung einer Fallzahl durch ein entsprechendes Stichprobendesign begegnen. Wie sieht dies aus? Im Prinzip wird für die Gruppen, die den Forscher interessieren, für die man jedoch eine zu geringe Zahl in der Stichprobe erwartet, eine Quote festgelegt, zum Beispiel 150 befragte Muslime. Diese Anzahl ist natürlich größer als der reale Bevölkerungsanteil bei insgesamt 1000 Befragten. Allerdings sind nun belastbare Vergleichsanalysen zwischen den Mitgliedern der unterschiedlichen Gruppen möglich, da die Fallzahlen hinreichend hoch sind. Nun entsprechen natürlich die Deskriptionen und Häufigkeiten der Gesamtbefragung nicht mehr dem Bevölkerungsschnitt – und sind somit nicht mehr repräsentativ. Da man aber die Abweichungen bewusst über ein kontrolliertes Merkmal vollzogen hat, kann man durch die Einführung einer Gewichtung (indem die 150 erhobenen Muslime durch einen Gewichtungsfaktor auf die dem Bevölkerungsschnitt entsprechenden 60 Personen „heruntergewichtet" werden) eine „normale" Stichprobe wiederherstellen. Damit sind dann auch repräsentative Aussagen möglich, soweit die Stichprobe sonst entsprechend den Regularien repräsentativer Stichproben erhoben wurde (Zufallsprinzip).

Thematische Alternativen: Untersucht man evangelische Schulen, dann ist die Grundvoraussetzung der Stichprobe bereits gegeben – entweder Schüler oder aber Bedienstete an diesen Schulen. Daneben bleiben aber Fragen offen: Nimmt man in einem Gebiet, z. B. Sachsen, eine Vollerhebung aller Schulen vor? Welche Klassen untersucht man? Oder lege ich ein gezieltes Vergleichsdesign zwischen vergleichbaren Schulen in Sachsen und Nordrhein-Westfalen an? In jedem Fall sollte man sich bei der Entscheidung für eine bestimmte Stichprobe von klaren – und später reproduzierbaren – Überlegungen leiten lassen. Geht man zum Beispiel davon aus, dass gerade hinsichtlich der evangelischen Schulen in Sachsen und Nordrhein-Westfallen aufgrund des Lehrplans Unterschiede bestehen, was zwischen anderen Bundesländern in diesem Ausmaß nicht der Fall ist, so lohnt eine Untersuchung. Gleichzeitig spielen hier systematisch intervenierende Variablen eine Rolle. So liegt Sachsen bekanntlich in Ostdeutschland, das eine andere historische Erfahrung im Raum aufweist als Nordrhein-Westfalen.

Insgesamt ist es also wichtig, *systematisch zu variieren* und diese Variation durch weitere mögliche Unterschiede zu kontrollieren. Die systematische Kontrolle ergibt dann überhaupt erst die Möglichkeit, Aussagen auf der Basis dieser Variation zu treffen. Sonst ist diese Varianz als Erklärungsmerkmal nicht zu verwenden. Unterschiede, deren Ursprung nicht zu identifizieren ist oder zu denen man auf eher zufälligen Wegen kommt, bringen kaum einen Gewinn für wissenschaftliche Aussagen und verbleiben in einem maximal illustrativen Interpretationsbereich.

3.3.5 Feldphase

Kann man nicht auf ein Meinungsforschungsinstitut zurückgreifen, dann kommt an dieser Stelle der Teil der Untersuchung, der wohl am stärksten mit *trade-offs* verbunden ist. Bei Verfügbarkeit hinreichender finanzieller Mittel kann die Befragung, am besten sogar eine repräsentative Befragung, externalisiert werden. Im Falle hinreichend zur Fragestellung passender Sekundärdaten gilt es, sich diese zu besorgen. Für studentische Studien fallen aber oft beide Zugänge, der erste eigentlich generell, der zweite häufiger, aus. Um eine entsprechende Datengrundlage für das eigene Forschungsinteresse zu erhalten, ist es nun notwendig, sich den Feldzugang zu erschließen. Bei unserer Hauptfragestellung nach dem Konfliktpotential religiöser Pluralisierung könnte man nun also versuchen, durch die Konzentration auf zwei Stichproben – 100 Muslime und 100 Christen in einer Stadt – ein Kontrastdesign anzulegen. Um an die entsprechenden zu Befragenden heranzukommen, dürfte es allerdings kaum ausreichend sein, sich in die Fußgängerzone zu stellen. Zum einen hat aufgrund vielfältiger Einflussfaktoren (Berufstätigkeit, Stadtteil der

Wohnung etc.) nicht jeder die Möglichkeit, in die Stichprobe zu kommen, zum anderen bleiben so gerade die speziell ausgesuchten Gruppen, hier die Muslime, vermutlich unterrepräsentiert. Noch entscheidender ist aber, dass keine neutrale bzw. für den Befragten sichere Umfragesituation besteht. Auch sind nur sehr kurze Fragebögen überhaupt an dieser Stelle einsetzbar, was auch große Abbruchquoten und Verweigerungszahlen mit sich bringt.

Eine Möglichkeit ist, durch Kontakte zu muslimischen und christlichen Gemeinden einen systematischen Zugang zu diesen Personengruppen zu eröffnen. Dies sollte nun aber rechtzeitig und gut vorbereitet geschehen, muss doch immer eingerechnet werden, dass einerseits Sensibilitäten bestehen, die eine Verweigerung des Feldzugangs nach sich ziehen, oder es zumindest eine längere Zeit – Antwortprobleme, Verwaltungsdurchlauf – benötigt. Im Prinzip bestehen an dieser Stelle keine wesentlichen Unterschiede zu qualitativen Verfahren, die sich in der Regel auch den Feldzugang sichern müssen.

In diesem Zusammenhang ist es wichtig, rechtzeitig und mit guten Argumenten vorstellig zu werden. Zudem muss man deutlich machen, dass der Datenschutz gewährleistet ist und man vor allem kein Interesse an den einzelnen Personen als Individuen besitzt, sondern allein an den breiteren, systematischen Aussagen. Gerade die Sorge vor der Identifizierbarkeit von Einzelpersonen erweist sich als ein bedeutsames Problem, das den Feldzugang erschweren kann. An dieser Stelle ist es auch wesentlich, den Zeitpunkt und den Umfang der Befragung zu planen, festzulegen und mit einer gegebenenfalls einbezogenen Institution abzustimmen.

> In der Feldphase sind die wichtigsten Aspekte die Entscheidung über das „Wie" der konkreten Durchführung einer Befragung. Dies umfasst Aspekte wie die Interviewerkontrolle oder die Auseinandersetzung mit der Interviewsituation als solcher. Dem geht allerdings erst einmal die Sicherung des Feldzugangs überhaupt voran.

Thematische Alternativen: Sich den Zugang zu sichern kann auch gerade bei unserer auf Schüler und deren Eltern bezogenen Befragung bedeutsam sein. Neben einer potentiellen Unwilligkeit sind es hier spezifische Verwaltungsvorschriften in Schulen, die eine längerfristige Prüfung des Befragungsvorhabens bedingen können. Zudem stellte sich in den letzten Jahren gelegentlich heraus, dass Befragungen an Schulen aufgrund einer gewissen Übersättigung – da bereits mehrere Befragungen dort durchgeführt worden waren – abgelehnt werden.

3.3 Quantitative Religionsforschung – Datenerhebung und Auswertung

Der Zugang ist nun die eine Seite der Feldphase, die andere ist die *konkrete Durchführung* der Umfrage. Dies umfasst die Verteilung von Umfragebögen. Hier ist entscheidend, ob man eine schriftliche Befragung, eine telefonische, eine online-gestützte oder eine *face-to-face-Befragung* durchführt (auch Jacob u. a. 2013: 97-174). Im letzten Fall hat man einen Fragebogen, führt die Befragung mit den Befragten aber mündlich durch und notiert die Antworten. Auf diese Weise hat man die größte Kontrolle über die Befragung und erhält auch selbst Informationen über die Interviewersituation. Gleichzeitig ist dies aufwendig, gerade wenn man eine etwas höhere Fallzahl erreichen will. Findet man Personen, die einem helfen, oder verfügt man über finanzielle Mittel, um Personen mit der Befragung zu beauftragen, überträgt man diese Verantwortung, besitzt aber nur noch mittelbare Kontrolle über einen sachgemäßen Ablauf der Befragung. Dieser *trade-off* ist also grundsätzlich bereits rechtzeitig zu bedenken. Da Telefonbefragungen für selbst konzipierte Arbeiten eher eine untergeordnete Rolle spielen und weitgehend von Befragungsinstituten durchgeführt werden, werden sie mit anderen externalisierten Befragungen an den Instituten mitabgehandelt.

Externalisiert man die Befragung, so kommt einem dennoch die Aufgabe der *Interviewerkontrolle* oder zumindest der aufmerksamen Beobachtung, dass die Umfrage sauber durchgeführt wird, zu. Dies gilt auch in der Zusammenarbeit mit externen Instituten, die man üblicherweise besucht, sich dabei Einblicke in die Feldphase der Umfrage geben lässt und die Realisierung von Stichprobenquoten und Verteilungsmerkmalen prüft. Bei der Arbeit mit Umfrageinstituten kommt diesem Punkt eine besonders große Bedeutung zu, unterscheidet sich die Qualität einer auf diese Weise externalisierten Umfrage doch möglicherweise wesentlich von einer wenig oder gar nicht kontrollierten Umfrage. Zudem gewährleistet die Kommunikation mit dem Befragungsinstitut, dass man als Ansprechpartner zur Verfügung steht, rechtzeitig schnell korrigierend in die Feldphase eingreifen kann und sich zwischen durchführendem Befragungsinstitut und Primärforscher Vertrauen entwickelt.

Führt man die Befragung, was bei Projekten von Studierenden und Doktoranden die Mehrzahl ausmacht, selbst durch, dann entfällt zwar die Interviewerkontrolle, gleichzeitig muss man sich mit den Problemen der konkreten *Interviewsituation* vertraut machen. So ist davon auszugehen, dass eine Umfragesituation durch die Anwesenheit Dritter verändert wird. Aspekte *sozialer Erwünschtheit* verhindern, dass der Befragte die aus seiner Sicht „wahre" bzw. zutreffende Antwort gibt. Zudem muss man darauf achten, den Befragten nicht zu bestimmten Antworten zu ermutigen oder den Eindruck zu erwecken, dass er einem „etwas Gutes" mit seinen Antworten tut. Ein Beispiel: Führen wir unsere Befragung bei Muslimen und Christen mit Ausrichtung auf die Wirkungen und Haltungen zu religiöser Pluralisierung durch, so kann es in dem Fall dazu kommen, dass wesentlich freundlicher und den Mitgliedern von anderen Religionen gegenüber offener geantwortet wird, als dies der wahren Einstellung der Befragten entspricht. Gerade wenn man den Befrager als religiös oder besonders tolerant einschätzt, sind solche Reaktionen nicht unwahrscheinlich. Die eigene Durchführung der Befragung ermöglicht es aber dem Interviewer, Notizen über den Ablauf der Befragung, eventuelle Probleme in der Befragung sowie Probleme des Fragebogens anzufertigen – und ggf. für die Interpretation zu nutzen.

Gerade die zuletzt genannten Möglichkeiten führen dazu bzw. erfordern dies sogar, dass man selbst bei einer späteren Externalisierung – quasi im Sinne einer *Vorstudie* – den eigenen Fragebogen bei bekannten oder auch zufällig ausgewählten Personen testet. Diese Testung sollte dann in den Fragebogen einfließen und ggf. zu sinnvollen Modifikationen führen.

> Die unterschiedlichen Arten der Durchführung einer Umfrage (face-to-face, über ein Meinungsforschungsinstitut, postalisch, per Verteilung) bergen unterschiedliche Vorteile und Probleme, die bereits in der Phase des Forschungsdesigns zu bedenken und zu entscheiden sind.

Nun ist die face-to-face-Befragung wie schon erwähnt mit dem Problem eines großen Ressourceneinsatzes verbunden. Dies ist mit Blick auf höhere Fallzahlen, die man aus statistischen Gründen auch in Qualifikationsarbeiten gerne erreichen möchte, ausgesprochen aufwändig – wenn nicht gar unmöglich zu realisieren. Eine Alternative ist die Verteilung von Fragebögen mit der Bitte, diese an den Interviewer zurückzuleiten. Die klassische Bezugsform hier ist die *postalische Befragung*. Hat man sich im Forschungsdesign für diese Form der Befragung entschieden, dann gilt es, bereits den Fragebogen so zu konzipieren, dass er einfach und vollständig selbsterklärend ist. Zudem ist zu organisieren, wie der Fragebogen an die (richtigen) Interviewten kommt – und vor allem, wie er von diesen wieder zurück zum Interviewer kommt. Abgabekästen, Abholung oder Sammlung an einer bestimmten Stelle sind entsprechende Möglichkeiten. In der klassischen postalischen Befragung wird dies über Versendung und Beilage eines Empfängerbriefes mit Rückumschlag gelöst. Doch auch dies ist finanziell aufwändig und wird eher selten in Qualifikationsarbeiten angewandt. Es ist dabei immer zu berücksichtigen, dass sich postalische wie auch Verteilungsumfragen durch eine eher geringe Rücklaufquote der Fragebögen auszeichnen. Dem kann man durch persönliches Einsammeln begegnen, allerdings sollte man in der Regel nicht mit mehr als 15-20 % Rücklauf rechnen. Das bedeutet, dass eine entsprechend höhere Zahl an Fragebögen ausgegeben werden muss, um die angestrebte Stichprobengröße zu erreichen. Als günstig hat es sich erwiesen, entweder mit Organisationen zu kooperieren, die den Befragten bekannte Sammelstellen zur Verfügung stellen (zum Beispiel in Schulen Sammlung im Sekretariat oder durch Vertrauenslehrer), oder aber Zeitpunkte und Orte zu benennen, an denen die Fragebögen eingesammelt werden bzw. zu sammeln sind.

Eine letzte, in jüngerer Zeit sich zunehmend verbreitende Möglichkeit ist die Durchführung von Online-Umfragen. Hierfür benötigt man einerseits das technische Know-how, andererseits die Möglichkeit einer Einstellung im Internet (Server, Homepage usw.). Die Besonderheit ist, dass man kaum mit Problemen bei der Umsetzung und Verteilung konfrontiert ist, gleichzeitig aber auch die Zielgruppe auf die Befragung hinweisen muss, da diese nicht von selbst auf die Umfrage treffen wird. Bei Online-Umfragen ist die Kontrolle einer selektiven Beantwortung und von Verzerrungen möglicherweise in der Feldphase am schwierigsten zu kontrollieren. Dies zieht eine besondere Sorgfalt in der Datenkontrolle nach sich.

Zwischenschritte: Dateneingabe und Datenkontrolle

Zwei Prozesse gehen der Datenauswertung zwingend voraus: zum einen die *Dateneingabe*, zum anderen die Datenkontrolle. Verfügt man bei an Meinungsforschungsinstitute externalisierten Umfragen wie auch zumeist bei Online-Umfragen relativ direkt über einen statistisch analysierbaren Datensatz, so müssen vorliegende Fragebögen erst für eine digitale Verarbeitung aufbereitet werden. Nur auf diesem Weg und unter Verwendung von Statistikprogrammpaketen kann eine sinnvolle Analyse des Materials erfolgen. Dies setzt voraus, sich rechtzeitig gewahr zu werden, dass man sich entweder die entsprechenden Kenntnisse zu den Statistikprogrammpaketen aneignet oder jemanden hat, der an dieser Stelle gezielt weiterhelfen kann. Als Statistikprogramme derzeit verfügbar sind SPSS, STATA oder auch R. Sind erstere kostenpflichtig, stehen aber an Universitäten häufig zur Verfügung, ist R ein free-share Programm. Es ist allerdings im Gegensatz zu den zuerst genannten für Anfänger bei weitem nicht so anwenderfreundlich, da es kaum mit übergreifenden Features und Oberflächen arbeitet. Teilweise in diese Richtung geht auch PSPP, eine abgespeckte free-share Version von SPSS.

Bei der Dateneingabe werden zuerst die Antworten im Fragebogen in Zahlen transformiert. Dies geschieht über den *Codeplan*, in dem die Übertragungen eingetragen und dokumentiert werden. Auf der Basis dieses Codeplans werden die Zahlen zu den einzelnen Datensätzen (alle Angaben einer Person bzw. einem Fall) in das Statistikprogramm übertragen. Diese Arbeit ist aufgrund der Gefahr von Fehleingaben, die sich später ungünstig auswirken können, sorgfältig durchzuführen. Am Ende dieses – abhängig von der Länge des Fragebogens und der Zahl der eingegangenen Fragebögen zeitaufwändigen – Prozesses steht dann ein Datensatz. Zur besseren Bearbeitung können in das Programm noch sogenannte *labels* eingegeben werden. Sie ermöglichen einem bereits im Datensatz die Identifikation der entsprechenden Variable oder des entsprechenden Indikators, ohne jedes Mal den Codeplan bemühen zu müssen.

> Eine sorgfältige Dateneingabe und Datenkontrolle stellen eine zentrale Voraussetzung einer späteren Datenanalyse dar. Hier sich einschleichende Fehler sind später nur mit viel Aufwand zu bereinigen. Es empfiehlt sich, vor Beginn der Auswertung verschiedene Kontrollen durchzuführen.

Die Fehlermöglichkeiten der Eingabe erforden in der Folge eine konzentrierte *Datenkontrolle*. Diese kann sowohl mittels Durchsicht der Daten und einer erneuten Hinzuziehung der Fragebögen, aber auch über statistische Plausibilitätstests erfolgen. Der Rückgriff auf den Fragebogen ist dann notwendig, wenn Häufigkeitsauszählungen ungewöhnliche und auffällige Werte ausweisen. Statistische Plausibilitätskontrollen versuchen über Annahmen, die auf bekannten Beziehungen aus anderen Zusammenhängen beruhen oder die aus Plausibilitätsgründen zu erwarten wären, die Konsistenz des Datensatz zu prüfen. So ist zum Beispiel bekannt, dass Bildungsstand und Alter in einem umgekehrten Verhältnis zueinander stehen. In der Gruppe der jüngeren Menschen sind mehr Personen in Hinblick auf die Ausbildung qualifizierter und im Durchschnitt ist das formale Bildungsniveau höher. Trifft dies auf den eigenen Datensatz nicht zu oder weicht er auch von extern bekannten Verteilungen über die untersuchte Stichprobe ab, dann muss man die Daten an dieser Stelle genaueren Sichtprüfungen unterziehen. Am Ende dieser Prozeduren, durch die aufgefundene Fehler genauso wie nicht erklärbare Daten bereinigt werden, steht der verwertbare Datensatz. Er dient als Grundlage der eigentlichen empirischen Analyse.

3.3.6 Der Kern der Untersuchung: Datenanalyse und Interpretation

Datenanalyse und deren Interpretation sind eigentlich in den Sozialwissenschaften nicht voneinander zu trennen. Sicherlich kann man Verfahren hinsichtlich ihrer methodischen Umsetzung differenzieren und beschreiben. So unterscheiden sich Häufigkeitsdarstellungen von Kreuztabellierungen als erster Form bivariater Analyse und gar von multivariaten Analyseverfahren. Nichtsdestoweniger sind sie mit bestimmten Erkenntnisinteressen und natürlich dem Wunsch nach einer inhaltlichen Interpretation verbunden. Für die Interpretation gibt es zwei Stufen: erstens eine eher beschreibende und die vorliegenden Ergebnisse verstehende Phase und zweitens eine mit Rückgriff auf Theorien und andere bereits vorliegende Ergebnisse arbeitende weiterführende wissenschaftliche Interpretation. Bei letzterer schließt sich dann auch der Kreis zu den anfangs so ausführlich geleisteten Absicherungen zwischen den theoretischen Einbettungen und der Erhebung (z. B. über die Operationalisierungen).

Die engere Datenanalyse startet in der Regel mit der Betrachtung der *Häufigkeiten*. Sie gibt nicht nur erste inhaltliche Anhaltspunkte, sondern dient auch dem Zweck, sich einen Einblick in die später in vertiefenden Verfahren angewendeten Indikatoren zu verschaffen – und auch ein „Gefühl" für die Daten zu bekommen. Für manche Fragen, zum Beispiel nach der Haltung zu Mitgliedern anderer Religionen (Abb. 3.4), reichen die so erreichten Aussagen bereits aus. Gleichwohl gewinnen auch Häufigkeiten ihre Tragfähigkeit erst, wenn sie entweder mit theoretischen Annahmen konfrontiert werden oder indem man sie mit anderen Gruppen vergleicht. Ansonsten dürfte es in der Regel immer schwer fallen zu bestimmen, ob bei einer Prozentzahl das „Glas halb voll oder halb leer" ist. Wichtig ist in diesem Zusammenhang, dass man zwar Angaben über die Stichprobengröße macht, aber eine Abbildung der realen Fallzahlen nur den Hintergrund darstellt. Für die spätere Interpretation benötigt man die auf die Gesamtheit der Befragten bzw. der eine substantielle Antwort gebenden Befragten bezogenen Prozentzahlen.

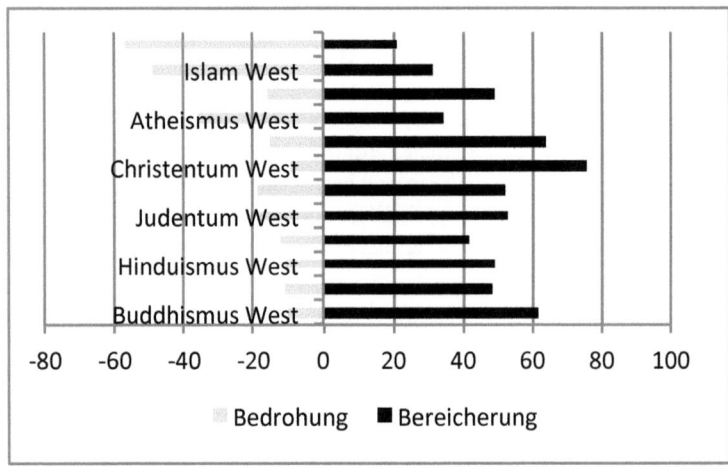

Abb. 3.6 Wahrnehmung religiöser Pluralisierung in Deutschland
(erste Balkenkombination: Westdeutschland;
zweite Balkenkombination: Ostdeutschland)

Quelle: Eigene Berechnungen, Bertelsmann Religionsmonitor 2013; Wenn Sie an die Religionen denken, die es auf der Welt gibt: Als wie bedrohlich bzw. wie bereichernd nehmen sie die folgenden Religionen wahr? Anteile: sehr bedrohlich/eher bedrohlich; sehr bereichernd/bereichernd. Angaben in Prozent.

In Abbildung 3.6 können wir so feststellen, dass sich in Deutschland über 50 % der Deutschen durch Muslime bedroht fühlen. Gehen wir einmal davon aus, wir hätten nur diese Angabe, dann könnte man dies gleichzeitig sowohl als hoch als auch als niedrig einschätzen. Somit handelt es sich ohne Vergleichsgröße nur um eine begrenzte gültige Aussage.[35] Nimmt man nun die Werte zu anderen Religionsgemeinschaften hinzu, dann wird deutlich, dass die Wahrnehmung einer Bedrohung durch Muslime erheblich über der Bedrohung durch andere Religionsgruppen liegt.[36]

---

35 Neben Häufigkeiten gibt es noch weitere Formen der Darstellung deskriptiver Befunde, wie Mittelwerte oder andere Maße der zentralen Tendenz. Gleiches gilt für das spätere Hypothesentesten von Unterschieden. Sie werden hier aus pragmatischen Gründen ausgespart. Darstellungen finden sich in allen einschlägigen Lehrbüchern zur empirischen Sozialforschung (siehe nur zum Beispiel bei Schnell/Hill/Esser 2010 oder auch Mayer 2008: 113-153).

36 Dabei ist es an dieser Stelle interessant, dass anscheinend das Gros der befragten Personen sich nicht scheut, Haltungen zu unterschiedlichen Religionen und ihren Mitgliedern anzugeben, selbst wenn weder Kenntnisse noch soziale Kontakte zu Angehörigen dieser

3.3 Quantitative Religionsforschung – Datenerhebung und Auswertung

Erkenntnisgewinne sind möglich, wenn Vergleichsmöglichkeiten bestehen. Nehmen wir also die Haltungen der hier befragten Bundesbürger aus West- und Ostdeutschland zu anderen Religionen hinzu, dann wird schnell deutlich, dass es sich nicht um eine generelle Ablehnung aller Religionen – oder von religiösem Pluralismus an sich – handelt, sondern dass vor allem gegenüber einer Religion eine diffuse Abwehrhaltung und Bedrohungswahrnehmung zu existieren scheint. Zudem kann festgehalten werden, dass sich nur geringe Differenzen in der Bedrohungswahrnehmung durch den Islam in West- und Ostdeutschland ergeben. Das Gefühl der Bedrohung ist in Ostdeutschland etwas stärker verbreitet. Dieser Befund wird nun aber vor dem Hintergrund, dass der Anteil von Muslimen an der Bevölkerung Ostdeutschlands deutlich geringer ist als in Westdeutschland, in der Interpretation interessant. Dies lässt sowohl die Deutung zu, dass man keine direkten Kontakte benötigt, um sich von jemanden bedroht zu fühlen, aber es kann auch in die Richtung interpretiert werden, dass mehr Kontakte mit Muslimen eine Bedrohungswahrnehmung tendenziell abbauen können.

Auf jeden Fall wird deutlich, dass Vergleichsmöglichkeiten mit anderen Gruppen (aber auch über die Zeit) extrem hilfreich für Interpretationen sind. Nun sind Häufigkeiten und deren Beobachtungen das eine, für Erklärungen sind die Beziehungen zwischen Indikatoren weit interessanter. Bleiben wir bei unserem Beispiel, dann stellt sich jetzt natürlich die Frage, ob die Annahme, dass Kontakte sich günstig – oder besser moderierend – auf die Bedrohungswahrnehmung auswirken, auch auf der Individualebene standhält. Hierfür können wir sogenannte Kreuztabellen zwischen Kontakten bzw. Kontakthäufigkeit und Bedrohungswahrnehmung herstellen. Die komprimierte Form solcher Kreuztabellen stellen Korrelationskoeffizienten dar. Abbildung 3.7 zeigt uns, dass die aufgrund der oben genannten Ergebnisse vermutete Zusammenhangsannahme nicht völlig falsch zu sein scheint.

Religion vorliegen. Dies zeigt auch, dass gerade Einstellungen, die ja handlungsleitend werden können, eine eigene, subjektive Dynamik besitzen und von Schlüssen aus der Betrachtung von sozialen Rahmenbedingungen deutlich abweichen können.

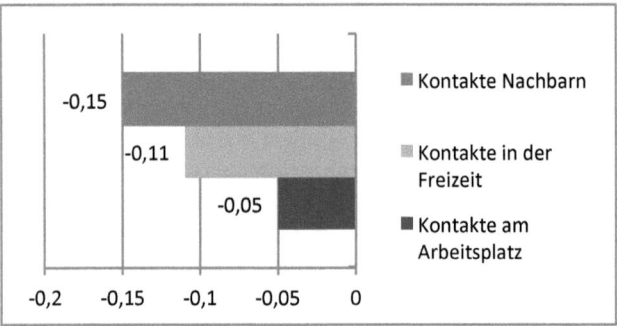

Abb. 3.7 Bedrohungswahrnehmung des Islam und Kontakte

Quelle: Bertelsmann Religionsmonitor 2013, eigene Berechnungen: Wenn Sie an die Religionen denken, die es auf der Welt gibt: Als wie bedrohlich bzw. wie bereichernd nehmen sie die folgenden Religionen wahr? Der Islam. Anteil sehr bedrohlich/eher bedrohlich.

Die ausgewiesenen negativen Zusammenhänge, die zwischen -1 und +1 variieren können, sagen nichts anderes aus, als dass Personen mit Kontakten an einem der Orte geringere Bedrohungsgefühle besitzen als Personen, die über keine Kontakte verfügen. Hinzu kommt, dass anscheinend Kontakte mit Nachbarn eine höhere Wirkung entfalten als solche in der Freizeit oder gar am Arbeitsplatz. Gerade am Arbeitsplatz sind die positiven Effekte des Bedrohungsabbaus am geringsten. Dies könnte darauf zurückzuführen sein, dass es sich um eine eher „erzwungene Situation" handelt im Gegensatz zu den beiden anderen Kontexten. Nun sind dies bereits Aussagen über die Stärke der Beziehungen. Inwieweit diese belastbar sind hinsichtlich der Unterschiede, sagt einem, ob der ausgewiesene Unterschied signifikant ist oder nicht. Das *Signifikanzniveau* ergibt sich aus einer Abschätzung, in welchem Maß man aufgrund der Stichprobenergebnisse zu Unrecht einen Zusammenhang annehmen würde. In der Regel wird eine Fehlerwahrscheinlichkeit von fünf Prozent (Signifikanzniveau p=.05) als akzeptabel erachtet. Wird dies überschritten, dann wird die Unsicherheit der Einschätzung des Ergebnisses so groß, dass man auf die Annahme eines Zusammenhangs verzichten sollte.

Im Prinzip direkt anschließend an diese Überlegungen können nun *multivariate Analysen* durchgeführt werden, die mehrere Indikatoren berücksichtigen. Ihr Vorteil ist einerseits, dass sie das Geflecht der Erklärungen herausarbeiten, und andererseits, dass mögliche Effekte, die man irrtümlich aufgrund einer bivariaten Korrelation angenommen hat, als eben solche – irrtümliche – aufgedeckt werden können. Hintergrund ist das sogenannte Drittvariablenproblem: Man beobachtet

3.3 Quantitative Religionsforschung – Datenerhebung und Auswertung

Beziehungen, aber hinter diesen stehen eigentlich andere, tiefer greifende Beziehungen, die aber mit beiden Untersuchungsvariablen in Zusammenhang stehen. So kann zum Beispiel ein Zusammenhang zwischen der Bedrohungswahrnehmung durch andere Religionen und einer generellen Haltung zur Schädlichkeit von Religionen in einer bestimmten Gruppe sehr wohl Produkt einer dahinter liegenden atheistischen Haltung sein. Und auch skeptische bis ablehnende Haltungen gegenüber Muslimen beruhen in der Regel auf einer Mischung von Einflussfaktoren. So stellt Yendell (2014: 74) neben einer positiven Wirkung der Kontakthäufigkeit auf eine tolerante Haltung ungünstige Effekte von relativer Deprivation (dem Gefühl, in einer Gesellschaft weniger zu bekommen, als einem eigentlich zusteht) und religiösem Dogmatismus sowie genereller Ausländerfeindlichkeit fest. Der Gottesdienstbesuch erweist sich dagegen als Bedrohungswahrnehmungen abbauend, da die religiösen Dogmatiker (und Fundamentalisten) bereits als eigenständige Effektgruppe herausgerechnet wurden. Oder anders gesagt: Bei nichtdogmatisch denkenden Christen, die sich auch noch stark in der Kirche engagieren, bauen sich Bedrohungswahrnehmungen (und damit wohl auch Stereotype von Muslimen und „dem Islam") ab. Eine solche Form der (kausalen) Analyse stellt üblicherweise den Abschluss des empirischen Arbeitens dar.

Ein anderes multivariates Analyseverfahren ist die *Clusteranalyse*, die versucht, über Abweichungen und Zentren Gruppen mit unähnlichen Mustern zu unterscheiden und Personen mit ähnlichen Mustern zusammen zu gruppieren. Clusteranalysen werden unter anderem in der Lebensstil- und Milieuanalyse eingesetzt. In unserem Beispiel könnte man untersuchen, ob es unterschiedliche Bevölkerungsgruppen im Verhältnis zur religiösen Pluralität gibt und wie diese sich in der Folge gegenüber anderen Gruppen verhalten bzw. welche religiöse Sozialisation jeweils zu einer Mitgliedschaft in diesen Gruppen führt. Hier ist darauf hinzuweisen, dass die Clusteranalyse ein eher weiches empirisches Verfahren ist, welches zwar aufgrund der Gruppenzuweisungen eine hohe Trennschärfe suggeriert, diese aber bereits bei kleineren Veränderungen in den einbezogenen Grunddaten nicht halten kann.

Die Datenanalyse setzt die Dateneingabe und die sorgfältige Kontrolle dieser Daten voraus und zerfällt dann in drei größere Bereiche: deskriptive Analyse über Häufigkeitsdarstellungen, eine bivariate Vergleichs- oder Zusammenhangsanalyse (Kreuztabellen, Korrelationen) und multivariate Analysen (Regressionsanalysen, Faktorenanalysen, Clusteranalysen).

3.3.7 Präsentation

Wie wir gesehen haben, erfolgt die Interpretation entlang der Ausgangsfragestellung und unter Rückgriff auf die Theorie. Dies kann im weiteren Verlauf der Forschung durch immer wiederkehrende Rekurse auf die empirische Arbeit weiter vorangetrieben werden – und im Idealfall sogar in neue theoretische Überlegungen münden. Im Rahmen der konkreten Analyse handelt es sich zumeist um Prozesse der Bestätigung oder der Falsifikation. Diese Herstellung der *Beziehung zwischen Theorie und Empirie* ist für die Präsentation der Ergebnisse wichtig. So werden einzelne Fragestellungen herausgegriffen, im Bezug zur Theorie bearbeitet und dann in Artikel oder Präsentationen und Vorträge überführt.

Bei der Verschriftlichung der Ergebnisse muss nachvollziehbar dargestellt werden, was man wie und warum gemacht hat. Diese Transparenz ist ein wichtiges Merkmal von Wissenschaftlichkeit überhaupt, müssen die Ergebnisse doch von anderen Wissenschaftlern kritisierbar sein. Diese Dokumentation ist nur die Vorstufe für spätere wissenschaftliche Veröffentlichungen. Diese sollten mit *klaren Belegstrukturen* arbeiten und dem Leser den Weg, den man in seiner Interpretation der Analyse geht, nachvollziehbar werden lassen. Dabei sind neben Rückgriffen auf die Theorie auch eigene Annahmen explizit zu benennen. Sie sollten am besten vorher formuliert werden. Der Vorteil der Analyse liegt darin, dass man auch Annahmen verwerfen und modifizieren kann. Für Abschluss- und Qualifikationsarbeiten ist es wichtig, zu einer klaren Aussage hinsichtlich seiner Forschungsfrage zu kommen. Sie sollte aber immer im Bezug zu den erzielten Ergebnissen stehen. Dies können auch „klare Aussagen" über die eben nicht klar zu treffende Bestimmung eines Phänomens sein.

3.4 Ausgewählte Studien und Datenbestände der quantitativen Religionsforschung

In den letzten Jahrzehnten hat sich die Situation der quantitativen Religionsforschung wesentlich verbessert. Nicht nur in Deutschland finden sich verschiedene Einzelstudien, die entweder auf einen Überblick über die religiöse Situation oder auf bestimmte Aspekte von Religiosität zielen. Oft werden sie kurzfristig seitens der Medien wahrgenommen, wenn sie nicht sogar durch diese in Auftrag gegeben wurden, bleiben aber für die langfristig angelegte wissenschaftliche Diskussion ohne größere Bedeutung. Wesentlich wichtiger sind in diesem Zusammenhang zwei Studienreihen, die wiederholt Fragen zur Religion gestellt haben und daher

3.3 Quantitative Religionsforschung – Datenerhebung und Auswertung 161

Zeitvergleiche, also Aussagen zur Entwicklung der Kirchlichkeit und Religiosität, zulassen. Eine größere Zahl an Religionssoziologen greift für ihre Analysen speziell auf dieses für Sekundäranalysen gut verfügbare und aufbereitete Datenmaterial zurück.[37]

In diesem Kontext sind zum einen die seit 1980 im zweijährigen Rhythmus durchgeführten *Allbus*-Umfragen (Allgemeine Bevölkerungsumfrage der Sozialwissenschaften) zu nennen. In ihnen werden regelmäßig Standardfragen zur Konfessionszugehörigkeit, zum Kirchgang und zur religiösen Selbsteinschätzung gestellt. Etwas seltener, nämlich alle zehn Jahre, werden verschiedene Fragen zu religiösen Praktiken und zu religiösen Überzeugungen abgefragt. Diese „Religionsmodule" sind 1982, 1992, 2002 und 2012 zu finden. In den Umfragen von 1998 und 2008 finden sich ebenfalls erheblich mehr Fragen zur Religion. Dies ist auf die Beteiligung des Allbus an dem internationalen Verbundprojekt der International Social Survey Programme (ISSP) zurückzuführen.

Eine zweite Umfragenserie, die eine zeitliche Vergleichbarkeit anstrebt, ist die alle zehn Jahre durchgeführte Studie der Evangelischen Kirche in Deutschland (*EKD*). Diese konzentriert ihr Interesse auf die protestantischen Gläubigen, hat aber in den letzten drei Befragungswellen (seit 1992) ebenfalls Vergleichsgruppen bei den Konfessionslosen erhoben. Diese Daten stellen einen ungewöhnlich umfangreichen Korpus an Fragen zu Religion und Kirchlichkeit zur Verfügung (Hild 1974; Hanselmann/Hild/Lohse 1984; Engelhardt/von Loewenich/Steinacker 1997; Huber/Friedrich/Steinacker 2006; Hermelink/Lukatis/Wohlrab-Sahr 2006; vgl. auch Hermelink/Latzel 2008) und verfügen über hohe Fallzahlen, die Spezialgruppenanalysen innerhalb der protestantischen Kirchenmitglieder ermöglichen. Allerdings fehlt aufgrund der Stichprobe die Möglichkeit, die Einstellungen der protestantischen Christen mit den katholischen Christen zu vergleichen. Mit der Ausweitung der Stichprobe auf Konfessionslose 1992 wurde allerdings eine wichtige Vergleichsgröße in die EKD-Studien einbezogen. Die Daten der aktuellsten Erhebung (Kirchenmitgliedschaftsuntersuchung V = KMU V) von 2012 dürften ab Ende 2014 verfügbar sein.

Ein interessantes Projekt der letzten Jahre stellt die *Sinus-Studie* zur Erfassung von religiösen Lebensstilen bei Jugendlichen und jungen Erwachsenen dar. Eng angelehnt an das dem Forschungsinstitut hauseigene Lebensstilkonzept wird versucht, verschiedene Typen jugendlicher Religiosität zu identifizieren und in allgemeine Lebensstile einzuordnen. Daneben existiert eine hier nicht aufzulistende

---

37 Gerade die Verfügbarkeit für Re-Analysen erweist sich bei Einzel- und Auftragsstudien häufig als eingeschränkt oder aber diese Studien zu entsprechenden Analysen liegen erst dann vor, wenn sie bereits veraltet sind.

Zahl von Einzelstudien, die die deutsche Bevölkerung in Hinblick auf Religion, religiöse Einstellungen und religiöse Verhaltensweisen ausleuchten. Die Mehrzahl dieser Studien ist allerdings regional oder in Hinblick auf die Untersuchungsgruppe (z. B. nur Jugendliche einer bestimmten Konfession) eingeschränkt und erlaubt nur begrenzte Einsichten in die Gesamtsituation des Religiösen in Deutschland. Nichtsdestoweniger können diesen Studien Hinweise auf die religiöse Entwicklung einzelner Teilgebiete oder Teilgruppen der Gesellschaft und potentielle Begründungen für diese Prozesse oder bestehende Besonderheiten entnommen werden.

Seit den 1980er Jahren wurden verstärkt Instrumente entwickelt, die über die Betrachtung eines einzelnen Landes hinaus Analysen der kirchlichen und religiösen Situation zulassen. Besonders herauszuheben sind hier die Mehrthemenumfragen der World Values Surveys, der European Values Study, des International Social Survey Programmes, des European Social Surveys sowie des Bertelsmann Religionsmonitors, der 2008 und 2013 erhoben wurde.

Im ersten Fall – den *World Values Surveys* – wurden 1981-1983, 1990-1991, 1995-1998, 1999-2004 sowie ab 2005 Erhebungswellen durchgeführt (http://www.worldvaluessurvey.org/), die Komplexe zu Religiosität und Kirchlichkeit sowie Fragen zum Wertewandel enthielten. Dieses Vorgehen ermöglicht zum einen eine Verknüpfung religionsbezogener Fragen mit verschiedenen Einstellungsmustern und Wertorientierungen in den Bevölkerungen (z. B. Familienwerte, politische Überzeugungen, Haltung zu Sexualität). Zum andern verfügen die World Values Surveys über die größte Breite an erfassten Ländern. Sie erlauben vergleichende Analysen unter Einbeziehung auch des außereuropäischen Raums und können zudem in aggregierter Form als Grundlage für Makrodatenanalysen verwendet werden (siehe Norris/Inglehart 2004; Fox 2008, Pickel 2009). Eine breite Analyse religionssoziologischer Fragen findet sich in dem Buch von Pippa Norris und Ronald Inglehart (2004). Dort wird auch das Verhältnis zwischen Religion und Politik sowie die Pfadabhängigkeit modernisierungstheoretisch bedingter Entwicklungen behandelt.

In großen Teilen unabhängig von den World Value Surveys, teilweise aber auch in Kooperation, wird die *European Values Study* durchgeführt (http://www.europeanvaluesstudy.eu/). Ihre Befragungswellen fanden 1981, 1990, 1999 und 2008 statt. 2008 wurden 46 Länder des europäischen Kulturraums berücksichtigt. In den Publikationen aus dem European Values Study heraus wird das Thema Religion in großem Umfang behandelt und stellt in der Regel ein Kernthema der Befragungen dar.

Eine weitere zentrale Datenquelle der vergleichenden Religionssoziologie stellen die *International Social Survey Programme* dar (http://www.issp.org/). In dieser, mittlerweile knapp 30 Länder übergreifenden, jährlich durchgeführten Befragungs-

3.3 Quantitative Religionsforschung – Datenerhebung und Auswertung

serie werden in den einzelnen Befragungen thematische Schwerpunkte gesetzt. 1991, 1998 und 2008 wurde der Schwerpunkt Religion erhoben. Mit diesem Vorgehen sind einerseits – auch aufgrund der Replikation der meisten Fragenkomplexe – systematische Zeitvergleiche zwischen den Zeitpunkten möglich, andererseits besteht ein recht geschlossenes Erhebungssystem für Religion und Kirchlichkeit über eine große Zahl an – zumeist allerdings eher im europäischen Raum verorteten und zur westlichen Welt zählenden – Ländern.

Neueren Datums ist das Instrument des *European Social Surveys*. Auch hier handelt es sich um eine Mehrthemenbefragung, die Komplexe zum Themenbereich Religion beinhaltet. Als vorteilhaft erweist sich dabei, dass der European Social Survey in relativ kurzen Abständen wiederholt (die bislang letzte Erhebung war die sechste Erhebungswelle von 2012, siehe auch die Homepage http://www.europeansocialsurvey.org/about) und zudem äußerst zügig im Internet zur freien Verfügung gestellt wird. Hier wurden teilweise neue Zugänge zum Thema Religiosität versucht, die allerdings an einigen Stellen das Problem der Anschlussfähigkeit an die anderen genannten Studien mit sich bringen.

Das wohl am stärksten spezifische Instrumentarium auf dem Gebiet der vergleichenden Religionssoziologie stellt der *Bertelsmann Religionsmonitor* (2008) dar. Er richtet sein Augenmerk auf eine breite, an den Glock'schen Kriterien orientierte Erfassung von Religiosität im Weltvergleich. Damit sollte die bislang oft auf Europa zentrierte Sichtweise vieler Untersuchungen überwunden werden. Dieser Vorteil wurde allerdings mit gewissen Selektionen bei der Auswahl der die verschiedenen Erdteile repräsentierenden Staaten erkauft. Systematische Makrovergleiche, wie zum Beispiel mit dem World Values Survey, sind dementsprechend nicht möglich. Allerdings stellt der Bertelsmann Religionsmonitor einige bislang nicht erhobene Indikatoren über Religiosität zur Verfügung und folgt zudem einem klaren Messkonzept (siehe Huber 2009 und auf der Homepage des Religionsmonitors 2008: http://www.religionsmonitor.com/), das gerade für die Detailanalyse von Ländern, zu denen Daten sonst nicht in dieser Weise verfügbar sind, nützlich erscheint.

2012 wurde unter dem Namen des *Bertelsmann Religionsmonitors 2013* eine zweite Untersuchung durchgeführt, die anknüpfend an ein verkürztes Instrumentarium der 2008er Studie ihren Schwerpunkt stärker auf den Aspekt der Bedeutung von Religion für den sozialen Zusammenhalt legt. Ebenfalls integriert wurden größere Fragebatterien zur Bedrohungswahrnehmung von Religionen durch Mitglieder anderer Religionen und zu Konzepten der Wertentstehung Dieser Datensatz wäre speziell für die im Beispielteil behandelte Fragestellung nach religiöser Pluralität von Interesse. Auch für den Bertelsmann Religionsmonitor 2013 trifft allerdings eine selektive Länderauswahl zu.

Flankiert werden diese größeren Programme durch verschiedene singuläre Mehrländerstudien, die ihren Fokus speziell auf Religion richten. Hervorzuheben sind in diesem Zusammenhang die „Aufbruch-Studie" (Tomka/Zulehner 1999) sowie das „Religious and Moral Pluralism" (RAMP)-Projekt (1997-1999). Das erste Projekt konzentriert sich auf Osteuropa und legt seinen Schwerpunkt auf die Untersuchung einer potentiellen Revitalisierung von Religion dort. Ebenfalls Osteuropa im Visier, allerdings mit einigen Vergleichsländern in Westeuropa haben die Studien „Political Culture in the New Democracies of Europe" (PCND) (2000) und „Church and Religion in an Enlarged Europe (C&R) 2006". Sie stellen kontrastierende Analysen von Säkularisierungsprozessen in Europa ins Zentrum ihres Forschungsinteresses. Dabei wird – entsprechend den in Kapitel 1 vorgestellten Überlegungen von Dobbelaere (2002) – Säkularisierung auf drei Ebenen untersucht. Im RAMP-Projekt wurde versucht, die Vielfalt von moralischen Orientierungen und ihren Bezug auf religiöse Überzeugungen herauszuarbeiten. Zusammenfassende Ergebnisse einiger dieser Studien finden sich in einer Publikation von Pickel und Müller (2009). Alle diese Studien beruhen – teilweise gezielt – auf selektiven Länderauswahlen.

Das Gros der angesprochenen Datensätze ist in Deutschland über die GESIS und das Zentralarchiv für empirische Sozialforschung relativ kostengünstig oder gratis für Forschungszwecke zu erhalten. Diese Bereitstellung zu Zwecken der Sekundäranalyse hat die Situation (insbesondere der vergleichenden) religionssoziologischen Forschung in den letzten Jahren wesentlich erleichtert. So kann mittlerweile auch für Examens- und Abschlussarbeiten problemlos auf diese Datensätze zurückgegriffen werden, ohne dass aufwändige eigene Erhebungen seitens der Studierenden und Doktoranden notwendig sind. Solche Anwendungen sind gerade dann zu empfehlen, wenn übergreifende und allgemeine Fragestellungen in Arbeiten behandelt werden sollen.

Methodenpluralismus, Triangulation und Mixed Methods

4

Die Religionssoziologie besitzt gerade in ihrem ausgeprägten *Methodenpluralismus* eine ihrer Stärken. Leider wird sie durch eine oftmals zu starke Fixierung auf den jeweils eigenen Zugang und eine enge Verbindung von theoretischen und empirischen Elementen einer Vielfalt von Erkenntnispotentialen beraubt. Daher plädieren wir für eine ausgeprägte Bereitschaft zur Kenntnisnahme auch alternativ erhobener Daten und eine größere Offenheit für die Ergebnisse der jeweils anderen Zugänge. Eine Möglichkeit, *Forschungsergebnisse zusammenzuführen*, stellt das Vorgehen der *Triangulation* (Flick 2007; Pickel, S. 2009) dar, das ausgehend von konkreten Fragestellungen unterschiedliche methodische Zugänge verbindet. Eine andere Möglichkeit ist die Zusammenarbeit von Forschern unterschiedlicher methodischer Prägung in einem interdisziplinären Forschungsprojekt. Letzteres setzt auf beiden methodischen Seiten ein wechselseitiges Grundverständnis und Toleranz voraus – allerdings auch eine Verständigung über das jeweilige fachspezifische Verständnis verschiedener Begriffe und Vorgehensweisen.

In jedem Fall ist es wichtig, die passenden oder *angemessenen Methoden* für die entsprechende Fragestellung zu wählen. So liegen die Stärken der qualitativen Forschung zweifelsohne im Bereich der Interpretation individueller und kollektiver Sinnhorizonte und der Rekonstruktion der Bedeutung von religiösen Erfahrungen, Überzeugungen, Weltsichten und Praktiken. Umgekehrt fallen Darstellungen der religiösen Lage in einem Gebiet in die Zuständigkeit quantitativer Zugänge. Dabei ist eine gute Ausbildung in den jeweils verwendeten Methoden und deren saubere Anwendung die unabdingbare Voraussetzung für die Produktion valider und reliabler Forschungsergebnisse.

Damit man Religion in all ihren Facetten untersuchen kann, ist nach unserer Überzeugung der Einbezug der vollen Vielfalt der verfügbaren Methoden notwendig. Eine einseitige Fixierung auf qualitative oder quantitative Methoden führt nicht zu neuen Erkenntnissen und würde mittelfristig sogar die Profession schädigen. Dementsprechend lassen sich in den letzten Jahren verstärkte Bemühungen beobachten, über die behandelten Inhalte und die bearbeiteten Fragestellungen eine Verknüpfung der erzielten Forschungsergebnisse zu erreichen und dies für eine Weiterentwicklung auch der theoretischen Zugänge zur Religionssoziologie fruchtbar zu machen. Aber auch der Nutzen für interdisziplinäres Vorgehen liegt auf der Hand, werden doch über Themen und Fragestellungen verbundene Forschungsinteressen mit Blick auf die Tragfähigkeit und Erkenntniskraft ihrer Ergebnisse verknüpft. So kann zum Beispiel die Erforschung von Säkularisierung auf unterschiedliche Art und Weise geschehen. Bestimmt ein quantitativ arbeitender Forscher über die Beobachtung abnehmender Mitgliedschaftsraten oder den Anteil von Personen mit einem expliziten Gottesglauben Säkularisierung in einem Gebiet, kann beispielsweise in Gruppendiskussionen deutlich werden, dass Religion als explizite traditionell in einem Gebiet etablierte Sozialform für Jugendliche und junge Erwachsene im alltäglichen Diskurs nur eine nachgeordnete und oberflächliche Rolle spielt, und kunstsoziologische bzw. kunsthistorische Analysen können eine Verdrängung eher „sakraler" Gegenstände aus der Kunst durch spezifisch „säkulare" Gegenstände ermitteln. Solche Befunde sind systematisch verknüpfbar über das zugrunde liegende Konzept – Säkularisierung. Gleichzeitig können sich eben aber auch Unterschiede, Ergänzungen oder Kontrapunkte herausarbeiten lassen, die differenziertere Deutungen der Ergebnisse im jeweils eigenen Forschungsbereich und eine komplexere Beantwortung der Fragestellung ermöglichen.

Für die Verbindung von unterschiedlichen Vorgehensweisen haben sich in den letzten Jahren einige Standards entwickelt. Konzeptionell sind diese in sogenannten *Mixed-Methods-Designs* wiederzufinden (zur Übersicht Bergmann 2008; Creswell/Piano Clark 2011; Kelle 2007; Tashakkori/Teddlie 2010). Ausgangspunkt ihrer Entwicklung ist die Erkenntnis, dass so genannte „monomethodische" Vorgehensweisen auf wesentliche Teile des möglichen Erkenntnisgewinns verzichten, weil sie ihre eigenen blinden Flecken ignorieren. Creswell und Piano (2007: 5) definieren Mixed-Methods-Designs als ein Forschungsdesign, das neben einer Kombination von Erhebungs- und Analysemethoden auch deren wissenschaftstheoretische Begründungen bedenkt.

Die Verknüpfung qualitativer und quantitativer Ergebnisse kann auf unterschiedliche Weise und an unterschiedlichen Stellen des Forschungsprozesses stattfinden. So existieren Designs mit einem Übergewicht entweder des qualitativen oder des quantitativen Zugangs (*dominant-less versus dominant studies*) wie auch Designs, in denen beide methodischen Vorgehensweisen gleichberechtigt sind (*equivalent status designs*). Auch zeitliche Variationen dienen als Unterscheidungsmerkmal. So können Studien in zeitlich voneinander abhängiger Weise erfolgen (*sequentiell studies*) oder aber parallel (*parallel/simultaneous studies*) miteinander durchgeführt werden (Creswell 2003: 208-226). Diese Differenzierung erfolgt innerhalb der oben vorgestellten Ausrichtung der Designs anhand der Kriterien der Gleichwertigkeit oder Dominanz. Das heißt, es werden, beispielsweise über qualitative Interviews zunächst Sachverhalte in ihrer Breite entfaltet, woran sich eine vorläufige Theoriebildung anschließt, die dann mit standardisierten Methoden einer Überprüfung unterzogen wird. Doch auch der umgekehrte Weg ist möglich. Ergebnisse statistischer Analysen können durch eine Untersuchung mit qualitativen Methoden (z. B. Experteninterviews, narrative Interviews) vertieft und in ihrem Zusammenwirken präzisiert werden.

Tabelle 4.1 Formen von *Mixed-Methods*-Studien

Äquivalente Designs	Sequenziell	Qualitativ → Quantitativ
		Quantitativ → Qualitativ
	Parallel	Qualitativ + Quantitativ
		Quantitativ + Qualitativ
Dominante – weniger dominante Designs	Sequenziell	QUALITATIV → Quantitativ
		QUANTITATIV → Qualitativ
	Parallel	QUALITATIV + Quantitativ
		Qualitativ + QUANTITATIV
Einzeleinsatz während einer Stufe der Studie	Untersuchungstyp	QUALITATIV oder QUANTITATIV
	Datenerhebung	QUALITATIV oder QUANTITATIV
	Datenanalyse	QUALITATIV oder QUANTITATIV
Mehrfacheinsatz während einer Stufe der Studie (Mixed-Modell-Design)	Untersuchungstyp	QUALITATIV und/oder QUANTITATIV
	Datenerhebung	QUALITATIV und/oder QUANTITATIV
	Datenanalyse	QUALITATIV und/oder QUANTITATIV

Quelle: Zusammenstellung nach Tashakkori/Teddlie (1998: 15); Großbuchstaben kennzeichnen dominante Strukturen; siehe Lauth u. a. (2013: 192).

Das so entwickelte methodisch übergreifende Denken führt zu stärkeren Wechselwirkungen zwischen unterschiedlichen Erhebungsformen. Beispielsweise können Erkenntnisse aus qualitativen Interviews in einen standardisierten Fragebogen Eingang finden, dessen Auswertungen aber neue Rückfragen produzieren, die nur durch Experteninterviews oder auch Gruppendiskussionen aufzulösen sind. Vorteile der *Mixed-Methods-Designs* liegen bei der Kumulation der Erkenntnisse sowie der wechselseitigen Abdeckung von Schwachpunkten und dem Erhellen von blinden Flecken der einzelnen Vorgehensweisen. Dem stehen der hohe Aufwand eines solchen Designs und das Erfordernis zumindest einer Grundkenntnis verschiedener Vorgehensweisen gegenüber. Zudem sollte man keinesfalls um jeden Preis eine Verbindung unterschiedlicher Ergebnisse erzwingen, wenn sich diese – z. B. durch Aussagen über unterschiedliche Ebenen oder doch variierende Tatbestände – nicht decken.

Eine spezifische Form solcher Designs ist die *Triangulation*. Darunter versteht man die Kombination von verschiedenen Methoden, Forschern, Untersuchungsgruppen, lokalen und zeitlichen Forschungsansätzen und theoretischen Perspektiven bei der Analyse *eines* Untersuchungsgegenstandes (Flick 1999: 249; 2012). Der Begriff ist aus dem Landvermessungswesen entlehnt; damit ist bezeichnet, dass Vermessungen von verschiedenen Positionen aus vorgenommen werden und dann miteinander „trianguliert" werden. Das Vorgehen der Triangulation versucht, auf *theoretischem oder inhaltlichem Wege* Ergebnisse, die mit zwei unterschiedlichen Verfahren gewonnen wurden, über einen Anker – in der Regel das inhaltliche Ziel der Analyse – zu verbinden. Die Ergebnisse müssen „nur" in der Forschungsfrage vergleichbar sein. Die Triangulation folgt keinem strengen technischen Design, sondern setzt eher auf inhaltliche Verknüpfungsaspekte zwischen den Ergebnissen. Beim triangulierenden Vorgehen können sowohl verschiedene Formen der Datenerhebung (*between-method*) als auch die Nutzung verschiedener Datenquellen innerhalb einer Erhebungsmethode (*within-method*) miteinander verbunden werden. Denzin (1989) unterscheidet in seiner Definition von Triangulation nach Raum, Zeit und Personen. Der Untersuchungsgegenstand soll möglichst zu verschiedenen Zeitpunkten, an verschiedenen Orten und anhand verschiedener Personen bzw. Fälle erforscht werden. Die *„Untersucher-Triangulation"* („Investigator-Triangulation") bezieht sich auf den Einsatz mehrerer Forscherinnen zum systematischen Vergleich des (Interviewer-)Einflusses auf den Analysegegenstand. Man spricht in diesem Fall auch von intersubjektiver Validierung. Die *Theorien-Triangulation* nutzt unterschiedliche theoretische und hypothetische Blickwinkel auf den Untersuchungsgegenstand, um seiner Komplexität auf die Spur zu kommen (Denzin 1989: 237f.).

Entscheidend ist die Konzentration aller eingesetzten Verfahren und Folgeanalysen auf das *gleiche inhaltliche* Forschungsthema. Ziel der Triangulation ist es, unterstellte Schwächen der jeweiligen Datenerhebungs- und Analyseform mittels Informationen und Analysetechniken der anderen Erhebungs- und Auswertungsweise auszugleichen und durch Kombination der Vorzüge der Verfahren einen umfassenderen *Erkenntnisgewinn* zu erzielen, indem man möglichst unterschiedliche Aspekte des Phänomens beleuchtet. Flick (1999, 2012) nennt dies „Triangulation der Perspektiven". Jakob (2001) differenziert drei Ansätze:

1. Im *Phasenmodell* dienen qualitative Verfahren zur Hypothesengenerierung, die Hypothesenüberprüfung erfolgt anschließend mittels standardisierter Verfahren der quantitativen Sozialforschung.
2. Das *Konvergenzmodell* dient der Validierung der Analyseergebnisse durch die Kombination quantitativer und qualitativer Methoden der Datenerhebung und -auswertung, die als gleichberechtigt und adäquat betrachtet werden.
3. Kommt das *Komplementaritätsmodell* zur Anwendung, so werden mit der jeweiligen Methode unterschiedliche Gegenstandsbereiche erhoben, die zur Beantwortung der (gemeinsamen) Forschungsfrage ergänzend bearbeitet werden.

Alle Analysen zusammen genommen erlauben sowohl einen Blick auf die Rahmenbedingungen (Aggregatdaten), die eine bestimmte Kausalkette (Hypothese) auslösen, als auch auf die innergesellschaftlichen Einstellungszusammenhänge (Individualdaten), die diese Kausalkette erklären. Darüber hinaus rekonstruieren sie die möglichen Bedeutungs- und Bewusstseinszusammenhänge (qualitative Interviews), die die Entstehung bestimmter Einstellungen der Individuen begründen, und die Sinndeutungen und Praktiken, in denen sie zum Ausdruck kommen. Somit nähert man sich der Forschungsfrage oder Hypothese von zwei Seiten: Man generiert und beleuchtet die Theorie mit Hilfe der Auswertung qualitativer Interviews, Beobachtungen oder anderer Protokolle, und man bestätigt oder verwirft sie mit Hilfe repräsentativen statistischen Datenmaterials. Die Zusammenführung der beiden Datenarten geschieht auf der Ebene der Interpretation der Ergebnisse und ist grundsätzlich daraufhin zu prüfen, dass auch vergleichbare inhaltliche Merkmale zu den zu verbindenden Analysen herangezogen wurden. Nur so ist eine Verknüpfung der Ergebnisse möglich.

An dieser Stelle können wir aus Platzgründen nicht ausführlich auf die Möglichkeiten sich verzahnender Forschung eingehen, einige Beispiele sollen aber im Verständnis weiterhelfen.

Ein prägnantes Beispiel sind die Kirchenmitgliedschaftsuntersuchungen der Evangelischen Kirche in Deutschland. Sie bestehen seit der dritten Studie aus einer repräsentativen Befragung sowie einem qualitativen Teil. Das Design der IV. Kirchenmitgliedschaftsuntersuchung (= KMU IV, vgl. Huber/Friedrich/Steinacker 2006) war darauf ausgerichtet, die Ergebnisse der Repräsentativbefragung mit den Befunden des qualitativen Teils – der Auswertung von Gruppendiskussionen – zu verzahnen.

Im standardisierten Teil der Studie waren Korrelationen zwischen Lebensstil und religiöser Bindung errechnet und „Lebensstilcluster" konstruiert worden. Für diese statistisch konstruierten Lebensstile wurden anschließend in Gestalt von „Realgruppen" (Loos/Schäffer 2001:43ff) potentielle lebensweltliche Entsprechungen gesucht, mit denen Gruppendiskussionen durchgeführt wurden (vgl. Wohlrab-Sahr/ Sammet 2006). Diese Gruppen sollten zum einen in einem kirchlichen und zum anderen in einem nicht-kirchlichen Kontext verortete Gruppen sein. Für die Untersuchung des gesellig-traditionsorientierten Lebensstils der Clusteranalyse wurden beispielsweise ein ostdeutscher Kleingartenverein und die konservative Frauenhilfe-Gruppe in einer westdeutschen Kirchengemeinde herangezogen. Dem hochkulturell-traditionsorientierten Lebensstil sollten ein durch kulturelle Aktivitäten profilierter Gesprächskreis in einer großstädtischen Kirchengemeinde und ein nicht-kirchlicher Kunstverein, der sich unregelmäßig zu Ausstellungsbesuchen und Kunstreisen trifft, entsprechen. Diese Gruppendiskussionen wurden dann in Hinblick auf die in ihnen zu beobachtenden Prozesse der Abgrenzung und Identitätsstiftung sowie der religiösen Kommunikation hin untersucht (vgl. Sammet 2006 a,b,c, 2007).[38]

Bei diesem Vorgehen war es von wesentlicher Bedeutung, dass sich die Forscherinnen über die methodischen Differenzen zwischen den beiden Paradigmen der empirischen Sozialforschung bewusst waren und sie in ihrer Auseinandersetzung mit den Daten berücksichtigten. Die quantitativen Forscherinnen haben daher immer wieder betont, dass es sich bei den Lebensstilclustern um statistisch berechnete Konstrukte und insofern eben um nichts „Reales" handelt. Die Gruppen, mit denen es die Forscherinnen im qualitativen Teil „real" zu hatten, konnten insofern nur eine Annäherung an die Lebensstiltypen darstellen, keine tatsächliche Repräsentanz der Lebensstile. Und alle an der Forschung Beteiligten gingen jeweils mit etwas unterschiedlich akzentuierten Fragestellungen an ihr Datenmaterial heran. Die qualitativen Analysen zielten darauf, wie das, was als statistischer Zusammenhang errechnet wurde, in lebensweltliche Settings eingebettet ist und welche kommunikativen Prozesse der Selbstbeschreibung und Abgrenzung sich beobachten lassen.

Weitere Möglichkeiten der Kopplung und Triangulation ergeben sich, wenn die Auswahl der in Gruppendiskussionen oder Einzelinterviews Befragten aus der Repräsentativerhebung heraus erfolgt. Dies ist zum Beispiel sinnvoll, wenn es gelingt, in der quantitativen Befragung bestimmte Typen zu identifizieren, deren Entscheidungsmechanismen und Sinnhorizonte man genauer erfassen möchte. Zentrales Problem hierbei ist die Auswahl der Fälle, vor allem aufgrund datenrechtlicher Bestimmungen. So benötigt man vorab die Zustimmung der Befragten, sie im entsprechenden Fall kontaktieren zu dürfen. Aber auch umgekehrt kann eine zeitlich nachgeordnete Anlage Verkopplungsmöglichkeiten eröffnen. So können die offeneren Vorgehensweisen der qualitativen Analyse überhaupt erst Horizonte und Sinndimensionen sichtbar machen, die dann in standardisierte Formate umgesetzt

---

38 Beispiele für diese Analysen finden sich oben in Abschnitt 2.4.3.

werden können. In beiden Fällen ist es dabei notwendig, den jeweiligen Verfahren ihre eigene Relevanz zu lassen und sie nicht allein als Vorstudien für das jeweils eigene Vorgehen anzusehen – der Gewinn liegt in den direkten Kopplungsmöglichkeiten, die in der Ergebnistriangulation erst im Nachhinein anhand der Resultate plausibel hergestellt werden müssen.

Kernliteratur zur Religionsforschung und ihren Methoden 5

5.1 Ausgangsliteratur zur Religionssoziologie

Knoblauch, Hubert (1999): Religionssoziologie. Berlin.
Immer noch sehr gutes Buch zur Einführung in die Religionssoziologie. Erfasst wesentliche Bereiche der Auseinandersetzung und besitzt seine Stärken insbesondere bei den funktionalen Ansätzen der Religionssoziologie. Aufgrund des Publikationsdatums allerdings ohne systematische Darstellung der neusten Ansätze der Religionssoziologie.

Krech, Volkhard (1999): Religionssoziologie. Bielefeld.
Kleines, aber konzentriertes Einführungsbuch, das vor allem die Begriffsproblematik von Religion behandelt und in die Klassiker einordnet sowie Forschungsfelder skizziert.

Pickel, Gert (2011): Religionssoziologie. Eine Einführung in zentrale Themenbereiche. Wiesbaden.
Neustes Übersichtslehrbuch zur Religionssoziologie mit ausführlichem Einbezug von neueren soziologischen Theorieansätzen, aber auch Aufarbeitung und Präsentation zentraler Forschungsthemen der Religionssoziologie und ihrer Klassiker.

Stolz, Fritz (2001): Grundzüge der Religionswissenschaft. Göttingen.
Grundsätzliches und breit angelegtes Einführungswerk in die Religionswissenschaften, das gerade auch religionssoziologische und methodische Fragen aufgreift.

Wach, Joachim (1962): Vergleichende Religionsforschung. Stuttgart.
Immer noch aufschlussreicher Klassiker zur Einführung in vergleichende Aspekte der Religionssoziologie. Wichtige Grundlagenliteratur gültig für Religionswissenschaften und Religionssoziologie.

Zinser, Hartmut (2010): Grundfragen der Religionswissenschaft. Paderborn.
Einführungsbuch in die Religionswissenschaften mit umfangreichen Überblicksdarstellungen religionswissenschaftlicher Zugänge.

5.2 Konnotierte Literatur zu Methoden

Bohnsack, Ralf (2003): Rekonstruktive Sozialforschung. Einführung in qualitative Methoden. Opladen. (5. Auflage).
Lehrbuch zu qualitativen Methoden mit methodologischen Grundlegungen rekonstruktiver Verfahren sowie ausführlichen Darstellungen verschiedener Methoden mit Schwerpunktsetzung auf die Behandlung des Gruppendiskussionsverfahrens, der Dokumentarischen Methode und von Verfahren der Bildinterpretation. Mittlerweile fast schon ein Klassiker, in der 9. überarbeiteten Auflage.

Creswell, John W./Piano Clark, Vicki L. (2007): Designing and Conducting Mixed Methods Research. London.
Lehrbuch mit einer ausführlichen Darlegung der theoretischen, methodologischen und methodischen Grundlagen von Mixed-Methods-Designs. Für Einsteiger in Methodenverknüpfungen sehr zu empfehlen.

Diekmann, Andreas (2004): Empirische Sozialforschung. Grundlagen, Methoden, Anwendungen. Reinbek. (4. Aufl.)
Standardwerk der empirischen Sozialforschung, das einen Überblick über verschiedene empirische Erhebungs- und Auswertungsmöglichkeiten bietet. Die Schwerpunkte liegen eher auf quantitativen Methoden der empirischen Sozialforschung.

Dittmar, Norbert (2004): Transkription. Ein Leitfaden mit Aufgaben für Studenten, Forscher und Laien. Wiesbaden.
Darlegung der Grundlagen der Verschriftlichung qualitativen Forschungsmaterials. Stellt Prinzipien und Standards der Transkription verschiedenartiger registrierender Konservierungen dar.

Flick, Uwe (2004): Triangulation. Wiesbaden.
Detailliertes Einführungsbuch in die mikro-qualitative Triangulation. Gut zum Verständnis des Konzeptes der Triangulation geeignet.

Flick, Uwe/von Kardorff, Ernst/Steinke, Ines (2005) (Hg.): Qualitative Sozialforschung. Ein Handbuch. Reinbek.

Standardwerk der qualitativen Sozialforschung und mit rund 60 Beiträgen deutscher und internationaler Autorinnen und Autoren ein Übersichtswerk zu den wichtigsten Methoden, Forschungsstilen sowie Erhebungs- und Auswertungsverfahren der Qualitativen Forschung, ergänzt durch einen Serviceteil mit Hinweisen zur Literatur, zum Studium und zur Recherche in Datenbanken und Internet. Der Band stellt die ganze Bandbreite der qualitativen Methoden und ihrer Anwendungen vor.

Huber, Stefan (2003): Zentralität und Inhalt. Ein neues multidimensionales Messmodell der Religiosität. Opladen

Religionspsychologisch fundierte Auseinandersetzung mit der empirischen Erfassung von Religiosität, die durch die Verbindung der Überlegungen Allports und Glocks die Multidimensionalität von Religiosität sichtbar macht. Die Konzeption stellte die Grundlage für die Religiositätserfassung des Bertelsmann Religionsmonitors dar.

Jacob, Rüdiger/Heinz, Andreas/Decieux, Jean Philippe (2013): Umfragen: Einführung in die Methoden der Umfrageforschung. München.

Anwendungsorientierte Einführung in die Umfrageforschung mit methodischem Aufbau, wie man ein entsprechendes Projekt konzipiert.

Knoblauch, Hubert (2007): Qualitative Religionsforschung. Religionsethnographie in der eigenen Gesellschaft. Paderborn.

Systematische und ausführliche Anleitung zu qualitativer Religionsforschung mit Schwerpunkt auf den ethnographischen Verfahren.

Mayer, Horst Otto (2008): Interview und schriftliche Befragung. München.

Ausführliche Darstellung des Vorgehens bei Befragungen mit Ablaufplan der verschiedenen Schritte.

Pickel, Gert/Müller, Olaf (2009): Church and Religion in Comparative Europe. Results from Comparative and Empirical Research. Wiesbaden.

Beispiel für einen breiten Zugang zur Entwicklung der Religiosität und Zusammenstellung verschiedener vergleichender Studien der Religionssoziologie, die sowohl eine Gegenüberstellung der Ergebnisse als auch der Vorgehen ermöglicht.

Pickel, Susanne/Pickel, Gert/Lauth, Hans-Joachim/Jahn, Detlef (2009): Methoden der vergleichenden Politik- und Sozialwissenschaft: Neue Entwicklungen und Anwendungen. Wiesbaden.

Lehrbuchartig zusammengestellter Sammelband, der die neuen Zugänge vergleichender Analyse von Ländern und Kulturen reflektiert. In verschiedenen Beiträgen werden differenzierte methodische Zugänge wie auch klassische Analyseformen komparativer Forschung dargestellt.

Przyborski, Aglaia/Wohlrab-Sahr, Monika (2008): Qualitative Sozialforschung: Ein Arbeitsbuch. München.

Vorzügliches Einführungsbuch in die qualitativen Methoden mit einer Vielzahl von Beispielen. Gibt einen profunden Einblick in die rekonstruktive Sozialforschung und enthält hilfreiche Hinweise für die Durchführung eigner Studien, insofern sehr nützlich für Abschluss- und Qualifikationsarbeiten, die empirisch mit qualitativen Methoden arbeiten möchten. Die 5. Auflage (2014) wurde ergänzt um Abschnitte zur Erhebung und Auswertung visueller Daten.

Rosenthal, Gabriele (2005). Interpretative Sozialforschung. Eine Einführung. Weinheim.

Einführungsbuch zur interpretativen Sozialforschung und ihren methodologischen Grundlagen und Prinzipien. Darstellung des Forschungsprozesses mit vielen anschaulichen Beispielen. Schwerpunkt auf narrativen Interviews und Biographieforschung; verbindet die Narrationsanalyse nach Schütze mit der Objektiven Hermeneutik nach Oevermann.

Schnell, Rainer/Hill, Paul B/Esser, Elke (2008): Methoden der empirischen Sozialforschung. München. (8. Auflage)

Einführungsbuch zur empirischen Sozialforschung und ihrer Methodik mit einer breiten Behandlung von Wissenschaftstheorie und Schwerpunkten bei Vorgehen der quantitativen empirischen Sozialforschung.

Strauss, Anselm (1991): Grundlagen qualitativer Forschung. Datenanalyse und Theoriebildung in der empirischen soziologischen Forschung. München.

Einführungsbuch zur Grounded Theory, das die Grundprinzipien dieser Forschungsmethode vorstellt. Enthält viele Beispiele zum praktischen Vorgehen, z. B. Protokolle von Auswertungssitzungen des Autors, der zusammen mit Barney Glaser die Grounded Theory begründete.

Tashakkori, Abbas/Teddlie, Charles (1998): Mixed Methodology. Combining Qualitative and Quantitative Approaches. London.

Prägnantes Einführungsbuch in die Mixed-Methods-Designs und Vorgehensweisen. Klare Formulierungen und eine Vielzahl an Übersichtsdarstellungen geben einen guten Eindruck davon, wie verschiedene Methoden miteinander verbunden werden können.

Weilscher, Christoph (2007): Sozialforschung. Konstanz.

Gut verständliches Einführungsbuch in die empirische Sozialforschung mit einem Schwerpunkt im Bereich Wissenschaftstheorie.

Verwendete Literatur 6

Achen, Christopher H./Shively, Phillips W. (1995): Cross-Level Inference. Chicago.
Amann, Klaus/Hirschauer, Stefan (1997): Die Befremdung der eigenen Kultur. Ein Programm. In: Amann, Klaus/Hirschauer, Stefan (Hg.): Die Befremdung der eigenen Kultur. Zur ethnographischen Herausforderung soziologischer Empirie. Frankfurt/Main: 7-52.
Arbeitsgruppe Bielefelder Soziologen (1973): Grundlagentheoretische Voraussetzungen methodisch kontrollierten Fremdverstehens. In: Arbeitsgruppe Bielefelder Soziologen. (Hg.): Alltagswissen, Interaktion und gesellschaftliche Wirklichkeit. Bd. 2: Ethnotheorie und Ethnographie des Sprechens. Reinbek: 433-495.
Barrett, David (2001): World Christian Encyclopedia. Oxford.
Behnke, Joachim/Baur, Nina/Behnke, Nathalie (2010): Empirische Methoden der Politikwissenschaft. Paderborn (2. Aufl.).
Behnke, Joachim/Behnke, Nathalie (2006): Grundlagen der statistischen Datenanalyse. Eine Einführung für Politikwissenschaftler. Wiesbaden.
Berger, Peter L. (1967): The Sacred Canopy. Elements of a Sociological Theory of Religion. New York.
Bergmann, Jörg R. (1985): Flüchtigkeit und methodische Fixierung sozialer Wirklichkeit. Aufzeichnungen als Daten der interpretativen Soziologie. In: Bonß, Wolfgang/Hartmann, Heinz (Hg.): Entzauberte Wissenschaft. Zur Relativität und Geltung soziologischer Forschung. Göttingen: 299-320.
Bergmann, Jörg R. (2000): Konversationsanalyse. In: Flick, Uwe/von Kardorff, Ernst/Steinke, Ines (Hg.): Qualitative Forschung. Ein Handbuch. Reinbek: 524-537.
Bette, Karl-Heinrich (2010). Sportsoziologie. Bielefeld.
Bogner, Alexander/Menz, Wolfgang (2002): Das theoriegenerierende Experteninterview. Erkenntnisinteresse, Wissensformen, Interaktion. In: Bogner, Alexander/Littig, Beate/Menz, Wolfgang (Hg.): Das Experteninterview. Theorie, Methode, Anwendung. Wiesbaden: 33-70
Bohnsack, Ralf (2000): Gruppendiskussion. In: Flick, Uwe/von Kardorff, Ernst/Steinke, Ines (Hg.): Qualitative Forschung. Ein Handbuch. Reinbek: 369-384.
Bohnsack, Ralf (2003): Rekonstruktive Sozialforschung. Einführung in qualitative Methoden. Opladen: 13-30 (5. Aufl.).
Bohnsack, Ralf/Nohl, Arnd-Michael (2001): Ethnisierung und Differenzerfahrung: Fremdheit als alltägliches und als methodologisches Problem. Zeitschrift für Qualitative Bildungs-, Beratungs- und Sozialforschung 1: 15-36.

Bohnsack, Ralf/Nentwig-Gesemann, Iris/Nohl, Arnd-Michael (Hg.) (2013): Die dokumentarische Methode und ihre Forschungspraxis. Grundlagen qualitativer Sozialforschung. Wiesbaden. (3. Aufl.)

Boos-Nünning, Ursula (1972): Dimensionen der Religiosität. Zur Operationalisierung und Messung religiöser Einstellungen. München.

Bourdieu, Pierre (2000): Das religiöse Feld. Texte zur Ökonomie des Heilsgeschehens. Konstanz.

Brüsemeister, Thomas (2000): Qualitative Forschung. Ein Überblick. Wiesbaden.

Burkett Steven R./White, Mervin (1974): Hellfire and delinquency: Another look. Journal for the Scientific Study of Religion 13/4: 455-462.

Creswell, John W./Piano Clark, Vicki L. (2007): Designing and Conducting Mixed Methods Research. London.

Diekmann, Andreas (2007): Empirische Sozialforschung. Grundlagen, Methoden, Anwendungen. Reinbek. (überarbeitete 18. Aufl.)

Dobbelaere, Karel (2002): Secularization. An Analysis at Three Levels. Brussels.

Durkheim, Emile (1994): Die elementaren Formen des religiösen Lebens. Frankfurt a. M. (Original: Les formes élémentaires de la vie religieuse. Paris 1968).

Engel, Uwe (1998): Einführung in die Mehrebenenanalyse. Grundlagen, Auswertungsverfahren und praktische Beispiele. Wiesbaden.

Engel, Uwe/Bartsch, Simone/Schnabel, Christiane/Vehre, Helen (2012): Wissenschaftliche Umfragen: Methoden und Fehlerquellen. Frankfurt a. M.

Engelhardt, Klaus/Loewenich, Hermann von/Steinacker, Peter (Hg.) (1997): Fremde Heimat Kirche: Die dritte EKD-Erhebung über Kirchenmitgliedschaft. Gütersloh.

Flick, Uwe (1992): Triangulation Revisited: Strategy of Validation or Alternative? Journal for the Theory of Social Behaviour 22: 175-197.

Flick, Uwe (2004): Triangulation. Wiesbaden.

Flick, Uwe (2007): Qualitative Sozialforschung. Eine Einführung. Reinbek. (2. Aufl.)

Finke, Roger/Stark, Rodney (2006): The Churching of America 1576-2005: Winners and Losers in our Religious Economy. New Brunswick.

Fox, Jonathan (2008): A World Survey of Religion and the State. Cambridge.

Friedrichs, Jürgen (1973): Methoden empirischer Sozialforschung. Reinbek.

Gabriel, Karl/Hans-Richard Reuter (Hg.) 2004: Religion und Gesellschaft. Paderborn.

Gärtner, Christel (2006): Generationenspezifische Bewährungsmythen und Habitusformationen. Ein Beitrag zur Validierung eines Modells der Formation historischer Generationen, durchgeführt an Fallbeispielen der Geburtsjahrgänge von 1928 bis 1935 in Deutschland. Unveröffentlichte Habilitationsschrift. Frankfurt a. M.

Gärtner, Christel (2008): Der Erzengel Gabriel in der Verkündigungsszene. In: Ebertz, Michael N./Faber, Richard (Hg.): Von Engeln. Soziologische und theologische Miszellen. Würzburg: 83-89.

Gärtner, Christel/Sammet, Kornelia (2003): „Wir machen weiter": Krisenbewältigung unter der Bedingung der Religionslosigkeit. In: Gärtner, Christel/Pollack, Detlef/Wohlrab-Sahr, Monika (Hg.): Atheismus und religiöse Indifferenz. Opladen: 289-314.

Gehring, Uwe W./Weins, Cornelia (2004): Grundkurs Statistik für Politologen, Opladen. (4. Aufl.).

Glock, Charles Y. (1954): Toward a Typology of religious Orientation. New York.

Glock, Charles Y. (1962): On the study of religious commitment. Religious Education (Special Issue). New York.

6 Verwendete Literatur

Glock, Charles Y. (1969): Über die Dimensionen der Religiosität. In: Matthes, Joachim (Hg.): Kirche und Gesellschaft. Band 2. Reinbek: 150-168.
Goffman, Erving. (1996) [zuerst 1974 (dt. 1977)]: Rahmen-Analyse. Ein Versuch über die Organisation von Alltagserfahrungen. Frankfurt a. M.
Graitl, Lorenz (2012): Sterben als Spektakel: Zur kommunikativen Dimension des politisch motivierten Suizids. Wiesbaden.
Hanselmann, Johannes/Hild, Helmut/Lohse, Eduard (1984) (Hg.): Was wird aus der Kirche? Ergebnisse der zweiten EKD-Umfrage über Kirchenmitgliedschaft. Gütersloh.
Henning, Christian/Murken, Sebastian/Nestler, Erich (Hg.) (2003): Einführung in die Religionspsychologie. Paderborn
Helfferich, Cornelia (2013): Messen, Rekonstruieren, Verstehen. Begründungen und Reichweite von Forschungsmethoden. In: Heuser, Andreas/Hoffmann, Claudia/Walther, Tabitha (Hg.): Erfassen, Deuten, Urteilen. Empirische Zugänge zur Religionsforschung. Zürich: 73-86.
Hermelink, Jan/Latzel, Torsten (Hg.) (2008): Kirche empirisch. Ein Werkbuch. Gütersloh.
Hermelink, Jan/Lukatis, Ingrid/Wohlrab-Sahr, Monika (Hg.) (2006): Kirche in der Vielfalt der Lebensbezüge. Die vierte EKD-Erhebung über Kirchenmitgliedschaft, Bd. 2. Gütersloh.
Heuser, Andreas (2013): Zahlenspiele, Diskursverspätungen und die Kartierung globaler Religionslandschaften. In: Heuser, Andreas/Hoffmann, Claudia/Walther, Tabitha (Hg.): Erfassen, Deuten, Urteilen. Empirische Zugänge zur Religionsforschung. Zürich: 25-40.
Hild, Helmut (Hg.) (1974): Wie stabil ist die Kirche? Bestand und Erneuerung. Ergebnisse einer Umfrage. Gelnhausen-Berlin.
Hildenbrand, Bruno (1990): Geschichtenerzählen als Prozess der Wirklichkeitskonstruktion in Familien. System Familie 3: 227-236.
Hildenbrand, Bruno (1991): Fallrekonstruktive Forschung. In: Flick, Uwe (Hg.): Handbuch Qualitative Sozialforschung. Grundlagen, Konzepte, Methoden und Anwendungen. München: 256-260.
Hildenbrand, Bruno (1999): Fallrekonstruktive Familienforschung. Anleitungen für die Praxis. Opladen.
Hirschauer, Stefan (1999): Die Praxis der Fremdheit und die Minimierung der Anwesenheit. Eine Fahrstuhlfahrt. Soziale Welt 50: 221-246.
Hirschi, Travis/Stark, Rodney (1969): Hellfire and delinquency. Social Problems 17/1: 202-213.
Hoffmann-Riem, Christa (1980): Die Sozialforschung einer interpretativen Soziologie. Kölner Zeitschrift für Soziologie und Sozialpsychologie 32: 339-372.
Hopf, Christel (2000): Forschungsethik und qualitative Forschung. In: Flick, Uwe/von Kardorff, Ernst/Steinke, Ines (Hg.): Qualitative Forschung. Ein Handbuch. Reinbek: 589-600.
Hopf, Christel (2000): Qualitative Interviews – ein Überblick. In: Flick, Uwe/von Kardorff, Ernst/Steinke, Ines (Hg.): Qualitative Forschung. Ein Handbuch. Reinbek: 349-360.
Huber, Stefan (2003): Zentralität und Inhalt. Ein neues multidimensionales Messmodell der Religiosität. Opladen.
Huber, Stefan (2009): Der Religionsmonitor 2009: Strukturierende Prinzipien, operationale Konstrukte, Auswertungsstrategien. In: Bertelsmann Stiftung (Hg.): Woran glaubt die Welt? Analysen und Kommentare zum Religionsmonitor 2008. Gütersloh: 17-52.
Huber, Stefan (2012): Die Semantik des empirischen Systems. Archimedischer Punkt und Achillesferse der quantitativen sozialwissenschaftlichen Religionsforschung. In: Petzold, Matthias (Hg.): Theologie im Gespräch mit empirischen Wissenschaften. Leipzig: 13-34.
Huber, Wolfgang/Friedrich, Johannes/Steinacker, Peter (Hg.) (2006): Kirche in der Vielfalt der Lebensbezüge. Die vierte EKD-Erhebung über Kirchenmitgliedschaft. Gütersloh.

Jacob, Rüdiger/Heinz, Andreas/Decieux, Jean Philippe (2013): Umfrage: Einführung in die Methoden der Umfrageforschung. München.
Jukschat, Nadine (2012): Zwischen Geborgenheit und produktiver Verunsicherung. Zur Bedeutung von Vertrautheit und Fremdheit für Gottesdienst, Bibelverständnis und Glaube am Beispiel von Gruppendiskussionen. Pastoraltheologie 101/1: 36–50.
Kallmeyer, Werner/Schütze, Fritz (1977): Zur Konstitution von Kommunikationsschemata der Sachverhaltsdarstellung. In: Wegner, Dirk (Hg.): Gesprächsanalysen. Hamburg: 159-274.
Kecskes, Robert/Wolf, Christof (1996): Konfession, Religion und soziale Netzwerke: zur Bedeutung christlicher Religiosität in personalen Beziehungen. Opladen.
Kelle, Udo (2007): Die Integration qualitativer und quantitativer Methoden in der empirischen Sozialforschung. Theoretische Grundlagen und methodologische Konzepte. Wiesbaden.
King, Gary (1997): A Solution to the Ecological Inference Problem. Princeton.
Klein, Constantin/Schmidt-Lux, Thomas (2006): Ist Fußball Religion? Theoretische Perspektiven und Forschungsbefunde. In: Thaler, Engelbert (Hg.): Fußball. Fremdsprachen. Forschung. Aachen: 18-35.
Klein, Stephanie (2005): Erkenntnisse und Methoden in der Praktischen Theologie. Stuttgart.
Klein, Stephanie (2013): Empirische theologische Forschung im Spannungsfeld von Humanwissenschaften, Theologie und Kirche. In: Heuser, Andreas/Hoffmann, Claudia/Walther, Tabitha (Hg.): Erfassen, Deuten, Urteiolen. Empirische Zugänge zur Religionsforschung. Zürich: 41-48.
Knoblauch, Hubert (1991): Die Verflüchtigung der Religion ins Religiöse: Thomas Luckmanns Unsichtbare Religion. In: Luckmann, Thomas: Die unsichtbare Religion: 7-41. Frankfurt a. M.
Knoblauch, Hubert (1999): Religionssoziologie. Berlin.
Knoblauch, Hubert (2003): Qualitative Religionsforschung. Religionsethnographie in der eigenen Gesellschaft. Paderborn.
Knoblauch, Hubert (2009): Populäre Religion. Auf dem Weg in eine spirituelle Gesellschaft. Frankfurt a. M.
Knoblauch, Hubert (2011): Videoanalyse, Videointeraktionsanalyse und Videographie – zur Klärung einiger Missverständnisse. Sozialer Sinn 12: 139-145.
Kohli, Martin (1978): „Offenes" und „geschlossenes" Interview. Soziale Welt 29: 1-25.
Krech, Volkhard (1999): Religionssoziologie. Bielefeld.
Krech, Volkhard (2011): Wo bleibt die Religion? Zur Ambivalenz des Religiösen in der modernen Gesellschaft. Bielefeld.
Kromrey, Heinz (1990): Empirische Sozialforschung. Opladen. (5. Aufl.)
Kurth, Stefan/Lehmann, Karsten (2011): Religionen erforschen. Kulturwissenschaftliche Methoden in der Religionswissenschaft. Wiesbaden.
Labov, William/Waletzky, Joshua (1997): Narrative Analysis: Oral Versions of Personal Experience. Journal of Narrative & Life History 7: 3-38.
Loos, Peter/Schäffer, Burkhard (2001): Das Gruppendiskussionsverfahren. Theoretische Grundlagen und empirische Anwendung. Opladen.
Luckmann, Thomas (1985): Über die Funktion der Religion. In: Koslowski, Peter (Hg.): Die religiöse Dimension der Gesellschaft: Religion und ihre Theorie. Tübingen: 26-41.
Luckmann, Thomas (1991): Die unsichtbare Religion. Frankfurt a. M.
Luckmann, Thomas (1996): Privatisierung und Individualisierung. Zur Sozialform der Religion in spätindustriellen Gesellschaften. In: Gabriel, Karl (Hg.): Religiöse Indivi-

dualisierung oder Säkularisierung: Biographie und Gruppe als Bezugspunkt moderner Religiosität. Gütersloh: 17-28.
Lüders, Christian (2000): Beobachtung im Feld und Ethnographie. In: Flick, Uwe/von Kardorff, Ernst/Steinke, Ines (Hg.): Qualitative Forschung. Ein Handbuch. Reinbek: 384-401.
Luhmann, Niklas (1977): Funktion der Religion. Frankfurt a. M.
Luhmann, Niklas (1987a): Soziale Systeme. Grundriss einer allgemeinen Theorie. Frankfurt a. M.
Luhmann, Niklas (1987b): Die Unterscheidung Gottes. In: Luhmann, Niklas: Soziologische Aufklärung 4. Beiträge zur funktionalen Differenzierung. Opladen: 236-253.
Luhmann, Niklas (1996): Religion als Kultur. In: Kallscheuer, Otto (Hg.): Das Europa der Religionen. Ein Kontinent zwischen Säkularisierung und Fundamentalismus. Frankfurt a. M.: 291-318.
Luhmann, Niklas (2000): Die Religion der Gesellschaft. Frankfurt a. M.
Luhmann (1998): Religion als Kommunikation. In: Tyrell, Hartmann/Krech Volkhard/ Knoblauch, Hubert (Hg.): Religion als Kommunikation. Würzburg: 135-146.
Maier, Jürgen/Rattinger, Hans (2000): Methoden der sozialwissenschaftlichen Datenanalyse. München.
Martínez, Matías (2002). Warum Fußball? In: Martínez, Matías (Hg.): Warum Fußball? Kulturwissenschaftliche Beschreibungen eines Phänomens. Bielefeld: 7-35.
Menzel Kerstin (2012): Die „Diener am Wort" und die heilige Schrift. Bibelverständnis und homiletische Praxis von Pfarrerinnen und Pfarrern empirisch untersucht. Pastoraltheologie 101/1: 51-68.
Meuser, Michael/Nagel, Ulrike (1994): Expertenwissen und Experteninterview. In: Hitzler, Ronald/Honer, Anne/Maeder, Christoph (Hg.): Expertenwissen. Opladen: 180-192.
Meuser, Michael/Nagel, Ulrike (2002): ExpertInneninterviews – vielfach erprobt, wenig bedacht. Ein Beitrag zur qualitativen Methodendiskussion. In: Bogner, Alexander/Littig, Beate/Menz, Wolfgang (Hg.): Das Experteninterview. Theorie, Methode, Anwendung. Wiesbaden: 71-93.
Meuser, Michael/Nagel, Ulrike (2009): Das Experteninterview – konzeptionelle Grundlagen und methodische Anlage. In: Pickel, Susanne/Pickel, Gert/Lauth, Hans-Joachim/ Jahn, Detlef (Hg.): Methoden der vergleichenden Politik- und Sozialwissenschaft. Neue Entwicklungen und Anwendungen. Wiesbaden: 465-480.
Neckel, Sighard (1997): Zwischen Robert E. Park und Pierre Bourdieu: Eine dritte „Chicago School"? Soziologische Perspektiven einer amerikanischen Forschungstradition. Soziale Welt 48/1: 71-83
Neidhardt, Friedhelm (1979): Das innere System sozialer Gruppen. Kölner Zeitschrift für Soziologie und Sozialpsychologie 31: 639-660.
Norris, Pippa/Inglehart, Ronald (2004): Sacred and Secular: Religion and Politics Worldwide. Cambridge.
Oevermann, Ulrich (1983): Zur Sache. Die Bedeutung von Adornos methodologischem Selbstverständnis für die Begründung einer materialen soziologischen Strukturanalyse. In: Friedeburg, Ludwig von/Habermas, Jürgen (Hg.): Adorno-Konferenz 1983. Frankfurt a. M.: 234-289.
Oevermann, Ulrich (1995): Ein Modell der Struktur von Religiosität. Zugleich ein Strukturmodell von Lebenspraxis und von sozialer Zeit. In: Wohlrab-Sahr, Monika (Hg.): Biographie und Religion. Zwischen Ritual und Selbstsuche. Frankfurt a. M.: 27-102.

Oevermann, Ulrich (2000): Die Methode der Fallrekonstruktion in der Grundlagenforschung sowie der klinischen und pädagogischen Praxis. In: Kraimer, Klaus (Hg.): Die Fallrekonstruktion. Sinnverstehen in der sozialwissenschaftlichen Forschung. Frankfurt a. M.: 58-156.

Oevermann, Ulrich (2001): Bewährungsdynamik und Jenseitskonzepte – Konstitutionsbedingungen von Lebenspraxis. In: Schweidler, Walter (Hg.): Wiedergeburt und kulturelles Erbe. Reincarnation and Cultural Heritage. Sankt Augustin: 289-338.

Oevermann, Ulrich (2003): Strukturelle Religiosität und ihre Ausprägungen unter Bedingungen der vollständigen Säkularisierung des Bewusstseins. In: Gärtner, Christel/Pollack, Detlef/Wohlrab-Sahr, Monika (Hg.): Atheismus und religiöse Indifferenz. Opladen: 339-387.

Oevermann, Ulrich/Allert, Tilman/Konau, Elisabeth/Krambeck, Jürgen (1979): Die Methodologie einer „objektiven Hermeneutik" und ihre allgemeine forschungslogische Bedeutung in den Sozialwissenschaften. In: Soeffner, Hans-Georg (Hg.): Interpretative Verfahren in den Sozial- und Textwissenschaften. Stuttgart: 352-433.

Olson, Elizabeth/Vincett, Giselle (2013): 'Hanging Out and Hanging On'. In: Woodhead, Linda (ed). How to Research Religion: Putting Methods into Practice. Oxford. (im Erscheinen)

Otto, Rudolf (1920): Das Heilige: Über das Irrationale in der Idee des Göttlichen und sein Verhältnis zum Rationalen. Breslau. (4. Aufl.)

Pickel, Gert (2008): Die Messung von Religion. Problematisch – aber nicht unmöglich. Soziologie heute 2/8: 18-24.

Pickel, Gert (2009): Secularization as an European Fate? Results from the Church and Religion in an Enlarged Europe Project 2006 In: Pickel, Gert/Müller, Olaf (Hg.): Church and Religion in Conremporary Europe. Results from Empirical and Comparative Research. Wiesbaden: 89-123.

Pickel, Gert (2010): German Youth – Neither Participants nor Partakers in Religion? In: Pace, Enzo/Giordan, Giuseppe (Hg.): Annual Review of the Sociology of Religion: Youth and Religion. Leiden: 251-288.

Pickel, Gert (2011): Religionssoziologie. Eine Einführung in zentrale Themenbereiche. Wiesbaden.

Pickel, Gert (2012): Reform oder Nichtreform ist die Frage. Empirische Ergebnisse zum Reformwunsch der gottesdienstlichen Lesungen bei Praxisexperten. Pastoraltheologie 101/1: 10-29.

Pickel, Gert (2013): Bertelsmann Religionsmonitor 2013. Religiosität im internationalen Vergleich. Gütersloh: Bertelsmann Stiftung.

Pickel, Gert/Müller, Olaf (Hg.) (2009): Church and Religion in Contemporary Europe. Results from Empirical and Comparative Research. Wiesbaden.

Pickel, Gert/Ratzmann, Wolfgang (2010): Empirische Studie zur Perikopenordnung. epd Dokumentation 44: 1-65

Pollack, Detlef (1995): Was ist Religion? Probleme der Definition. Zeitschrift für Religionswissenschaft 3: 163-190.

Pollack, Detlef (2003): Säkularisierung – ein moderner Mythos? Tübingen.

Pollack, Detlef (2009): Rückkehr des Religiösen? Studien zum religiösen Wandel in Deutschland und Europa II. Tübingen.

Przyborski, Aglaja/Wohlrab-Sahr, Monika (2008): Qualitative Sozialforschung. Ein Arbeitsbuch. München. (2. Aufl.)

6 Verwendete Literatur

Przyborski, Aglaja/Wohlrab-Sahr, Monika (2010): Qualitative Sozialforschung. Ein Arbeitsbuch. München. (3. Aufl.)
Reichartz, Jo (2013): Gemeinsam interpretieren. Die Gruppeninterpretation als kommunikativer Prozess. Wiesbaden.
Riesebrodt, Martin (2001): Die Rückkehr der Religionen. Fundamentalismus und der „Kampf der Kulturen". München. (2. Aufl.)
Rosenthal, Gabriele (2005): Interpretative Sozialforschung. Eine Einführung. Weinheim.
Sammet, Kornelia (2005): Frauen im Pfarramt: Berufliche Praxis und Geschlechterkonstruktion. Würzburg.
Sammet, Kornelia (2006a): Lebensstile in Gruppendiskussionen: Gruppenidentitäten, Abgrenzungen und Konfliktlinien. In: Huber, Wolfgang/Friedrich, Johannes/Steinacker, Peter (Hg.): Kirche in der Vielfalt der Lebensbezüge. Die vierte EKD-Erhebung über Kirchenmitgliedschaft. Gütersloh: 247-262.
Sammet, Kornelia (2006b): Religiöse Kommunikation und Kommunikation über Religion. Analysen der Gruppendiskussionen. In: Huber, Wolfgang/Friedrich, Johannes/Steinacker, Peter (Hg.): Kirche in der Vielfalt der Lebensbezüge. Die vierte EKD-Erhebung über Kirchenmitgliedschaft. Gütersloh: 357-399.
Sammet, Kornelia (2006c): Vergemeinschaftung in Gruppen: Lebensstile, Gruppenidentität und Abgrenzungen. Analysen der Gruppendiskussionen. In: Hermelink, Jan/Lukatis, Ingrid/Wohlrab-Sahr, Monika (Hg.): Kirche in der Vielfalt der Lebensbezüge. Die vierte EKD-Erhebung über Kirchenmitgliedschaft. Band 2: Analysen zu Gruppendiskussionen und Erzählinterviews. Gütersloh: 59-136.
Sammet, Kornelia (2007): Religion oder Kultur? Positionierungen zum Islam in Gruppendiskussionen über Moscheebauten. In: Wohlrab-Sahr, Monika/Tezcan, Levent (Hg.): Konfliktfeld Islam in Europa. Sonderband 17 der Zeitschrift Soziale Welt. Frankfurt/M.: 179-198.
Sammet, Kornelia (2011): Religion und Religionskritik in Weltsichten von Arbeitslosengeld II-Empfängern in Ostdeutschland. In: Pickel, Gert/Sammet, Kornelia (Hg.): Zwanzig Jahre nach dem Umbruch – Religion und Religiosität im vereinigten Deutschland 1989-2010. Wiesbaden: 245-261.
Sammet, Kornelia (2012): Die qualitative Teilstudie zur Perikopen-Ordnung: Fragestellung, Vorgehen und zentrale Ergebnisse. In: Pastoraltheologie 101/1: 30-35.
Sammet, Kornelia (2013): Volkskirche und Säkularität. Herausforderungen für den Pfarrberuf in religionssoziologischer Perspektive. Praktische Theologie 48: 146 – 154.
Sammet, Kornelia (2014): Anomie und Fatalismus: Rekonstruktive Analyse nder Weltsichten von Arbeitslosengeld-II-Empfängern. Zeitschrift für Soziologie 43/1: 70-86.
Sammet, Kornelia/Gärtner, Christel (2012): „You will never walk alone" – Kommunikative Bezugnahmen von Religion und Sport angesichts der Krise des Todes. In: Gugutzer, Robert/Böttcher, Moritz (Hg.): Körper, Sport und Religion. Zur Soziologie religiöser Verkörperungen. Wiesbaden: 167-189.
Sammet, Kornelia/Weißmann, Marliese (2012): Autonomiepotentiale, Erwerbsorientierungen und Zukunftsentwürfe von „sozial benachteiligten" Jugendlichen. In: Mansel, Jürgen/Speck, Karsten (Hg.): Jugend und Arbeit. Empirische Bestandsaufnahme und Analysen. Weinheim: 175-191.
Sammet, Kornelia/Erhard, Franz (2014): The Observation of the Unobservable: Ideas of Afterlife in a Sociological Perspective. In: Rotar, Marius/Teodorescu, Adriana/Rotar,

Corina (eds.): Dying and Death in 18th-21st Century Europe. Volume 2. Newcastle upon Tyne: 338-350.
Schmidt, Manfred G. (1995): Vergleichende Politikforschung mit Aggregatdaten: Inwieweit beeinflussen Parteien Regierungspolitik? In: von Alemann, Ulrich (Hg.): Politikwissenschaftliche Methoden. Grundriss für Studium und Forschung. Opladen: 327-356.
Schneider, Wolfgang Ludwig (2009): Grundlagen der soziologischen Theorie. Band 3: Sinnverstehen und Intersubjektivität – Hermeneutik, funktionale Analyse, Konversationsanalyse und Systemtheorie. Wiesbaden: 39-52.
Schnell, Rainer/Hill, Paul B/Esser, Elke (2008): Methoden der empirischen Sozialforschung. München. (8. Aufl.)
Schnettler, Bernt (2011): Interpretative Videoanalyse im Kontext fokussierter Ethnographie. Visionäre Transzendenzerfahrungen bei der Gemeinschaft Fiat Lux. In: Kurth, Stefan/Lehmann, Karsten (Hg.): Religionen erforschen. Wiesbaden: 169-197.
Schröder, Anna-Konstanze (2014): Das hat gerade noch gefehlt. Cognitive Science of Religion und Religionspsychologie sind ein notwendiger Beitrag zur Religionswissenschaft. Zeitschrift für Religionswissenschaft 22/1: 37-65.
Schütz, Alfred (2004 [1953]): Common Sense und wissenschaftliche Interpretation menschlichen Handelns. In: Strübing, Jörg/Schnettler, Bernt (Hg.): Methodologie interpretativer Sozialforschung. Klassische Grundlagentexte. Konstanz: 155-197
Schütze, Fritz (1976): Zur soziologischen und linguistischen Analyse von Erzählungen. In: Internationales Jahrbuch für Wissens- und Religionssoziologie. Bd. 10. Opladen: 7-41.
Schütze, Fritz (1982): Narrative Repräsentationen kollektiver Schicksalsbetroffenheit. In: Lämmert, Eberhard (Hg.): Erzählforschung. Stuttgart: 568-590.
Schütze, Fritz (1983): Biographieforschung und narratives Interview. Neue Praxis 3: 283-293.
Schütze, Fritz (2006): „Weltsichten" unter dem Gesichtspunkt von paradoxen Lebenserfahrungen und Existenzbedingungen. In: Huber, Wolfgang/Friedrich, Johannes/Steinacker, Peter (Hg.): Kirche in der Vielfalt der Lebensbezüge. Die vierte EKD-Erhebung über Kirchenmitgliedschaft. Gütersloh: 337-353.
Soeffner, Hans-Georg (2004): Auslegung des Alltags – Der Alltag der Auslegung. Konstanz.
Stark, Rodney (1999): Secularization, R.I.P. Sociology of Religion 60: 249-273.
Stark, Rodney/Bainbridge, William Sims (1987): A Theory of Religion, New Brunswick.
Stark, Rodney/Finke, Roger (2000): Acts of Faith: Explaining the Human Side of Religion. Berkeley.
Strauss, Anselm/Corbin, Juliet (1996): Grounded Theory: Grundlagen Qualitativer Sozialforschung. Weinheim.
Stichweh, Rudolf (1995): Sport und Moderne. In: Hinsching, Jochen/Borkenhagen, Frederik (Hg.): Modernisierung und Sport. Schriften der Deutschen Vereinigung für Sportwissenschaft, Bd. 67. Sankt Augustin: 13-27.
Stolz, Jörg (2009): Explaining religiosity: towards a unified theoretical model. British Journal of Sociology 60/2: 345-376.
Stolz, Jörg/Buchard, Emmanuelle (2014): Religionssoziologie. VSH-Bulletin 1: 55-63.
Tashakkori, Abbas/Teddlie, Charles (1998): Mixed Methodology. Combining Qualitative and Quantitative Approaches. London.
Tomka, Miklos/Zulehner, Paul M. (1999): Religion in den Reformländern Ost(Mittel)Europas. Wien.
Traunmüller, Richard (2012): Religion und Sozialkapital. Ein doppelter Kulturvergleich. Wiesbaden.

6 Verwendete Literatur

Troeltsch, Ernst (1994 [1912]): Die Soziallehren der christlichen Kirchen und Gruppen. Tübingen.

Tyrell, Hartmann (1983a): Zwischen Interaktion und Organisation I: Gruppe als Systemtyp. In: Neidhardt, Friedhelm (Hg.): Gruppensoziologie: Perspektiven und Materialien. Sonderheft 25 der KZfSS. Opladen: 75-87.

Tyrell, Hartmann (1983b): Zwischen Interaktion und Organisation II: Die Familie als Gruppe. In: Friedhelm Neidhardt (Hg.): Gruppensoziologie. Perspektiven und Materialien. Sonderband 25 der KZfSS. Köln: 362-390.

Tuma, Rene/Schnettler, Bernt/Knoblauch, Hubert (2013): Videographie. Einführung in die interpretative Videoanalyse sozialer Situationen. Wiesbaden.

Vincett, Giselle/Olson, Elizabeth (2012): Case Study 3: The Religiosity of Young People Growing Up in Poverty. In: Woodhead, Linda/Catto, Rebecca (Hg.): Religion and Change in Modern Britain. Abingdon: 196-202.

Wach, Joachim (1958): The Comparative Study of Religions. New York.

Wacquant, Loïc (2003): Leben für den Ring. Boxen im amerikanischen Ghetto. Konstanz.

Warner, Stephen (1993): Work in Progress toward a New Paradigm for the Sociological Study of Religion in the United States. American Journal of Sociology 9/5: 1044-1093.

Weber, Max (1920): Gesammelte Aufsätze zur Religionssoziologie. Tübingen.

Weber, Max (1980): Wirtschaft und Gesellschaft. Grundriss der verstehenden Soziologie. Tübingen. (5. Aufl.)

Weis, Kurt (1995): Sport und Religion. Sport als soziale Institution im Dreieck zwischen Zivilreligion, Ersatzreligion und körperlich erlebter Religion. In: Winkler, Joachim/Weis, Kurt (Hg.): Soziologie des Sports. Theorieansätze, Forschungsergebnisse und Forschungsperspektiven. Opladen: 127-148.

Wernet, Andreas (2000): Einführung in die Interpretationstechnik der Objektiven Hermeneutik. Opladen.

Wilkinson, Susan (2009): Focus group research. In: Silverman David (Hg.) Qualitative Research. Theory, Method and Practice. Second Edition. London: 177-199.

Wohlrab-Sahr, Monika (1993): Empathie als methodisches Prinzip? Entdifferenzierung und Reflexivitätsverlust als problematisches Erbe der ‚methodischen Postulate zur Frauenforschung'. Feministische Studien 11: 128-139.

Wohlrab-Sahr, Monika (1999): Biographieforschung jenseits des Konstruktivismus? Soziale Welt 50: 483-494.

Wohlrab-Sahr, Monika (2003a): Luckmann 1960 und die Folgen. Neuere Entwicklungen in der deutschsprachigen Religionssoziologie. In: Orth, Barbara/Schwietring, Thomas/Weiß, Johannes (Hg.): Soziologische Forschung. Stand und Perspektiven. Opladen: 427-448

Wohlrab-Sahr, Monika (2003b): Religiöse Indifferenz und die Entmythologisierung des Lebens. Eine Auseinandersetzung mit Ulrich Oevermanns „Strukturmodell von Religiosität". In: Gärtner, Christel/Pollack, Detlef/Wohlrab-Sahr, Monika (Hg.) (2003): Atheismus und religiöse Indifferenz. Opladen: 389-399.

Wohlrab-Sahr, Monika/Sammet, Kornelia (2006): Weltsichten – Lebensstile – Kirchenbindung. Konzeption und Methoden der vierten EKD-Erhebung über Kirchenmitgliedschaft. In: Hermelink, Jan/Lukatis, Ingrid/Wohlrab-Sahr, Monika (Hg.): Kirche in der Vielfalt der Lebensbezüge. Die vierte EKD-Erhebung über Kirchenmitgliedschaft. Band 2: Analysen zu Gruppendiskussionen und Erzählinterviews. Gütersloh: 21-32.

Wolff, Stephan (2000): Wege ins Feld und ihre Varianten. In: Flick, Uwe/von Kardorff, Ernst/Steinke, Ines (Hg.): Qualitative Forschung. Ein Handbuch. Reinbek: 334-349.

Woodhead, Linda (2008): Gendering Secularization Theory. Social Compass 55/2: 187-193.
Ziemann, Benjamin (2009): Sozialgeschichte der Religion. Frankfurt am Main.

MIX
Papier aus verantwortungsvollen Quellen
Paper from responsible sources
FSC® C105338

If you have any concerns about our products,
you can contact us on
ProductSafety@springernature.com

In case Publisher is established outside the EU,
the EU authorized representative is:
**Springer Nature Customer Service Center GmbH
Europaplatz 3, 69115 Heidelberg, Germany**

Printed by Libri Plureos GmbH
in Hamburg, Germany